U0367801

汽车总装工艺及生产管理

[美] 汤和（He Tang） 著

侯 亮 王少杰 潘勇军 译

机械工业出版社

本书介绍了汽车制造领域的相关内容，其中大部分内容讨论了汽车制造技术，同时也涉及汽车制造管理的内容。本书共分为 7 章，主要介绍汽车市场、竞争和汽车制造商业绩，以及汽车组装操作、详细流程、运营管理和持续改进的方法，回顾和讨论了汽车制造中复杂的知识和实践、汽车制造中成熟的技术和工艺以及它们的新进展。书中大部分内容都是从实践中直接提取和总结的。

本书面向汽车制造工程领域的从业人员，不仅可用于工业培训，对于汽车制造入门级工程师和各级非制造专业人员而言，也是很好的参考书。本书也可作为汽车制造执行和管理人员的实用资料。

图书在版编目（CIP）数据

汽车总装工艺及生产管理/（美）汤和著；侯亮，王少杰，潘勇军译. —北京：机械工业出版社，2020.4（2024.2 重印）

书名原文：Automotive Vehicle Assembly Processes

ISBN 978-7-111-64630-3

Ⅰ.①汽…　Ⅱ.①汤…②侯…③王…④潘…　Ⅲ.①汽车-装配（机械）-高等学校-教材　Ⅳ.①U463

中国版本图书馆 CIP 数据核字（2020）第 021183 号

机械工业出版社（北京市百万庄大街 22 号　邮政编码 100037）
策划编辑：赵海青　责任编辑：赵海青　赵　帅
责任校对：王　欣　封面设计：马精明
责任印制：邸　敏
北京富资园科技发展有限公司印刷
2024 年 2 月第 1 版第 2 次印刷
184mm×260mm·12.5 印张·309 千字
标准书号：ISBN 978-7-111-64630-3
定价：99.00 元

电话服务　　　　　　　　　　网络服务
客服电话：010-88361066　　　机　工　官　网：www.cmpbook.com
　　　　　010-88379833　　　机　工　官　博：weibo.com/cmp1952
　　　　　010-68326294　　　金　书　网：www.golden-book.com
封底无防伪标均为盗版　　机工教育服务网：www.cmpedu.com

前　言

I.1　概述

制造工程具有很强的实践性。本书旨在评述汽车制造中全面和复杂的知识和实践,研究汽车制造中成熟的技术和工艺以及它们的新进展。因此,本书聚焦基础,面向应用。

多学科知识正广泛应用于汽车制造实践中。因此,本书涵盖了汽车制造领域的大部分内容。其中,大多数内容讨论制造技术本身,少数内容讨论汽车制造管理,这样的内容安排也反映了作者对汽车制造的认知。

汽车制造工程是一个充满吸引力和活力的工程领域,出于对它的热情,我一直努力研习制造中的新技术。在学术界 17 年和后来在汽车行业 16 年的工作经历,使我认识到学术研究和工业实践之间存在着明显的差距。对汽车制造工程的理解,使我认真对制造技术及其发展进行交叉学科的评述和讨论,以有助于消除这种差距。

由于本书基于公开可用的信息,其内容是有限的。而且,不同的汽车制造商,其生产实践可能有明显的不同,也有不公开的最佳实践。因此,本书没有涵盖所有汽车制造商的各种具体实践。

I.2　结构和内容

本书分为 7 章。第 1 章从宏观上介绍汽车市场、竞争和汽车制造商的业绩。接下来的章节介绍汽车组装操作、详细工艺、运营管理和持续改进。

众所周知,汽车制造是一个学科交叉且涉及广泛的领域。书中有些内容对工业工程专业学生而言,可能是复习和更新,但对机械工程专业学生而言,则可能是第一次接触,反之亦然。此外,从技术上来说,本书每章都可以扩展独立成册。因此,本书力求简洁,读者应已具备工程制造的基本知识。若要了解更多细节,建议读者参考相关详细书籍。

本书面向将要进入制造工程领域的专业人员。书中大部分内容适用于大学四年级工程专业的学生,授课时间约为 40 个课时。本书也是我的另一本书《汽车装配制造系统与工艺开发》的基础部分。这两本书的大部分内容用于美国韦恩州立大学的研究生课程以及其他几所大学的本科生课程。

本书还可用于工业培训,对于汽车制造初级工程师和各级非制造专业技术人员而言,这也是一本很好的参考书。本书的主要内容都是从实践中直接提取和总结的,因此本书也可作为汽车制造执行和管理的实用手册。

本书有许多实例。在每章结尾,都有复习问题和研究课题。研究课题可用于深入的案例研究、文献综述和课程项目。一些章节还有实践性的问题分析。这些章末的问题和课题提供了更多的学习机会。这些问题大部分是开放式的,因为不存在完全正确的答案。

致谢

汽车制造需要团队合作，本书的准备工作也不例外。首先，我非常感激我在天津大学（学习和工作 16 年）、密歇根大学安娜堡分校（工作和学习 6 年）和克莱斯勒公司（工作 16 年以上）的导师们，他们深深地影响了我的专业发展。我从这三个单位的同事那里也学到了很多东西。还要感谢几所大学的学生，他们提供了反馈意见并协助本书的准备工作。本书的手稿编辑工作也得到了东密歇根大学的支持。我短短的一段文字无法感谢所有导师、同事和学生的贡献。

特别感谢工业界和学业界资深专业人士的批评和建议。本书主要审稿人是 Ziv Barlach 博士（咨询师）、Wayne Cai 博士（通用汽车公司）和 Nasim Uddin 博士（全球汽车管理委员会）。此外，Mariana Forrest 博士（LASAP 公司）、David Haltom 先生（观致汽车公司）、Joseph Nguyen 先生（咨询师）、Dave Schroeder 先生（A123 系统）、Xin Wu 博士（韦恩州立大学）、George Smith 博士（麦格纳公司）和 Alex Yeh 博士（西利公司）对一些章节给出了认真评论和建议。特别感谢 SAE 编辑和出版团队的出色工作。书中引用了大约 150 篇文献，感谢授权我使用资料的各种组织和作者。

编写这本书所遇到的挑战和所需时间大大超出了我最初的预期。家人的理解和支持对于完成本书至关重要。例如，本书的第一稿就是在 2009 年 12 月 30 日的家庭度假旅行中完成的。

感谢读者对汽车制造工程原理和实践的关注与兴趣。在十年的准备和撰写过程中，我认识到由于实践的多样性、技术的不断进步以及资源的有限，都会使本书无法达到完美。因此，您对本书的意见和建议非常重要。请将您的意见和建议发送到 htang369@yahoo.com，我非常感谢并将仔细考虑在未来版本中进行修改和更新。

汤和
于密歇根州安娜堡
2016 年 5 月

目　　录

第 **1** 章

CHAPTER

汽车工业与竞争

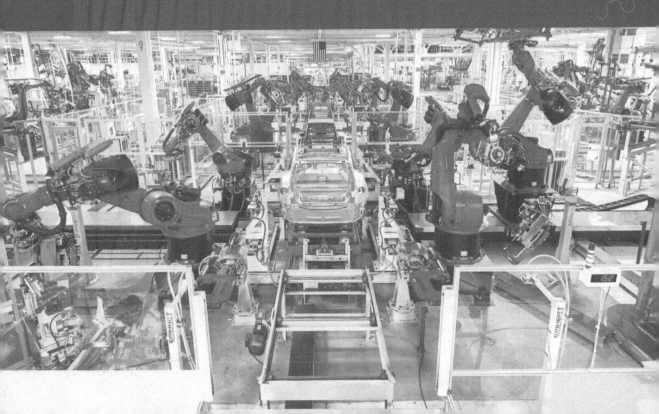

汽车工业在国民经济中发挥着重要作用。以美国为例，该行业的产值约占其全国 GDP（国内生产总值）的 3%。一项研究表明，美国汽车制造业每新增一个工作岗位，相应地可以为其他领域创造 5.4 个额外工作岗位[1-1]。另一个例子，德国汽车行业在生产和销售方面在欧洲市场上排名第一，是该国最大的工业部门，约占德国全国工业收入的 20%[1-2]。汽车的产量或销售量通常是一个国家或地区重要的经济指标。

汽车市场对整体经济形势敏感。例如，2008 年至 2010 年间，一些工业国家出现了金融危机，结果汽车市场显著萎缩。在北美金融危机前的正常经济形势下，乘用车产量在 1600 万 ~1700 万辆之间。然而，2009 年北美的汽车产量仅为 880 万辆。

1.1 汽车市场概述

1.1.1 全球汽车制造业

全球乘用车（包括汽车、运动型多用途汽车和轻型货车）的市场规模约为 8500 万辆。2015 年的销量为 8290 万辆，比 2014 年增加 2.2%[1-3]。自 1975 年以来，轻型汽车销量的年均增长率平均为 2% ~3%，但 2008 年至 2009 年间的特殊经济下滑时期除外，当时全球年度乘用车销量降至 5800 万辆。

1.1.1.1 按地区划分的全球市场

图 1-1 所示为主要国家的汽车销量[1-4]。下面讨论一些国家和地区的汽车市场特点。

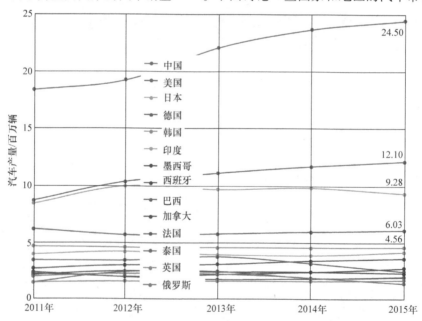

图 1-1 新乘用车销量

中国的汽车行业正在快速发展并充满活力，自 2009 年以来一直是世界上最大的乘用车生产国。大多数中国制造的汽车都是为国内市场设计的，但出口量正在逐渐增长。此外，上汽、长安、吉利、东风等中国本土汽车制造商近期也发展迅速。

欧盟是全球第二大乘用车生产区，九个欧盟成员国生产的乘用车占了欧盟市场的 90%以上。其主要的汽车制造商是总部位于德国的宝马、戴姆勒、欧宝和大众汽车，总部设在法国的标致雪铁龙集团和雷诺集团，以及意大利的菲亚特克莱斯勒汽车集团。此外，福特、现代、起亚、三菱、铃木和丰田等非欧盟汽车制造商在欧盟地区也有生产基地。出口方面，欧盟生产的汽车出口量为 25% ~ 35%。

第三大乘用车生产区是北美，包括美国、加拿大和墨西哥。北美乘用车行业由 13 个主要制造商组成。美国是仅次于中国的世界第二大乘用车市场。近年来，美国的进口车销量一直在 20% ~ 25% 之间[1-5]。

日本是世界第四大乘用车生产区和全球领先的乘用车出口国，拥有丰田、日产、本田、马自达、三菱、斯巴鲁、铃木等多家知名汽车制造商。没有厂商在日本生产外国品牌的乘用车。

韩国是世界上第五大乘用车生产区，其最大的汽车制造商是现代，包括现代控股的起亚，韩国的第二大汽车制造商是通用韩国（GM Korea）。值得关注的是，大约 75% 的韩国汽车出口国外。

1.1.1.2   主要汽车制造商

全球有 100 多家汽车制造商。表 1-1 根据它们 2014 年的汽车产量[1-6]，列出了全球排名前二十位的汽车制造商。其中，前十大汽车制造商生产的轿车约占全球总量的 72.5%。

表 1-1   全球前 20 名汽车制造商及其产量　　　　　　（单位：百万辆）

排名	制造商	总部位置	产量	排名	制造商	总部位置	产量
1	大众	德国	9.77	11	宝马	德国	2.17
2	丰田	日本	8.79	12	菲亚特	意大利	1.90
3	现代	韩国	7.63	13	戴姆勒	德国	1.81
4	通用	美国	6.64	14	上汽	中国	1.77
5	本田	日本	4.48	15	马自达	日本	1.26
6	日产	日本	4.28	16	三菱	日本	1.20
7	福特	美国	3.23	17	长安	中国	1.09
8	铃木	日本	2.54	18	吉利	中国	0.89
9	标致	法国	2.52	19	富士	日本	0.89
10	雷诺	法国	2.40	20	东风	中国	0.75

对于大的发达国家和地区而言，非本地制造的汽车通常只占市场的一小部分。换言之，汽车制造商的生产基地靠近终端市场，以便提升整合地方资源的能力，从而更好地扎根于当地，增强购买力。一个地区本地制造的汽车销量受到复杂的经济、技术等因素的影响。其中，运输成本、汇率波动和贸易壁垒等是主要原因。因此，由于进口和出口的影响，汽车销量往往不同于汽车生产量。

由表 1-1 可以看出，全球乘用车的生产集中在这些国家，它们同时也是最大的市场。表1-2 列出了 2015 年产量最大的汽车生产国[1-7]。

表 1-2 2015 年汽车生产国家排名   （单位：百万辆）

排名	国家	产量
1	中国	24.50
2	美国	12.10
3	日本	9.28
4	德国	6.03
5	韩国	4.56
6	印度	4.13
7	墨西哥	3.57
8	西班牙	2.73
9	巴西	2.43
10	加拿大	2.28
11	法国	1.97
12	泰国	1.92
13	英国	1.68
14	俄罗斯	1.38
15	土耳其	1.36

　　汽车制造公司执行四项主要功能：车辆设计、工程、制造和营销。设计重点解决车辆的美学造型、尺寸和功能问题；工程则是开发零部件并将它们集成在一起，以实现汽车性能和汽车各个方面功能的设计意图，如操纵性、燃油效率等；制造涉及从所有部件制造到汽车装配的整个生产过程，这也正是本书的重点。

　　此外，汽车制造商很依赖它们的零件、部件和一些重要子装配体的供应商。因此，供应商对所生产汽车的功能、性能、质量和成本起着不可或缺的作用。表 1-3 列出了 2014 年收入排名前十位的汽车零部件供应商[1-8]。

表 1-3 汽车零部件的主要供应商

排名	公司	总部位置	市场份额			
			北美洲	欧洲	亚洲	其他地区
1	罗伯特·博世有限公司（Robert Bosch GmbH）	德国	19%	50%	28%	3%
2	麦格纳国际（Magna International, Inc.）	加拿大	54%	39%	5%	2%
3	大陆集团（Continental AG）	德国	23%	49%	25%	3%
4	电装株式会社（Denso Corp.）	日本	22%	12%	64%	2%
5	爱信精机株式会社（Aisin Seiki Co., Ltd.）	日本	18%	8%	73%	1%
6	现代汽车公司（Hyundai Motors）	韩国	20%	11%	68%	1%
7	佛吉亚集团（Faurecia）	法国	25%	56%	14%	5%
8	美国江森自控有限公司（Johnson Controls, Inc.）	美国	48%	39%	11%	2%
9	弗里德里西港 ZF 股份公司（ZF Friedrichshafen AG）	德国	20%	56%	20%	4%
10	李尔公司（Lear Corp.）	美国	38%	40%	17%	5%

1.1.2 汽车市场的特点

　　汽车行业的竞争环境并不理想，进入一个新国家或地区往往存在各种障碍，市场上也并非拥有无数的生产商和消费者。汽车市场一般可以分为寡头垄断市场和垄断竞争市场。寡头垄断市场由少数几个共同控制大部分市场份额的企业来垄断，而在垄断竞争市场上，许多生产商销售的产品彼此不同，因此它们不能相互替代。表1-4列出了这两种市场的特点。

表1-4 汽车市场的特点

汽车市场类别	公司数量	产品差异化	价格影响	自由进入	竞争
垄断竞争市场	许多	有差异	有限制	是	价格和质量
寡头垄断市场	很少	有差异或相同	是	有限制	价格和质量

汽车市场的特点因地区而异。在工业国家和地区，少数公司主导着市场。例如，排名靠前的汽车制造商，菲亚特、福特、通用、本田、日产和丰田，拥有大约80%的北美市场份额，这可被认为是寡头垄断。此外，多数汽车制造商生产的汽车大同小异，产品特征变化有限，因此，广告和营销极为重要。

在寡头垄断市场，新品牌的进入门槛很高，这些门槛包括制造设施、车辆开发成本和营销基础设施。因此，理论上进入寡头垄断市场并不容易。尽管如此，新来者仍然跃跃欲试，以期获得北美和欧洲的市场份额，进而导致市场份额不断变化。例如，克莱斯勒、福特和通用在20世纪70年代早期共占了85%的北美市场份额，1990年为71.6%，2009年其市场份额仅为44.2%。图1-2所示为全球市场上十大汽车制造商的汽车产量份额，该图数据不包括轻型商用车、重型商用车和公共汽车[1-9]。

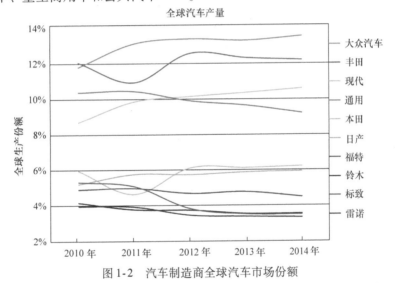

图1-2 汽车制造商全球汽车市场份额

在日本汽车市场上，非日本汽车制造商进入日本市场极为困难。2009年，马自达、日产、本田、铃木和丰田占据大约88%的市场份额，通用汽车的市场份额仅为0.2%。

在寡头垄断市场中，汽车企业相互依存，如共享一个供应商基地。有意思的是，在这样的寡头垄断环境下，任何汽车制造商的行为都依赖于其他同行的行为，它们都相互学习和影响。对于整个汽车制造业而言，丰田生产系统的实践可能是最受其他汽车制造商欢迎的"榜样"。

在亚太地区、南美洲和东欧等新兴地区，汽车市场的竞争行为可能更偏向于垄断竞争市场。目前，不同地区的市场结构和汽车制造商的业绩成果仍是研究热点。

1.1.3 汽车市场竞争的维度

汽车市场竞争中存在很多影响因素。最常见的因素是产品创新、高质量、新技术、产品的整体优越性、低价格、创意广告以及他人忽视的一些竞争优势。换言之，为了获得更大的市场份额，汽车制造商必须为市场带来一些竞争对手所没有的新东西。以上所有因素都可以用不同的模型进行分析讨论。

1.1.3.1 汽车市场竞争四大属性

汽车市场包含四大竞争属性：上市时间、价格、质量和多样性。上市时间是一个关键的成功因素，即市场上新车型的上市速度。从工程和制造的角度来看，汽车制造商面临的一大挑战是日益缩短的新车开发和推出时间。总体来说，计算机技术应用，如先进的碰撞模拟和同步的"虚拟"工厂，是加快新车开发的有效方法。新车从概念到投入生产所需的时间从十年前的大约四年缩短到少于两年。

新车型引入的速度是汽车市场最重要的影响因素，它可用产量替代率来衡量。而新型号的替代则通过畅销年限或某品牌组合中产品的平均年限具体描述。表 1-5 列出了 2000 年到 2015 年间美国市场主要汽车制造商的这些信息[1-10]。

表 1-5 美国市场车型替代率、畅销年限与市场份额的变化

汽车制造商	替代率	相对畅销年限	美国市场份额的变化
菲亚特	14%	0.2	-1.9%
通用	14%	0.3	-10.6%
欧洲制造商	15%	(0.2)	3.1%
福特	15%	0.8	-8.1%
行业平均	16%	0.0	0.0%
丰田	18%	(0.4)	5.1%
本田	18%	(0.2)	2.7%
日产	20%	(0.5)	4.1%
韩国制造商	20%	(0.9)	5.6%

汽车定价是另一个重要因素。每个汽车制造商都在使用各种金融激励措施吸引客户，汽车价格通常比制造商建议的零售价格（通常称为指导价、标价）低 5% ~ 15%。低定价必须要有低成本的工程和制造支持，产量和生产效率的提高对降低汽车生产成本至关重要。

客户对质量越来越高的期望是市场需求的第三个属性。质量有不同的定义方式，这将在第 6 章详细讨论。从消费者的角度来看，质量意味着满足或超出客户的预期。此外，汽车质量可从多个方面吸引客户，如创新的造型、改进的性能和有趣的功能。

第四个竞争属性是产品多样性需求，这与客户期望的多样化和波动性有关。增加新的独特功能通常是差异化战略中的有效手段。对于制造来说，不同的车型和主要配置要求制造系统具有柔性，即能够在相同的生产系统中生产各种配置的车型，还需要易于适应新产品或重大产品变更。大批量生产中越来越多的选择和功能迫使生产规划和执行从传统的"按库存组装（或制造）"转为"按订单生产"。制造系统的灵活性通常会导致操作复杂和投资增加。

此外，与这四个因素相关的挑战是市场的不确定性。不确定性来源于内部或外部因素。内部因素包括产品设计变更和制造技术进步，这些技术上的不确定性可以在开发之初进行评

估，并且大部分在开发过程中得到解决。解决潜在技术问题的工具之一是失效模式及影响分析（FMEA）。为避免或降低技术风险，只有经过彻底测试的技术才可以应用于制造系统，这属于精益生产原则之一。

外部因素不在公司的直接控制之中。潜在的供应链中断就是一个例子，世界经济环境也是外部因素。因此，制造系统必须能够应对这些需求和变化。表1-6中列出了政府法规所代表的日益增长的环境要求，如公司平均燃油经济性（CAFE）标准[1-11]。

表 1-6 CAFE 标准 （单位：mile/gal）

车型年份	2016	2017	2018	2019	2020	2021	2022	2023	2024	2025
轿车	38.2 ~ 38.7	39.6 ~ 40.1	41.1 ~ 41.6	42.5 ~ 43.1	44.2 ~ 44.8	46.1 ~ 46.8	48.2 ~ 49.0	50.5 ~ 51.2	52.9 ~ 53.6	55.3 ~ 56.2
轻型货车	28.9 ~ 29.2	29.1 ~ 29.4	29.6 ~ 30.0	30.0 ~ 30.6	30.6 ~ 31.2	32.6 ~ 33.3	34.2 ~ 34.9	35.8 ~ 36.6	37.5 ~ 38.5	39.3 ~ 40.3
混合动力汽车	34.3 ~ 34.5	35.1 ~ 35.4	36.1 ~ 36.5	37.1 ~ 37.7	38.3 ~ 38.9	40.3 ~ 41.0	42.3 ~ 43.0	44.3 ~ 45.1	46.5 ~ 47.4	48.7 ~ 49.7

注：1mile = 1.609km，1gal = 3.785L。

某些类型的市场因素，如时尚潮流、经济的局部稳定性和政治状况，难以准确预测，给汽车制造商的市场研究带来挑战。鲜有有效的学术模型能处理所有不确定的复杂场景，一般的预测都基于领域专家意见。

1.1.3.2 五力模型（Five‐Force Model）

为了研究行业竞争，迈克尔·波特（Michael Porter）的波特五力模型[1-12]被广为使用。波特的五种力量（图1-3）如下：

1）潜在竞争者进入的能力。

2）购买者的议价能力。

3）供应商的议价能力。

4）替代产品的替代能力。

5）行业内竞争者现在的竞争能力。

五力建模和分析可能取决于行业和地区。对于美国本土汽车制造商来说，第一支力量即新竞争者进入，是一个很大的挑战。美国汽车行业进

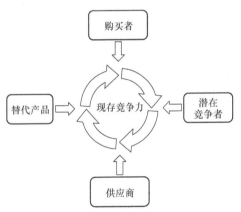

图 1-3 波特五力模型

入门槛高，但全球经济和近期出现的拥有资本、技术和管理的非美国本土竞争对手都对美国国内汽车制造商构成重大挑战。

底特律三大汽车企业的市场份额分别被1990年和2000年进入北美市场的日本汽车制造商和韩国汽车制造商所占据。例如，现代和起亚以低成本进入北美市场，提供有吸引力的10万mile/十年保修，这限制了美国汽车制造商提升价格和质量的能力。显然，在不同的市场环境下，第一股力量可能会有不同的表现，如在日本和韩国，新汽车公司很难获得启动资金支持。

作为第二竞争力，汽车购买者动态变化和持续增长的需求也限制了汽车制造商提升价格的能力。大多数专业人士认为，鉴于近年来的全球化经济状况，汽车定价的天平朝着客户方

向倾斜。消费者握有购买存在细微差异竞争汽车的选择权，因此汽车制造商需要更加注意消费者的偏好。

第三方供应商的议价能力是决定汽车成本和质量的另一个重要因素，也是一个有趣的研究课题。通常，大多数供应商都依赖汽车制造商，因此它们的议价能力很小，并且容易受到汽车制造商的需求和要求的影响。但是，供应商的议价能力其实并不低，因为有关技术能力和产能有限往往造成物以稀为贵。另外，当从一个供应商切换到另一个供应商时，汽车制造商可能会承受一次高昂的转换成本，甚至延迟交付。

第四种力量是替代产品和服务的威胁。如美国等一些国家，由于公共交通系统的相对不便，因此它对汽车市场的影响较小。这股力量也受到其他因素的影响，如汽油价格。在美国，大部分地区的公共交通对日常通勤没有竞争力，私人汽车是最方便的交通方式。而在公共交通系统发达的国家，乘用车市场或者稳定，或者增长缓慢。

波特五力模型中的第五种力量，即行业内的激烈竞争，可能是汽车市场竞争的核心。差异化较小的少数大型竞争对手正在争夺国内和全球市场份额。许多研究对汽车制造商进行了对比，并试图找出为什么某些汽车制造商获得市场份额，而其他制造商则失去份额。最常引用的竞争因素是汽车的质量和价格。

1.1.3.3　生产能力

生产能力是一个主要的竞争因素。一家汽车制造商的产能通常以大批量生产车型的两班制生产为衡量标准。由于大批量生产可以抵消开发成本并降低汽车的单位成本，因此近年来汽车生产能力一直在增长。汽车制造商有能力在全球范围内每年生产 1 亿多辆汽车和轻型货车，但市场需求量增长放缓，这导致汽车制造业产能过剩。例如，2009 年北美汽车制造业产能过剩产量约为 616 万辆，欧洲则为 256 万辆[1-13]。

产能过剩必然导致行业的激烈竞争。对于汽车制造商来说，产能过剩会影响产量和运营效率。它们必须保持一定的产量水平，特别是大规模生产车型，以收回工程开发和生产设备的投资。据报道，2009 年欧洲汽车制造业产能利用率为 81%，而北美仅为 58%。在正常的经济情况下，北美的产能利用率为 85% ~ 90%[1-14]。低于满负荷生产会对汽车制造商的财务业绩产生不利影响。

通过关闭装配工厂来降低生产能力是解决产能过剩的一个办法。2005 年至 2010 年，底特律三大汽车企业关闭了 20 多座工厂，产能减少 350 万辆。工厂数量减少有助于提高产能利用率。随后的分析显示，2012 年北美轻型汽车制造商在两班制正常工时情况下产能利用率为 97.1%[1-15]。

总之，无论五大竞争观点如何，客户的基本期望，如良好的产品质量和合理的定价都保持不变。波特的五力模型让汽车专业人士思考行业竞争。激烈的竞争影响了行业的增长，并导致生产能力过剩和高退出壁垒。了解市场竞争的原动力和影响因素可以帮助制造商发展并取得成功。

1.2　制造业竞争和评估

生产运营直接影响四种市场需求，即上市时间、价格、质量和品种。市场需求和竞争需求可以转化为制造成本、质量和生产力，这些很大程度上取决于制造工程和管理。

1.2.1 汽车行业竞争

1.2.1.1 质量和 J. D. Power 指数

J. D. Power 指数基于公众调查。因此，这些指数是客户和汽车制造商管理层评价汽车质量的另一个有影响力的指标。J. D. Power 指数覆盖汽车的不同方面问题，如新车品质、可靠性、性能和设计以及销售和服务质量。例如，作为最受欢迎的指数之一的新车品质调查（IQS），包含了新车使用的前三个月质量信息。IQS 调查了三大领域中超过 230 个潜在详细质量问题，见表1-7。其中的一个调查结果[1-16]如图1-4 所示。

表1-7 J. D. Power 提出的主要质量项目

领域	项目
机械	发动机、变速器、转向器、悬架、制动器等
特征	外部涂装、风噪、漏水、内饰等
功能	座椅、空调/加热器、门锁、音响、仪表盘计算机等

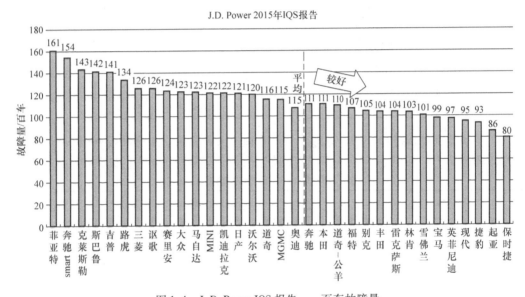

图1-4 J. D. Power IQS 报告——百车故障量

当然，也可以通过其他类型的指数衡量汽车质量。客户服务指数包括汽车交付后的一年、两年和三年内的调查。汽车可靠性调查涵盖了前三年的服务，以及前三个月的销售满意度指数、汽车性能、操控和布局。

J. D. Power 的信息和奖项都受到媒体的高度关注。在获得奖励后，汽车制造商经常充分利用 J. D. Power 进行广告宣传和市场营销。由于 J. D. Power 指数完全依赖于公众调查，因此其质量信息较为客观，并被特定客户群体所接受。调查结果具有统计可靠性，因为它们的样本量非常大。

1.2.1.2 劳动力利用效率

汽车制造业是劳动密集型行业。衡量汽车制造竞争激烈程度的一项指标是劳动力利用效率。单车工时（HPV）是一种具体量化劳动生产效率的指标，它定义为制造一辆车所需平均工时。HPV 可由式（1-1）计算。Harbour Report 每年为大多数汽车制造商发布 HPV。这些报告分解为汽车装配、发动机生产作业、变速器生产作业和冲压作业。

$$HPV = \frac{总工作小时}{车辆生产总数} \qquad (1-1)$$

发达国家劳动力成本高，其对汽车制造商的经济影响非常显著。例如，福特装配厂将 HPV 从 2002 年的 26.14 降低至 2006 年的 23.19[1-17]。如果劳动力成本为每小时 60 美元，那么每辆车平均三小时的缩减能够多产生 180 美元的利润。2006 年福特汽车生产了大约 300 万辆汽车，因此 HPV 生产率改善所带来的好处显而易见。

为了解释 HPV 数据及其改进，需要详细了解生产营运中的劳动力。劳动力分为四类：生产线工人、熟练技工和技术人员、负责多项功能的工程师以及管理和行政人员。因此，HPV 不仅要考虑生产中的直接劳动力，还要考虑所有间接人工时间，包括工程和管理。表 1-8 列出了 HPV 计算的细节及其影响因素。

表 1-8　HPV 的成分和驱动因素

类别	成分	驱动因素
直接劳动力	生产工人、团队领导、工间休息及其他制造变量和意外因素	产品设计、系统/工艺设计、工程标准和车间管理
间接劳动力	维护、材料处理、质量、清洁卫生、学徒、投产团队和工会合同	系统/工艺设计和企业结构与文化
薪酬劳动力	工程、监督和管理	公司结构和文化
加班	计划和未计划的加班	市场需求和生产情况

间接劳动类别包括维护、物料处理、质量管理、人力资源、工会和投产团队等。间接劳动力和薪酬劳动力对汽车生产起到必要的支持作用。表 1-9 列出了它们的关键要素。

表 1-9　影响 HPV 的功能

功能	项目
维修与设备工程	设备维护、工具室、学徒、设施维护、发电厂、持续改进的活动
物料处理和物流	运输和接收、存储、排序、物料输送/交付、生产控制、非产品材料、成品运输
工程	产品工程、工艺工程、工业工程、生产工程支持、新车型发布
质量	检查和验证、问题解决/汇报、质量部门和返工
管理和服务	工厂管理、财务、会计、信息系统、人力资源、餐饮、保安、工会、医疗、安全、清洁、培训等

许多因素都会对 HPV 产生不利影响。常见因素包括设备故障、零件设计问题、零件延期交付、质量问题产生的返工、人力短缺造成的启动问题、内部断电、计算机系统故障，以及各种原因引起的生产线中断或空闲等。这些因素增加了人力需求和/或减少了产量。上述问题大部分都是可以预防的，因此生产运营管理是提高 HPV 性能的关键。

事实上，HPV 性能并不只取决于生产运营管理。为确保生产顺利运行，公司内各部门都致力于 HPV 的达成和改进，包括工程、人力资源、采购和供应、质量控制、财务、信息技术、销售和市场营销。这些对实现低 HPV 的支持作用尚未被完全理解或加强。

1.2.2　汽车制造商业绩评估

汽车制造商的业绩可以通过多种方式进行衡量。市场份额和金融指标常被用来衡量整体业绩，是汽车制造商业绩的重要性能指标。下面详细分析这些性能指标。

1.2.2.1　公司总体业绩

由 McKinsey 开发的公司总体业绩（Total Company Performance，TCP）是对汽车制造商的全面评估。TCP 根据收集到的公开信息从五个不同维度来评估汽车制造商的业绩，包括市场收入、供应链有效性、劳动生产率、劳动力成本和资本业绩。TCP 是以品牌实力和产品组合为基础来评价汽车制造商通过盈余价格溢价销售取得市场营销业绩的能力[1-18]。

案例结果[1-18] 如图 1-5 所示。2011 年，TCP 表现最佳的是宝马，2010 年则是日产。由于 TCP 考虑许多不同因素，其结果可能与公众的看法相同或不同。例如，通用汽车的表现略好于平均水平，而本田和丰田则低于 2012 年的平均水平。

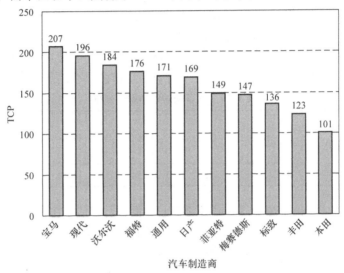

图 1-5　公司总体业绩（TCP）评估结果图

1.2.2.2　消费者报告杂志

客户经常使用来自第三方的数据作为可靠参考。《消费者报告》Customer Report 杂志（简称 CR）拥有超过 700 万订阅者[1-19]，是其中一个参考。CR 根据四个主要因素开发了汽车评估评分系统：道路测试、可靠性、安全性和车主满意度。

道路测试评分是基于 CR 超过 50 个自行设计和实施的试验，涵盖了燃油经济性、事故避免（加速、应急操控、制动和驾驶位置）、乘坐质量/NVH（噪声、振动、声振粗糙度）、日常操控、内饰（配合和表面质量、控制和显示、前排座椅和后排座椅）及外观和出入通道（前照灯照明，货物区域/行李舱和通道）。

汽车可靠性根据 CR 对其订阅者的年度调查得出。在 2015 年的调查中，CR 获得了 15 款在路车型、共计 74 万辆车的信息。在同一调查中，CR 还依据过去三年购买的 23 万辆汽车获得了车主满意度数据。

关于汽车的安全性，CR 引入了由公路安全保险协会（Insurance Institute for Highway Safety，IIHS）进行的碰撞测试的安全数据，IIHS 是一家由汽车保险公司资助的美国非营利组织。此外，CR 还引入了一套先进的安全系统，该系统可以作为所有内饰等级的标准评估设备。

结合这四个因素并分析数据，CR 提供全系车型和单个车型的总体评分。例如，得分最高的品牌是奥迪，2015 年获得 80 分[1-20]。宝马 2 系列为 2015 年单个车型最高分数获得者，总分 94 分。

CR 的发布者是美国消费者联盟，这是一家非营利组织，它通过订阅 CR 和网站数据库获得资金，且不接受制造商的捐赠。CR 从购买的产品中进行自己的测试，因此 CR 的结果是独立和客观的。

1.2.2.3 其他指标

另一个指标基于客户访谈分析。例如，美国顾客满意度指数（The American customer satisfaction index，ACSI）通过衡量顾客期望、感知质量和感知价值来直接定义顾客对特定产品或品牌的忠诚度。顾客感知的质量和价值是基于他们自己和从其他人随着时间的推移所学习到的东西。尽管感知的质量和价值可能与测量的质量和价值不完全一致，但感知质量对购买决策以及汽车制造商的销售和利润有重大影响。

自 1995 年以来，ACSI 以 0 到 100 为度量测量了汽车品牌的客户满意度。2015 年，ACSI 得分的行业平均值为 79。表 1-10 列出了优于行业平均值的汽车品牌[1-21]。

表 1-10　汽车品牌的 ACSI 分数

雷克萨斯（丰田）	讴歌（本田）	林肯（福特）	梅赛德斯（奔驰）	斯巴鲁	丰田	宝马	现代	马自达	大众	本田	别克（通用）	凯迪拉克（通用）
84	83	83	83	82	82	82	81	80	80	80	80	80

汽车制造商的业绩也可以在财务和供应链管理方面进行评估。在财务方面，收入、现金流和资产负债表是重点。例如，DBRS 采用债务与资本比率、息税前利润、债务现金流量，以及息税折旧摊销前利润等作为财务指标[1-22]。很显然，这种财务状况随着时间的推移而变化。

上述专业和第三方评估结果对外开放。其中，CR 对消费者购买决策最具影响。从客户的角度来看，最重要的影响因素是汽车的燃油经济性、耐用性和可靠性、驾驶舒适性、安全性、外观造型等[1-23]。在这些因素中，汽车的质量和价格是受制造影响的两个最重要的差异因素。

1.3　商业战略

1.3.1　战略基础

1.3.1.1　三层战略

战略是一个通用术语，它是指企业或部门基本的长期目标。对于一家公司，其战略就是回答应该开展哪些业务以及为了获得竞争优势应该做什么。总体而言，战略可以在组织的三个层面开发和部署。它们是公司、业务部门和运营，如图 1-6 所示。

公司战略是企业具有远见性的业务指南，它集成所有部门并保障业务上主要方面的决策一致性以实现公司目标。典型的公司目标包括成长、利润、市场份额、员工政策、环境政策以创造和维持竞争优势。换句话说，战略和目标不那么

图 1-6　战略层

具体，但能够唤起一个强而有力的企业愿景。

为了达到有效的目标，公司必须非常清楚什么人是公司中的利益关系人或利益相关者。表1-11列出了汽车制造商的利益相关者及其关注点，这些必须在制订目标时予以考虑。

表1-11　利益相关者及其关注点

利益相关者	关注点
股东	股息和资本增值
客户	价值、质量、创新、质保和经销商
员工	薪酬、利益、工作保险、工作机会和工作环境
供应商	良好的利润率、及时付款、团队合作和长期合作关系
政府	税收、遵守法规
社区	环境、当地的商业支持和慈善机构

对于大型企业而言，其业务部门可以是分支机构、利润中心或辅助机构，如通用汽车欧洲公司。在大多数情况下，业务部门可以独立于公司的其他部门进行规划和运营。在业务部门层面，其战略主要处理如何利用可用资源对给定业务中的竞争对手形成竞争优势。五力模型也可以在业务部门级别实施。作为主要部门，它们的战略经常需要直接与公司的目标和竞争力息息相关。

最底层的经营策略更具体，应该作为长期政策和计划加以衡量。对于制造业来说，其经营战略需要解决的问题包括制造能力、新技术的使用、质量保证、工艺选择、生产计划和执行、组织和人员等。

工业国家可能有国家制造战略。在国家层面，制造战略仍处于国家总体战略和国家经济战略之下。作为例子，表1-12列出了英国的制造战略[1-24]。它由七个支柱来指导、支持和促进该国整个制造业的发展。

表1-12　英国国家制造战略

支柱	支持	目标
宏观经济稳定	允许企业长期规划	保持宏观经济管理的成功
投资	支持对资本设备和工艺的投资，引领前沿技术，技能开发和研发	通过增加对新技术、新产品和先进工艺的投资来缩小与竞争对手的生产力差距
科学与创新	帮助制造商利用英国强大的科学基础创造创新的、高价值的产品	为了提高制造业创新业绩，充分利用英国优秀的科学基础，利用各种来源的技术，并展示创新型公司带来的收益
最佳实践	通过持续改进和精益制造技术帮助企业提高生产力	通过采用世界一流的实践手段，大幅提高制造竞争力
提高技能和教育水平	支持制造业中技能熟练和灵活的员工的发展	践行政府的生产力和履行社会包容性议程
现代基础设施	提供有效的运输和通信网络	帮助企业降低成本，提高效率，提高竞争力
正确的市场框架	提供制造业需要在全球进行竞争的支持性商业环境	打造商业首选之地，制造业创新和繁荣之地

1.3.1.2　通用战略

商业领域有两种基本类型的竞争：成本领先（或称为低成本）和产品（和/或服务）差

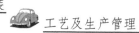

异化。根据这两种竞争类型，汽车制造商的整个车型系列或特定车型拥有不同的客户群。

成本领先战略是确定一个相比竞争对手更低的产品价格，可以在以下特定条件下实施：

- 价格竞争激烈。
- 产品标准化或产品供应商较多。
- 可以实现差异化为客户创造价值的方法有限。
- 大多数客户以相同的方式使用产品。
- 客户承担较低的转换成本。
- 行业新进者使用低廉的价格吸引客户并建立客户群。

几乎所有这些条件都存在于汽车市场。因此，成本领先战略被广泛应用和实施。

产品差异化需要创造与竞争对手相比具有独特性和价值的产品和/或服务。这种卓越的产品或服务具有使客户支付溢价的非价格属性。成功的产品差异化战略可能会使新产品从主要基于价格竞争转向非价格因素竞争。显然，产品差异化需要创新和创造力，从而区别于竞争对手的产品甚至自己的其他产品。

值得注意的是，为了获得竞争优势，持续改进（或改善）可能不够。最近，日本和韩国的公司在家用电子产品行业之间的竞争，以及苹果公司和三星公司在手机行业中的竞争表明，小幅度的渐进式改进不可能赢得竞争，但产品创新可以。正如谚语所说，"当你磨刀时，你的竞争对手已发明一把枪"。因此，获胜的企业需要基于差异化战略的创新或根本改变。

除了成本领先和产品差异化外，还有专一化战略。专一化战略涉及狭窄的产品线、买家细分市场和目标地域市场。这些产品可以是基于年龄、性别、收入等而为多个或一个特定客户群而定义的。这一战略可以通过奢侈品牌和车型的产品差异化获得优势，以及通过普通品牌和车型的产品差异化和成本领先而获得优势。在战略思考和发展方面，专一化是一种集中，有时被视为不同于成本领先和产品差异化的独立战略。

因此，可以有两种竞争优势和两种营销目标的四种组合，如图 1-7 所示。例如，像宝马这样的公司可能会将重点放在成功的专业人士身上，其汽车具有显著的奢华和运动特性。在四种组合中，宝马可能被置于战略矩阵的右下象限。相对而言，起亚试图为大多数人提供价格低廉的汽车。因此，起亚可能位于矩阵的左上象限。此外，大型汽车制造商将特定品牌定义为奢侈品，如凯迪拉克和林肯，而将其他品牌配置给更广泛的客户群。

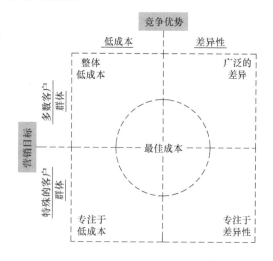

图 1-7　通用战略矩阵

实际上，大多数公司同时采用竞争优势和营销目标。因此，它们的实际战略处于这个战略象限矩阵的中间某个位置。这种商业惯例有时被称为最佳成本战略。

1.3.1.3　战略特点

总体来说，一个成功的企业战略的基本因素是对市场需求、趋势和企业竞争力的充分理解，关键是如何确保战略和能力之间的适当匹配。此外，需要考虑的因素还包括成本（定价）、质量、时间（交付、新产品上市）和产品种类（或定制程度）。

公司战略应该在几年内保持稳定，以便在业务部门和运营中保持一致的方向。对现有企业战略的重大和频繁改变可能意味着该战略或缺乏愿景设想，或基于不准确预测，或最高管理层变动。

值得一提的是，全球化应该成为汽车制造商企业战略的一部分。对所有一级供应商来说，提高全球市场竞争力也一直是一个战略焦点。全球化迫使汽车制造商要迅速面对不断增长的新兴国家、发达国家新工厂迁移、全球分销和复杂的供应链。

表面上看，全球战略中最初和普遍的关注点是低成本。然而，对于一个汽车制造商的业务和运营来说，这个主题实际上远远超出了成本最小化的竞争。相关的质量、可靠性、响应时间和灵活性在全球战略发展和实践中越来越重要。特别是对于制造而言，工厂选址和供应链管理非常重要。

战略有助于业务决策。例如，可以利用占优策略来强化市场竞争力和提高利润。占优策略的最简单形式是 2×2 矩阵或均衡（表 1-13），可以用一个虚构案例来讨论。汽车制造商 A 考虑增加激励措施以吸引更多的客户，如果其主要竞争对手汽车制造商 B 没有改变目前的激励措施，那么由于较高销量，A 可以获得更高的利润和回报，即从目前的 500 美元增长到 600 美元。然而，如果 B 立即跟着做，那么两家汽车制造商都会因为没有销售量变化而损失盈利。在表中，（数字 1，数字 2）分别表示 A 和 B 的收益。这样的战略分析有助于公司做出明智的决定。

表 1-13　战略应用的讨论范例

A ＼ B	不增加折扣	增加折扣
不增加折扣	($500, $500)	($300, $600)
增加折扣	($600, $300)	($300, $300)

战略实施通常是一个项目，由七个要素组成：背景、目标和测量、重点、技术、资源、组织、知识获取。例如，公共平台或全球平台是主流汽车制造商制造战略的成功案例。凭借公共平台战略，一家汽车制造商可以在亚洲、欧洲和北美的不同国家建造同一辆车。该战略能够实现灵活的制造工艺，降低工程成本，并通过降低零部件可变性来提高质量。例如，福特福克斯使用大约 80% 的通用零件[1-25]。

1.3.2　汽车制造商战略讨论

1.3.2.1　汽车制造商战略

低成本战略可以有效吸引对低汽车转换成本感兴趣的客户。这就解释了为什么汽车市场存在密集的价格战，这推动了汽车制造商经常使用大的促销措施来吸引汽车购买者。近年来，美国本土汽车制造商提供了比指导价优惠 3000 ~ 4000 美元的让利。这种低成本战略或高激励措施必须得到低设计成本和低制造成本的支持。实际上，汽车行业中低成本战略的实

施往往是在材料和劳动力方面削减成本。

产品差异化战略可以应用于许多方面，如高质量和按期交货。每个汽车制造商都希望在这些属性中表现突出，如造型、功能和服务。在汽车工业中，产品差异化战略总是有应用的空间。成功的案例包括小型货车及 SUV（运动型实用汽车）的推拉门和折叠座椅的创新，电池驱动的混合动力汽车等。

只有客户认为这些功能是有价值的，并且愿意为其付费，产品差异化战略才算取得成功。对于批量生产的汽车来说，汽车的新造型和独特功能有助于在短时间内促进销售，但产品创新步伐很快。通常情况下，新的和不同的特征会被竞争对手迅速追踪或复制。例如，目前几乎所有的汽车制造商都有自己的 SUV、运动型汽车和小型货车。对于梅赛德斯和宝马等豪华、高端产品而言，该战略也适用，并可能专注于产品和特征差异化。因此，在差异化战略下，汽车制造商必须不断引入创新的车型和汽车特征。

差异化战略应用的一个很好的例子是在 20 世纪 60 年代中期推出的福特野马跑车。即使是福特自己也对 1965 年美国人对野马的偏爱感到惊讶，这款 1965 年车型的年度销量达到惊人的 409260 辆双门跑车，77079 辆 2 + 2 快背车和 73112 辆敞篷车，共计 559451 辆[1-26]。另一个例子是小型货车，它由 Dodge Caravans 和 Plymouth Voyagers 于 1983 年在全球推出。2000 年，该美国小型货车销量达到 137 万辆。目前，小型货车的销量已经下降到 65 万辆，主要原因在于新型跨界车的出现，它们提供了类似的空间但具有更好的汽车操控特性。

值得一提的是，产品差异化还成功吸引了客户在增加汽车选项方面的偏好。对一种车型，客户有数千甚至百万种组合选项。然而，汽车制造复杂性的增加导致不利成本的变化和技术挑战。因此，汽车制造商应该对增值差异化发展有更好的见解。优化平衡汽车简单性、战略差异性和总成本是值得关注的工作。

所谓最佳成本或最佳价值战略可被视为基于不同混合比率或重点的低成本产品、差异化和客户关注的组合。也就是说，一家公司可以通过满足或超出客户对产品属性的特定期望来提供卓越的价值，同时定价比客户预期价格更低。例如，为了与凯迪拉克、林肯和其他奢侈品牌竞争，克莱斯勒 300 被设计为一款价格相对较低的高档汽车。

战略管理包括分析、决策和实施。成功的战略管理属性包括指导机构实现总体目标，在决策中考虑多个利益相关者，并从短期和长期角度认识成本和业绩之间的权衡。

1.3.2.2 公司战略案例研究

福特长期以来一直是顶级汽车制造商。不过，在过去的 15 年里它的盈利有过几次起伏。其在 2002 年到 2003 年之间出现了财务危机，2006 年出现了巨额亏损，2008 年再次出现了巨额亏损，如图 1-8 所示。在 2009 年到 2010 年间，福特在国内经济危机期间表现出色，保持盈利。福特的盈利能力与国家和国际经济形势并不十分相关。这意味着其财务状况更多地与其内部变化相关，包括领导力、战略和战略实施。

其中一个重大变化是 2006 年 9 月新当选的首席执行官艾伦·穆拉利。从此，几十年来福特"越大越好"的观点被"少即是多"所替代。这意味着一个更小更富有效益的福特，这是一个重大和根本性的变化。在穆拉利先生领导下，福特关闭工厂、裁岗、裁员、提高工厂生产力，出售了豪华汽车集团，在全球范围内平衡福特资产，重新聚焦福特品牌等。穆拉利先生称这个战略愿景和行动为"一个福特"。

除了更多地关注市场趋势和开发更具吸引力的车型之外，福特还特别注重汽车质量，这

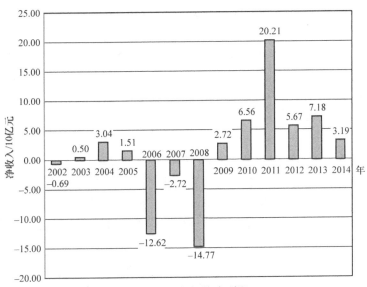

图1-8 近年福特净利润

些努力是富有成效的。2009 年 8 月，密歇根大学的年度客户满意度调查发现福特的林肯品牌与本田和别克并列第二。2010 年 J. D. Power 可靠性调查显示林肯获得第二名的高评级。

在战略实施方面，穆拉利先生将原来每月或每半年一次的行政会议改为每周会议，以促进及时的沟通和业务讨论。穆拉利先生的战略存在争议，特别是对于重大行动，如 2007 年 5 月出售阿斯顿马丁，2008 年 7 月出售捷豹和路虎，拒绝 2009 年春季提供的政府救助，以及 2010 年出售沃尔沃部门。但是接下来几年的年度利润证明了穆拉利先生的方向是正确的。

现代汽车于 1986 年进入北美市场，从那时起，它们的市场份额不断提高。起初为了站稳脚跟，现代汽车以极低的价格为美国市场提供低端车型。例如，以 4995 美元售出的第一款 Excel 型车型，以 12.6 万辆的销量创下现代汽车第一年的销售记录，第二年售出 26.4 万辆[1-27]，但该车型质量较差。1999 年，新领导层将战略从数量转为质量。现代汽车品牌在 2001 年 J. D. Power IQS 的 37 个品牌中排名第 32 位，2015 年在 34 个品牌中排名第 4 位。在解决了 20 世纪 90 年代的质量问题并改善品牌形象后，现代汽车改变了定位战略，成为高质量的汽车制造商并进入奢侈品市场。与此同时，现代汽车和起亚汽车在美国市场的市场份额从 1999 年的约 1% 增加到 2015 年的 7%。

1. 3. 2. 3 制造战略

通常，制造战略是以构建成本、质量、交付时间、灵活性之间的平衡为目标。影响这些目标的关键因素包括制造系统和设备开发、工艺规划、生产控制、产品工程、组织和管理，以及劳动力和人员配置。制造战略包括"制造"或"购买"部件的战略和决策、工艺流程、灵活程度、新技术的应用、组织基础架构和结构以及性能测量等。其他职能部门，如研发（R&D）部门和人力资源部门，都应支持企业以及制造战略和目标。

与战略发展相关的制造能力可以通过订单资格要素和订单赢得要素呈现。订单资格要素是允许公司进入市场的产品特征。为了扩大业务，需要订单赢得要素，这通常是新产品功能或激励措施，使得公司赢得更多订单。订单资格要素和订单赢得要素是产品差异化、成本领先的实施者，或企业和制造竞争的推动者。表 1-14 提供了包含订单资格要素和订单赢得要素的企业和制造战略的总体情况。

表 1-14 企业和制造战略的内容

企业战略	订单资格要素和订单赢得要素	制造战略（流程）	制造战略（基础设施）
致力于：增长/生存、利润、新产品、市场、质量等 政策：就业、运营、外包、环境等	创新、定价、质量、产品细分、种类、数量、交付、品牌形象、大批量定制和售后支持	替代流程的选择、流程选择中体现的权衡、流程配置中库存的作用、制定或购买决策、规模、及时性、地点、灵活性和研发能力	垂直整合、计划和控制系统、质量保证、生产设施、供应链管理、人事和补偿协议、组织结构、财务管理和信息技术

例如，福特制造系统的管理和开发，称为福特生产系统（FPS）。它是所有福特制造业务的战略，包含一系列原则，如持续改进、精益生产、零浪费/零缺陷、优化产能及使用总成本来提高性能。相应地，FPS 有 7 个战略领域[1-28]，见表 1-15。为了强制实施，福特使用记分卡定期评估制造业务，并根据每年从记分卡得出的目标对所有制造业员工的表现进行评估。

表 1-15 福特生产系统的战略领域

领域	目标
安全	零死亡和零重伤
质量	零缺陷
运输	精益物流和订单交付
成本	世界级效率
人员	熟练和有动力的员工
保养	100% 利用率
环境	绿色企业

制造战略与战术之间似乎没有明确的界限，如图 1-9 所示。例如，制造自动化被认为是一种战略，因为它从自动化水平上引导制造决策，这会影响许多因素。它们包括机器人的应用、自动化和传感器应用的水平、重要的初始投资、维护、运营管理和人员培训。持续改进的思维方式和实践也常被称为战略。其他一些战略，如及时性，可能被视为战术指导方针。

现有业务的制造战略往往侧重于改进，这样的战略可称为持续改进战略。例如，精益制造持续强调这种改进战略的实施。持续改进战略可以应用于任何主题，小到具体的作业水平优化，大到机构的愿景和能力优化。

图 1-9 制造战略与战术

1.4 练习

1.4.1 复习问题

1. 讨论特定市场区域（北美、欧洲或亚洲）的整体趋势。

2. 介绍全球汽车市场主要区域/地区的一个汽车制造商。

3. 介绍全球汽车市场主要区域/地区的一个汽车供应商。

4. 列出市场竞争的基本类型。

5. 列出汽车市场中的四个竞争属性。

6. 解释 CAFE 及其要求。

7. 解释波特的五力竞争模型。

8. 定义制造产能和产能过剩。

9. 根据 J. D. Power 评价汽车质量指标。

10. 讨论 HPV 对汽车制造商的制造业生产率的意义。

11. 评论汽车行业的业绩指标。

12. 描述公司战略的概念。

13. 定义五个常用战略。

14. 举一个低成本战略的例子。

15. 举一个产品差异化战略的例子。

16. 讨论市场聚焦战略的特点。

17. 举一个最佳成本战略的例子。

18. 提供几个制造战略实施的例子。

19. 提供几个订单资格要素和订单赢得要素战略的例子。

1.4.2 研究课题

1. 汽车工业和国家的国民经济。

2. 研究汽车制造商获得（或失去）市场份额的主要原因。

3. 研究市场区域（北美、欧洲或亚洲）的竞争特征，如寡头垄断。

4. 评估汽车制造商的五力模型。

5. 基于五种通用竞争战略评估汽车制造商的战略。

6. 制造产能过剩的影响和解决方案。

7. 降低人工成本的可行性，如直接、间接、薪金和/或加班。

8. TCP、J. D. Power 和 CR 等评估对汽车制造商的影响。

9. 业绩指标的局限性。

10. 汽车制造商的制造战略。

1.5 参考文献

1-1. Baron, J., et al. "The U.S. Automotive Market and industry in 2025," Management Briefing Seminars, Traverse City, MI, USA, 2011. Available from: www.cargroup. org/assets/files/ami.pdf. Accessed October 2011.

1-2. Germany Trade & Invest. "The Automotive industry in Germany," Issue 2012/2013. 2012. Available from: invest@gtai.com. Accessed January 2014.

1-3. Stoll, J.D. "Global Car-Sales Growth Decelerated in 2015 on South America,

Russia," 2016. Available from: http://www.wsj.com. Accessed January 29, 2016.

1-4. McAlinden, S.P. "U.S. Auto Industry in Recovery and in 2025," Great Designs in Steel Seminar 2011, Livonia, MI, USA. Available from: http://www.autosteel.org/Autosteel_org/document-types/great-designs-in-steel/gdis-2011/03---us-auto-industry-in-recovery-and-in-2025.aspx. Accessed July 2011.

1-5. Coffin, D. Passenger Vehicles Industry and Trade Summary, Publication ITS-09. 2013. Washington, DC: U.S. International Trade Commission.

1-6. International Organization of Motor Vehicle Manufacturers (OICA). "World Motor Vehicle Production, Year 2014." Available from: http://www.oica.net. Accessed November 2015.

1-7. International Organization of Motor Vehicle Manufacturers (OICA). "2015 Production Statistics." 2016. Available from: http://www.oica.net/category/production-statistics. Accessed April 2016.

1-8. Auto News. "Top 100 Global Suppliers," Automotive News Supplement, June 15, 2015, Crain Communications. Available from: http://www.autonews.com. Accessed January 2016.

1-9. International Organization of Motor Vehicle Manufacturers (OICA). "Production Statistics." Available from: http://www.oica.net/category/production-statistics. Accessed May 2016.

1-10. Murphy, J. and Suzuki E. "Car Wars 2016–2019: 25th Anniversary," May 8, 2015. Bank of America Merrill Lynch. Available from: https://www.autonews.com/assets/PDF/CA9986163.PDF. Accessed May 2015.

1-11. National Highway Traffic Safety Administration. "Fact Sheet: Light Duty CAFE Standard for MY 2017–2025." The U.S. Department of Transportation: Washington, DC. Available from: http://www.nhtsa.gov/CAFE_PIC/AdditionalInfo.htm. Accessed March 2016.

1-12. Porter, M.E. "The Five Competitive Forces That Shape Strategy," Harvard Business Review, pp. 18. 2008.

1-13. Harbour, R. "Automotive Manufacturing Transition," CAR Management Briefing Seminars, Traverse City, MI, USA, 2010.

1-14. Harbour, R. "Picking Up the Pieces-the Restructuring of the North American Automotive industry," CAR Management Briefing Seminars, Traverse City, MI, USA, 2010.

1-15. Stoddard, H., "North American Auto Makers Build to 97% Capacity in 2012," WardsAuto, 2013. Available from: http://wardsauto.com. Accessed February 13, 2013.

1-16. J.D. Power and Associates. "Korean Brands Lead Industry in Initial Quality, While Japanese Brands Struggle to Keep Up with Pace of Improvement," Available from: www.jdpower.com. Accessed July 2015.

1-17. "The Harbour Report—2007 North America Press Release." Available from: http://www.autonews.com/assets/PDF/CA2018861.PDF. Accessed July 2009.

1-18. Begon, C., et al. "BMW Ranks First in 2010 TCP Analysis," McKinsey & Company

Automotive & Assembly, 2012. Available from: http://autoassembly.mckinsey.com. Accessed January 6, 2013.

1-19. Bounds, G., 2010. "Meet the Sticklers," *The Wall Street Journal.* 2010:D1. Available from: http://www.wsj.com/articles/SB10001424052748703866704575224093017379202. Accessed June 2010.

1-20. "Which Brands Make the Best Cars," Consumer Reports. Available from: www.consumerreports.org/cars/which-car-brands-make-the-best-vehicles. Accessed April 2016.

1-21. "Benchmarks by Industry—Automobiles and Light Vehicles," American Customer Satisfaction Index. Available from: http://www.theacsi.org. Accessed April 2016.

1-22. Hon, K., and Wideman, K. "Methodology-Rating Companies in the Automotive Industry," DBRS, 2011. Available from: www.dbrs.com. Accessed August 26, 2012.

1-23. Wainschel, R. "How Consumers Are Transcending Turbulence …," CAR Management Briefing Seminars, Traverse City, MI, USA, 2008.

1-24. UK Department for Business Enterprise and Regulatory Reform. "Manufacturing: New Challenges, New Opportunities," Available from: www.berr.gov.uk. Accessed December 29, 2008.

1-25. Office of Transportation and Machinery. "On the Road: U.S. Automotive Parts Industry Annual Assessment," Office of Transportation and Machinery, The U.S. Department of Commerce: Washington, DC. Available from: http://www.trade.gov/static/2011Parts.pdf. Accessed February 2012.

1-26. Edmunds Inc. "Ford Mustang History," Available from: www.edmunds.com. Accessed October 2008.

1-27. Taylor III, A. "Hyundai Smokes the Competition," Fortune 161(1): 62–71, 2010.

1-28. Ford. "FPS: Global Ford Production System Introduction," 2013. Available from: http://www.at.ford.com/news/Plants/Pages/Global-Ford-Production-System-Introduction0917-279.aspx. Accessed October 2015.

第**2**章

CHAPTER

汽车制造主要过程

2.1　汽车制造概述

2.1.1　汽车主机装配厂简介

汽车制造过程包含四个主要部门：钣金冲压、动力总成制造、内外饰部件制造、车辆装配。前三个部门为车辆主机装配厂提供零部件和子装配体，然后由主机装配厂将它们装配成汽车成品。因此，汽车制造公司将主机装配厂视为车辆制造的中心。

车辆主机装配厂拥有一个庞大、复杂的生产系统，包含三个主要的车辆装配工艺：车身焊装、车身涂装、总装。这三个工艺的实施过程是在同一厂区相互毗邻的车间内进行，图2-1 所示为现代汽车公司（Hyundai）于 2005 年在美国亚拉巴马州建造的第一座汽车装配厂[2-1]。

汽车装配厂规模宏大，占地面积一般为 200 万 ~ 300 万 ft² （18.58 万 ~ 27.87 万 m²），其初始投资资金需要 10 亿 ~ 15 亿美元。假设工厂按照两班轮岗，需要配备 3000 个工人，在 8 小时工作制的情况下，日均生产车辆约 1000 辆，每年累计生产车辆约 26 万辆。

在汽车装配厂附近，零部件供应商一般会设立专门部门来生产冲压钣金件、发动机和变速器等主要零部件，以便供给装配厂。冲压件和动力总成以往是由车辆制造公司的独立部门制造提供，但近几年越来越多的车辆制造公司将其一并外包给供应商生产。此外，供应商还供应诸如车轮、玻璃、座椅和电子部件等零部件。

图 2-1　汽车装配厂俯视图

2.1.2　汽车制造流程

一个车辆制造系统设计的优劣可以从不同角度评价，其中一种比较优异的评价方式是从车辆制造流程的持续性与稳定性角度来考察。总体上，车辆制造流程主要包含以下 5 个部分（部分流程不可见）：

1. 工艺流（及在制品）

工艺流是可见的，故经常被用于车辆制造工艺分析中。车辆装配制造工艺流程的路线是固定的，制造工艺、工位转换等都有实体可以展示，有助于帮助人们更好地理解汽车制造运营。但是，当生产线之间存在物料堆积时，待加工部件就不一定按照原既定路线进行。

2. 信息流

制造系统中的信息可以分为三类：控制、指令、信息。第一类是控制信息，是车辆制造的大脑和制造流程的指挥中心，其作用包括可以使零件移动、机器人作业和设备关机等。第二类是指令信息，可以为生产作业提供指导，如生产计划等。第三类是实时信息数据，包括生产状态监测和质量预警。运营管理者和工程技术人员依据上述信息进行决策，然而这些信息流并不总是可见。

3. 材料和零件流

在生产车间内，材料和零件的传输及交付过程较为复杂。物料的接收、搬运及相关管理统称为入厂物流，用来支持车辆装配制造，满足生产需要。入厂物流涉及位置、距离、物料移动路径、物料容器的类型及尺寸、运输设备如手推车、叉车和自动导引车等，这些将在后文逐一进行讨论。

4. 工人及其作业流

在车辆装配作业中，工人需要以不同的方式进行移动。他们可能需要围绕车辆来回走动以完成指定的工作任务；也可能静止不动，通过移动手臂进行作业。因此，需要针对工人的作业移动，展开关于时间、安全以及人体工程学方面的分析研究。

5. 工程活动流

车间的工程工作重点在于解决产品质量、产量和对新车型投产提供支持方面的问题。通常，工程分析和项目的流程是按照既定作业标准严格执行的。例如，六西格玛问题的解决方式：定义 – 测量 – 分析 – 改进 – 控制（DMAIC）。

2.1.3 汽车装配工艺流程

图2-2所示为汽车制造的整个工艺流程，其中汽车装配（本书介绍重点）是车辆制造的核心。汽车装配厂由三个主要车间组成，分别是车身焊接（车身车间）、车身涂装（涂装车间）和总装（总装车间）。

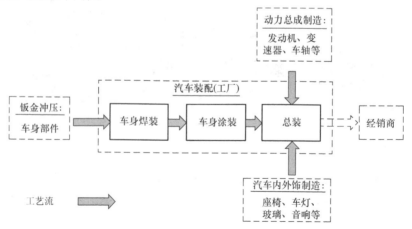

图2-2 整车生产运营

车身车间的总体布局由串行连接的装配线组成，并在相应关键位置处供应各种形状和尺寸的车辆子装配体，再利用焊接、胶合、铆钉等连接技术装配这些组件，搭建得到车身，然后送至涂装车间。在涂装车间内，车身要完成六个主要工序：表面清洁和磷化处理、电泳、密封、底漆、色漆、清漆。从涂装车间出来后，涂漆车身与其他部件在总装车间内进行总装。总装车间通常分为底盘线、内饰线和终装线。终装线之后，需要对车辆的功能和品质进行各种调试与检测。

2.2 汽车装配主要过程

2.2.1 车身焊装

2.2.1.1 汽车车身装配概述

车身车间内的主要制造工艺是焊接，因而一些车辆制造公司将车身框架装配称为"车身焊装"。车身焊装是车辆装配的第一个主要过程，其目的是将车身的所有部件精确地连接在一起。车身车间的面积约在 70 万 ~ 80 万 ft^2（6.50 万 ~ 7.43 万 m^2）之间，其中包括面积为约 10 万 ft^2（0.93 万 m^2）的零件物流区。表 2-1 给出了大规模生产模式下车辆车身装配所需单元实例，图 2-3 所示为车身车间的一个工位[2-2]。

表 2-1 车身装配系统组成

组成单元名称	数量
生产作业工人	120
电阻焊点	3500
物料搬运机器人	200
焊接机器人	500
密封机器人	25
螺柱焊接机器人	10
电弧焊接机器人	10
机器人视觉检测	12
第七轴导轨机器人	15
支座焊机	50
支座密封机	10
支座螺柱焊机	10

车身车间的输入是数以百计的冲压钣金件、面板和子装配体等零部件，以及诸如密封剂、黏合剂、焊丝和紧固件等消耗品，其输出是白车身。白车身随后被传送到涂装车间进行涂装作业。

机械连接工艺有多种，焊接是钣金件的主要连接工艺，常见的焊接工艺包括电阻点焊、电弧焊接和激光焊；粘接是近年来在车身装配中应用越来越广泛的一种连接方式。下一章将详细讨论焊接、粘接和其他类型的机械连接工艺。

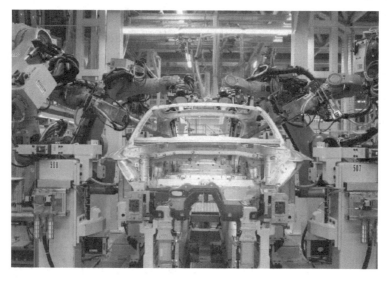

图 2-3　车辆车身装配过程（经奥迪许可使用）

2.2.1.2　车身装配工艺流程

　　车身车间的工艺流程很大程度上取决于车身结构，最常见的结构称为整体车身，即组合车身。在这样的结构中，车身被设计成一个单一的结构单元。所有的面板被接合起来，形成一个完整的车身结构。

　　对于整车而言，其主要子装配体是一个下车身和两个车身侧围。首先将它们单独进行制造，并精确地装配在一起，之后与弓形支撑件一起组成车身，再添加车顶子装配体。此时，车辆车身框架称为白车身。然后将门、挡泥板、升降门或行李舱盖和发动机舱盖等车辆覆盖件安装到车身框架上，安装覆盖件的车身框架则称为完整的白车身，也简称为白车身。完整的白车身送往涂装车间进行涂装作业。组合车身装配的总工艺流程如图 2-4 所示。

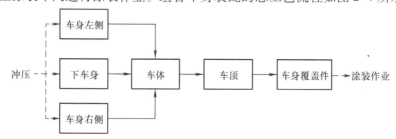

图 2-4　组合车身的典型装配流程

　　车身工艺流程因车身设计而异。一种方式是，车身侧围可以设计为两个子装配体：车身外侧子装配体和车身内侧子装配体，通过装配组成完整的车身侧围，然后与下车身组合构成完整车体。另一种方式是，先将车身内侧和下车身构造成车身框架，再将车身外侧子装配体添加到车身框架上，该方式的装配流程如图 2-5 所示。后者这种两步框架装配工艺使车身具有更好的结构完整性和刚性，这对 SUV 车型来说非常重要。需要指出的是，两层侧围车身结构和工艺更为复杂。

　　若车身设计成其他结构，如车身和下车身组合的框架，相应的整体工艺流程会大不

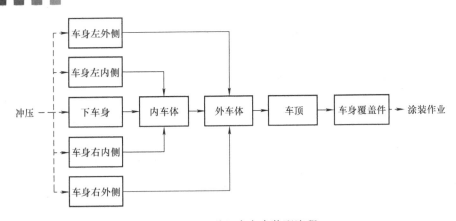

图 2-5　另一种组合车身装配流程

相同。

2.2.2　车身涂装

2.2.2.1　涂装流程概述

车身涂装是车辆装配的第二个主要过程。一个涂装车间的面积为约 80 万 ~ 90 万 ft^2（7.43 万 ~ 8.36 万 m^2）。在多段输送系统上，车身通过整个涂装车间需行驶约 4miles（6.44km），完成所有的涂装工艺需要 10 ~ 12h。

涂料是应用于车身表面的材料，不仅用于装饰，还能提高车身的耐久性、耐腐蚀性和防剥落能力，确保车身表面长时间不受损伤。除了用于车辆的外观和颜色外，涂料还可以防止腐蚀并提高车辆性能，如噪声、振动和声振粗糙度（NVH）。

对于非专业人员来说，涂装车间的作业看似简单，就像手工给家具或房屋涂漆。实际上，由于车辆涂装具有工艺自动化、速度快、客户对质量的敏感性高、能耗高、环境问题等特点，使得车辆涂装工艺较为复杂。

汽车涂装车间作业通常由表 2-2 列出的六个主要工艺组成。对于某些车型，需要在色漆和清漆之间增加中间层。对于这种三层涂层工艺，在清漆之前还有额外涂层工艺。此外，由于客户对涂料质量的要求，涂装车间有多个质量检查和修补工艺，具体如图 2-6 所示。

表 2-2　汽车涂装作业的主要工艺

步骤	工艺	功能
1	磷化	表面清洁和磷化处理
2	电泳	用于腐蚀保护、边缘覆盖、均匀漆膜和漆面还原
3	密封	应用密封胶来改善 NVH 性能、漏水和预防腐蚀
4	底漆	防止剥落和分层
5	色漆	涂特定颜色
6	清漆	获得良好的外观和耐用性

2.2.2.2　主要涂装工艺

涂装工艺的第一道工序是磷化处理。经车身车间组装得到的车身需要进行清洁处理，以去除残留在表面的冲压复合物、油污、污垢和其他污染物。清洁工作首先要用大量水进行清

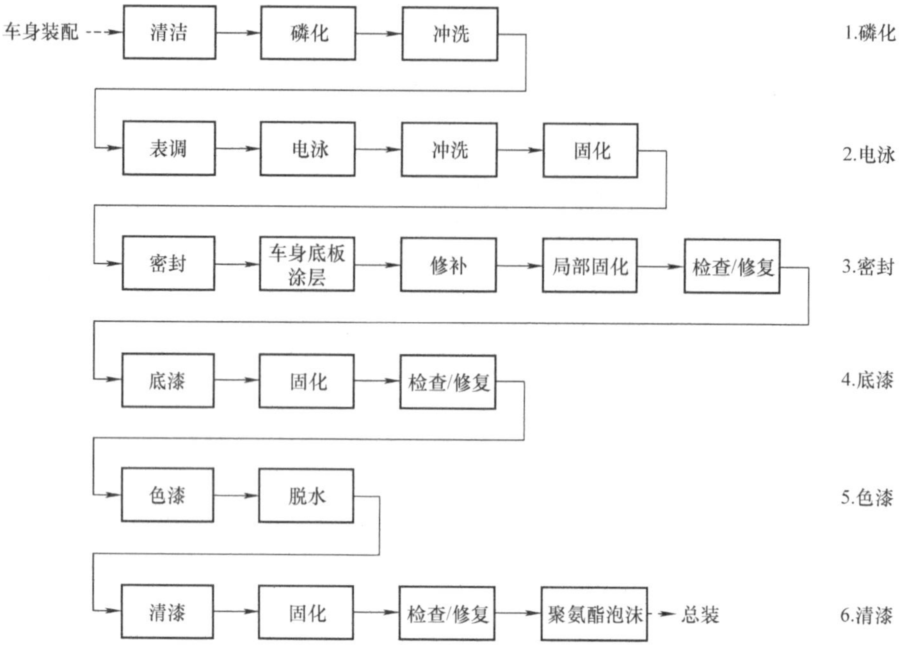

车身装配 --▶ 清洁 ▶ 磷化 ▶ 冲洗　　　　　　　　1.磷化

表调 ▶ 电泳 ▶ 冲洗 ▶ 固化　　　　　　　　2.电泳

密封 ▶ 车身底板涂层 ▶ 修补 ▶ 局部固化 ▶ 检查/修复　　3.密封

底漆 ▶ 固化 ▶ 检查/修复　　　　　　　　　4.底漆

色漆 ▶ 脱水　　　　　　　　　　　　　5.色漆

清漆 ▶ 固化 ▶ 检查/修复 ▶ 聚氨酯泡沫 ▶ 总装　　6.清漆

图 2-6　汽车涂装工艺流程

洗，然后用加压水冲洗，最后用一定温度下的清洁剂溶液进行浸泡。为了使磷化处理达到最佳效果，需要对车身进行表面调整。浸泡式清洁确保所有表面和截面都被彻底清洁，之后使用温水冲洗车身以清除残留清洁剂。

　　磷化阶段是一种化学处理过程，为涂装工艺奠定基础，提高漆膜层的附着力与防腐蚀能力。磷化处理是在车身的金属表面上形成微晶层，实际上是在金属表面形成一个晶体覆盖层，并有效密封金属表面。有时，磷化工艺被称为转化涂层，因为车辆的金属表面通过电化学反应发生转化，并被磷酸锌无机层覆盖。磷化工艺也是一种浸泡工艺，所有的表面和截面都需要涂上磷化层，如图 2-7 所示。磷化处理之后，车身需要再次用水漂洗。

图 2-7　车身浸泡工艺（经克莱斯勒汽车公司许可使用）

电泳（E-coat）是下一道工序，它使用电沉积原理在磷化层上涂覆底漆层，提高车身性能和经济效益。与磷化处理过程类似，车身完全浸入电泳池[2-3]，因而车身的内外表面都被电泳层覆盖。

经过电泳处理后，将车身送入固化炉以固化涂膜获得最佳耐久性，并为下一个涂层做好准备。固化炉的加热采用燃气或红外辐射的方式，图 2-8 所示为一个固化炉[2-4]。固化过程与材料有关，可能需要在高达 182℃ 的温度下运行约 30min。

经过电泳后，下一道工序通常是密封。涂装车间的密封过程可以设计为在车身车间密封的基础上进行双重密封。首先，涂装车间的密封过程应覆盖车身下方的焊缝和边缘。例如，密封胶材料涂装在下车身的大部分区域，以增强防水性和防腐蚀性。所有覆盖面板的折边法兰也应密封以防腐蚀。

图 2-8　固化炉（杜尔涂装系统公司提供与授权）

然后，车身将再喷涂三层涂层，即底漆、色漆和清漆。底漆通常是粉状的，以确保车身在涂装前保持表面一致性。粉末工艺不需要溶剂，且具有约 95% 的材料转移效率和较好的喷涂质量。因此，在底漆应用中，粉末涂料通常优于液体底漆。作为基础，底漆通常有两种颜色：一种是浅灰色，另一种是深灰色或黑色。底漆颜色由面漆颜色决定，较浅的面漆使用较浅的底漆。

涂装工艺的下一阶段是面漆（色漆）。面漆是一种高度着色的色漆，由机器人喷涂于车身上，然后在其上涂一层清漆，以获得高光泽度和抛光度。此外，清漆保护车身颜色免受来自外部元素和紫外线的损害。清漆工艺主要用于车辆外表面，并且由机器人或喷漆室中的"钟形"喷头执行，如图 2-9 所示[2-5]。对于高端车型，在色漆和清漆

图 2-9　机器人喷漆过程（杜尔涂装系统
公司提供与授权）

之间通常会有加漆层（云母层）。更详细的喷涂工艺将在第4章中讨论。

油漆车间的涂装作业可以实现完全自动化或机器人化。一个典型的油漆车间使用大约80个机器人，然而质量检查、密封作业、相应的修理和轻微修复通常是人工的。因此，涂装车间所需的人力可能会超过车身车间。

2.2.3 总装

2.2.3.1 总装工艺流程

总装是车辆装配的最后一个主要作业过程。在总装车间，为了完成车辆的最终装配，需要将许多部件和子装配体安装到涂装后的车身上。因此，总装通常分为内饰装配区、底盘装配区和最终装配区，以及最终的测试和检测。由于装配任务量大，每个装配区可能会分解成几条装配线。例如，在美国亚拉巴马州塔斯卡卢萨的梅赛德斯－奔驰装配厂，有6条内饰装配线和4条最终装配线。图2-10中所示为四种主要作业的典型工艺，图中系统缓冲区标有"B"。表2-3列出了主要工艺的简要说明，表中，分区可以是一个工位，但其中大多数是子装配线。

表 2-3　汽车总装的主要工艺

装配区	分区	描述（主要子装配体安装）
内饰区	拆卸车门	前门和后门拆卸
	电子线路	线束布线、支架、模块（如天线）、子装配体（如喇叭）、相应的测试等
	车顶	将天窗装配到车顶，包括电线、排水管、车顶饰条、玻璃等
	内饰	把手、前围板装饰、门槛板、面板组件、NVH隔声垫、音频套件、相应的测试等
	玻璃	风窗玻璃、风窗玻璃饰条、后三角窗玻璃、后玻璃（如果不是两厢车）、后视镜等
底盘区	前悬架	前悬架、减振弹簧、软管、转向泵管路、轴、车轮定位等
	后悬架	后桥、支架后底盘、软管、后下控制臂、弹簧、减振器、接线、拖车挂钩
	燃油管路	燃油箱、加油口、燃油管、盖子、线束等
	底盘护板	前悬架支架和发动机
	车身－传动系连接/紧固	前悬架支架和发动机到车体
	前后保险杠	前后筋膜、前牌照架、格栅、车标等
	制动	踏板、线路、制动管路、管子/软管、部分制动器
	车轮和轮胎	车轮/轮胎、轮胎压力监测系统（TPM）、平衡、备胎
最终装配区	充液	用于制动、动力转向、交流电、冷却液、变速器、风窗玻璃、燃气等
	地毯	地毯、NVH隔声垫、底板控制台、底板垫等
	座位	安全带卷收器、前排座椅、后排座椅、座椅撞击器、座垫、线路（用于加热）
	门组件	安装扬声器、玻璃升降电机、线路、手柄、锁芯、锁扣、玻璃、密封条、传动带成型等
	安装车门	前后门、车门与车身撞击器、电气连接、车门适配调节等

（续）

装配区	分区	描述（主要子装配体安装）
	电气测试	安全气囊、车辆配置、电池等
	整车配合	检查和调整
	滚动测试	模拟驾驶、多个变速杆位置、变速器功能、巡航控制、制动、ABS（防抱死制动系统）等
		通常未起动下测试
测试区	车轮定位	检查和调整
	漏水测试	从各个角度和每个隔间高压喷水
	前照灯对焦	前照灯、尾灯、塑料垫圈、对焦
	其他性能	轮胎、灯光、喇叭、转向、仪表板等
	道路测试	多项道路性能和客户满意度
	发货验证	准备、确认生效和文书工作

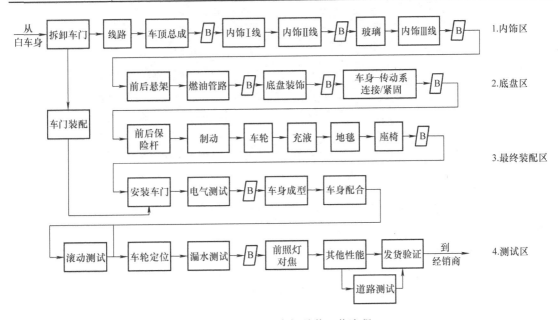

图 2-10 典型的车辆总装工艺流程

2.2.3.2 总装作业

总装车间的作业在复杂性和时间方面各不相同。一些操作很简单，如粘贴各种标签，包括安全气囊警告标签、排放标签、燃料标签、乘员分类标签和质量检测标签等。其他操作则较为耗时，如车身布线可能需要 40～50 个详细步骤才能完成。这种情况下，装配作业需要分配到多个工位。

内饰装配线上的作业是安装许多内饰部件和零件，包括座椅、安全限制装置、电线和线束、仪表板（I/Ps）、散热器等。内饰装配线的第一次作业被称为"卸门"，即从涂漆的车身上拆下车门，然后在车内安装内饰部件，拆下的车门设有专门的装配线完成门内零件的安装。

底盘装配线用于悬架、车桥、发动机、变速器、排气装置、制动器、转向装置、车轮等的装配作业。底盘装配线接收各种子装配体，这些子装配体可以由外部供应商以完整模块的形式提供，或经现场装配后传送过来。图2-11所示为车辆车身和动力传动系统装配组合的实例[2-6]。由于车辆型号和驱动装置的选配不同，车辆需要按正确的顺序放入装配线。一种是通过架空电控导轨系统上的运载器，将发动机输送到待安装的位置后，装配工放下运载器，并将其挂在地面输送机的托架车上。另一种是将地面输送机上的动力系统传动单元提升到较高位置后，再与车身结合，进而完成装配作业。

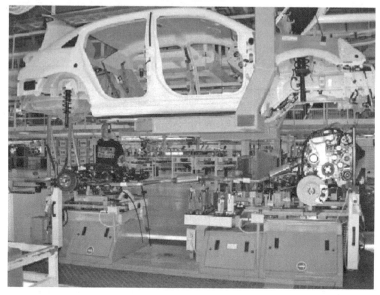

图2-11　总装示例：车身和底盘结合（经克莱斯勒汽车公司许可使用）

整车所有剩余部件和模块在终装线中安装，包括"装门"。总装车间的最后阶段需要对每辆车进行各种检测和测试。例如，所有车辆都需要车轮定位和前照灯对焦调整，以及进行3~5min的漏水测试。漏水测试结束后，专业检测人员在车内四处探测并检查前照灯组件是否有漏水现象。车辆制造公司在出货之前还会进行全部或局部抽样的道路测试，测试道路的长度一般为几千米，且模拟典型的驾驶工况，如各种坡道、坑洼、铁路轨枕、水坑和陡峭的山坡等。

2.2.3.3　总装作业的特点

装配作业可以是自动操作或人工操作。例如，前后玻璃安装通常由机器人完成；其他相对简单的作业，如安装电池、前排座椅和备用轮胎等，可以是全自动的。

在发达国家的大批量生产中，车辆总装车间的一些作业已经实现机器人化，即使在"老"工厂中也是如此。例如，日本的水岛（MIZUSHIMA）汽车装配厂于1943年建成，并于1946年开始生产车辆。工厂的装配作业高度自动化，许多部件都是自动组装的，包括前照灯、仪表板、变速杆、前后支柱、轮胎、三角窗玻璃、前后玻璃、底板插头、侧面阶梯密封件、车辆识别码（VIN）标签、备胎垫、电池、保险杠和座椅等。此外，发动机油、变速器油、车窗清洗液、动力转向油、离合器油、散热器液和制动液等都是由机器人填充的。在复杂的传感器和自动逻辑的支持下，机器人可以选择多达十种类型和尺寸的车轮和轮胎进行自动安装。

　　与前面讨论过的车身车间和涂装车间相比，总装车间需要更多人工作业。图 2-12 所示为工人将两节锂离子电池组的上半部分安装到电动车中的作业[2-7]。再如，前/后避振模块的安装，以及车身和底盘的结合，也可能涉及人工作业。

图 2-12　总装示例：安装锂离子电池组（经福特公司许可使用）

　　安装过程包含几个步骤，可以是人工作业或机械作业。例如，装配厂从外部供应商接收仪表板（I/P）模块，将其移动到安装的指定位置后，集中定位在车身的销钉上。然后，将仪表板模块通过两个紧固件连接在车身两侧的 A 柱上。先转动外侧螺母，使仪表板模块朝着 A 柱转入，直到其停靠在金属板上的适当位置。最后，用内侧螺母将仪表板模块拧紧并固定到位。所有操作都应在生产节拍内完成，大批量生产的生产节拍约为 45～50s。

　　汽车总装的整体工艺流程和单个作业是由车辆设计和组成决定的。传统车辆由燃气发动机、变速器、排气系统和燃油箱等构成，而纯电动汽车由电池组、电动机、变速器、车载充电器以及电力电子设备等构成。因此，总装的工艺流程因动力传动系统和部件的不同而不同。显然，总装后的测试检测也是不同的。

2.3　汽车零部件制造

2.3.1　钣金冲压

2.3.1.1　冲压工艺概述

　　钣金成型为车身装配提供部件。在冲压车间内，金属板卷材和毛坯板被制造成各式各样的车身轮廓部件。车辆制造公司常常自己完成主要部件的冲压成型，而将小部件进行外包。

　　基本冲压工艺包括以下内容：
- 切割，如冲切、切边和冲孔
- 成型，如弯曲和拉伸
- 压印或表面位移

- 冲孔

冲压生产线上的操作是全自动的。每个作业步骤中，金属件从一个模具运送到下一个模具。在生产线末端，通过机械方式或人工方式完成冲压件卸载。此外，在发货前需要对冲压件进行随机质量检查。

由于具有高速作业特征，冲压工艺以批处理模式进行。冲压生产线每加工一定数量（如5000件）的零件后需要更换模具，模具更换过程比较耗时，早期需要数个小时，现在所需时间已经降到分钟级别。"六十秒即时换模"（Single - Minute Exchange of Die，SMED）方法就是一个著名的案例，该方法由日本的新乡重夫先生（Shigeo Shingo）首创，并在丰田汽车公司（Toyota）实施论证过。

2.3.1.2 典型冲压工艺

钣金以卷材或平板的方式供应，故冲压作业从冲切开始。冲切是根据最终零件尺寸和后续成型工艺要求来切割毛坯形状，如图2-13所示[2-8]。

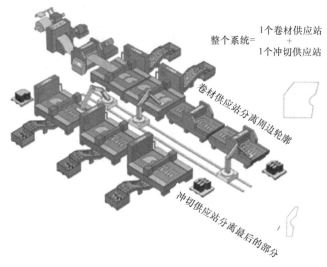

图2-13 冲压工艺中的毛坯切割（由FABRICATOR提供）

车身部件的形状和外形比较复杂，所以冲压过程需多个阶段来实现部件的最终成型，此过程包含三种成型工艺，即串联式冲压、传递模冲压和级进模冲压。串联生产线上有一系列的冲压工位，每个成型或切割钣金的工位都有一个冲压模具。工位之间通过机器人传送零件，同时完成零件的翻转或旋转。与复杂模具相比，串联式冲压工艺的主要优点是成本低，并且能够冲压几何形状更复杂的零件。然而，对于大型部件，串联式冲压工艺的生产率约为每分钟15~20件，与其他冲压工艺流程相比速度较慢。

在大批量生产时，零件会自动从一台冲压机传送到另一台冲压机，这被称为传递模冲压。一条生产线上的传递模不仅间隔距离相等，而且在时间上也是同步的。传递模冲压的独特性在于其部件行走导轨系统。在一个工作周期中，每个导轨抓住一个零件并将其转移到下一个模具。行走导轨由伺服电机驱动，通过编程可以适应不同的零件、冲压速度和行程。

第三种是级进模冲压，即多级成型工艺。在此成型工艺中，零件的最终形状是经历一系列工位作业后形成的。在级进模冲压生产线上的每个工位，都需要完成特定的成型，因而钢带输送机必须精准前进，以确保零件从一个工位传送到下一个工位的时间是一致的。工艺线上的进料系统推动卷材展开送料。级进模冲压的常见流程包括拉深、切边和冲孔，其中零件切边是最后一步，切边边缘误差通常在 ±1.5mm 的公差范围内。

级进模冲压生产线的生产速度可达到每分钟 30～40 个零件。由于级进模冲压的高生产率，因而常用于大批量车型的生产中。但是，由于该生产线的级进性质，冲压过程通常更适用于中小型零件。图 2-14 所示为一个小型车身部件的冲压过程。

图 2-14　级进模冲压流程示例

通常，大多数车身部件是在室温（或低温）下成型的。然而，新型高强度钢具有低温成型能力有限、高加工力和压力的特点，特别是对于大型复杂金属板件更为明显。最近的研究表明，提高温度，即在新钢成型前预热工件，可以增强其变形能力。根据成型工艺温度是低于还是高于材料的再结晶温度，这种工艺被称为"温热"成型或"热"成型。

显然，成型工艺温度依赖于材料和工艺。通常需要经过大量的试验来找到针对特定部件应用环境的最佳温度区间。例如，在文献[2-9]的研究中观察到铝的成型工艺温度范围是 200～250℃。此外，材料的成型工艺温度范围通常有多个。例如，钢部件可以在 600℃ 下"温热"成型，也可以在 900℃ 下"热"成型。

2.3.1.3　液压成型工艺

空间框架结构是一种较新的车辆车身结构，使用管状结构来支撑车体。近来，空间框架结构越来越多地用于车身结构。对这种结构来说，定制管是其基础。由于管状零件轮廓的不对称性或不规则性，传统冲压不适于生产管状部件。

液压成型是一种特殊的成型工艺，采用直管或预弯管制造框架部件。在这个过程中，空心管被放置在模具中并注入高压水。高压水使管壁变形，向外膨胀，直至充满模腔，如图 2-15 所示[2-10]。

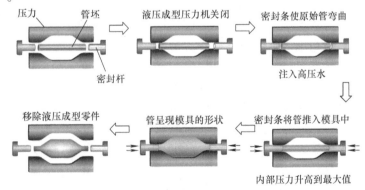

图 2-15　管式液压成型工艺流程（由美国 Hydroformers 公司提供）

液压成型的关键是成型的反压力。事实上，液压成型工艺也可用于钣金件生产。虽然生产速度较慢，但与传统的冲压工艺相比，它可以制造形状更复杂且更薄的零件。液压成型原理如图 2-16 所示[2-11]。

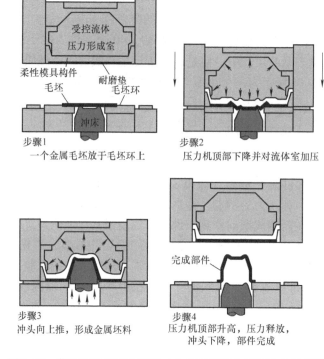

步骤1
一个金属毛坯放于毛坯环上

步骤2
压力机顶部下降并对流体室加压

步骤3
冲头向上推，形成金属坯料

步骤4
压力机顶部升高，压力释放，
冲头下降，部件完成

图2-16 薄板液压成型工艺图（由美国琼斯金属制品公司提供）

所有能够"冷"成型的金属都可以进行液压成型，包括不锈钢和高强度合金。例如，图2-17所示为液压成型的铝制发动机舱盖内板[2-12]。

2.3.2 动力总成制造

车辆动力总成通常由发动机、变速器、传动轴和差速器等组成。悬架和排气系统通常被认为是动力总成的一部分。有时动力总成仅仅指发动机和变速器，因为从车辆功能和科技进步的重要性角度来说，它们是核心部件。除发动机和变速器的其余组件构成动力传动系统，它们通常分类为前轮、后轮或四轮驱动。动力总成技术的演化和革新是车辆升级改进的主要关注点，如电池、混合动力和燃料电池的技术研究。

图2-17 液压成型薄板
（由 Amino North America Corporation 提供）

动力总成制造包括部件制造和组装作业。除电池制造外，动力总成制造过程包括压铸、计算机数控（CNC）加工、热处理、组装（刚性、小部件）以及相关检查测试。发动机制造的主要过程如图2-18所示，人工装配作业示例如图2-19所示[2-13]。

发动机缸体采用高压铸造。铝锭在熔炉中熔化后，进入压射缸并被注入模具，然后在高压下关闭模具。铸造完成后，打开模具，缸体成型完成。对于气缸盖生产，采用低压铸造工艺，制造过程使用低压空气将熔融铝注入模具中。这些模具和砂芯插入件一起配合使用，用于气缸盖的内部结构成型。气缸盖冷却后，拆除砂芯得到成型的气缸盖，然后进行热处理以

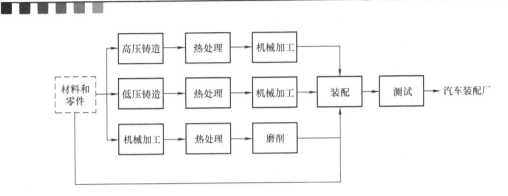

图 2-18　发动机的典型制造工艺流程

图 2-19　人工装配作业

实现材料硬化。

对铸造缸体和气缸盖进一步进行机械加工，如切削、铣削、钻孔、镗削、珩磨和扩孔作业等。机械加工的下一道工序是装配，将机械加工后的发动机缸体、气缸盖以及其他部件等进行组装。与复杂产品的装配类似，装配过程一般从子装配体或小模块开始。这些子装配体在不同装配线上现场完成，如安装在缸体上的曲轴和油盘，以及内置在气缸盖上的弹簧和阀门。在最后的阶段，各组件组装成完整的发动机。

类似地，变速器的总体工艺流程如图 2-20 所示，表 2-4 给出了简要说明。单个部件，如齿轮、壳体、轴等，需要不同的机械加工工艺。另一些部件，如密封角撑板和紧固件，通常由外部供应商提供。

表2-4　变速器制造主要工艺

工艺	主要作业
高压铸造	在熔点以上熔化铝合金（＞700℃） 将熔融铝合金注入精密模具并快速冷却 铸造之后切割流孔
机壳	在组装变速器期间切割不需要的部件 泄漏测试：对内壳进行漏油检查
齿轮加工	齿形：滚刀刀具抬起，同时旋转刀具和齿轮 强度、硬度、耐冲击性等的热处理 齿面光洁度研磨
热处理	清洁以去除切削液 固结：活性炭浸润实现表面硬化 淬火：温度调节实现初步冷却
装配	组装所有部件和子装配体 装配测试
测试	油压测试 换档噪声测试

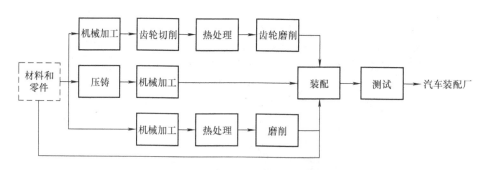

图2-20　变速器制造工艺流程

　　其他动力总成装置和部件的制造工艺同样也包括机械加工、热处理和装配。这些制造工艺的过程及特性与其他行业相同，已在许多技术书籍中提及。

2.4　汽车制造的独特性

2.4.1　汽车制造业的系统思维

　　系统思维是一种将对象视为整个系统一部分的方法，而不是独立于系统仅关注于特定部件。分散思维则只考虑某些过程细节，不考虑其他因素和部件。系统思维有助于从不同角度，如转换观点、功能观点和绩效观点等，更好地理解汽车制造。

2.4.1.1　转换观点

　　就转换而言，整个汽车制造系统将原材料转换为客户汽车，如图2-21所示。在系统层面上，制造系统的目的可以定义为将产品（汽车或装配体）交付给其外部客户（或内部客户，这取决于系统定义范围）。在交货期内以最少的资源和成本满足产品功能和质量。

除了这些流程之外，汽车制造系统还集成了许多子系统，如人员、程序、设施、信息、部门、管理政策、零件供应商和技术等。所有这些组成都影响汽车制造系统的运营和性能。换言之，制造系统不仅仅是车间或工艺。因此，从系统角度可以更大范围地描述包含多种因素的制造系统全貌。

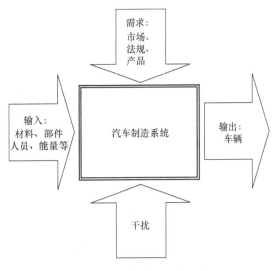

图 2-21　汽车制造系统观点

2.4.1.2　功能观点

制造系统也可以看成为最终客户提供具有各种组织良好的增值活动和功能的网络。因此，制造为汽车制造公司及其客户增加了价值。

由于汽车制造的部件多种多样，并且彼此之间有着复杂的关系，故汽车制造系统一般较为复杂。制造系统的总体行为比其部件的行为之和更为复杂，换句话说，系统作为一个整体所增加的价值远远超过了所有单个元素的累积贡献。因此，研究制造系统的功能是很有意义的。

例如，从高层管理人员的角度来看，整个企业是一个运营公司并向股东汇报的系统。汽车装配厂是输出车辆的系统，图 2-22 和图 2-23 所示为汽车装配厂的组织结构。装配系统的要素，包括工具、设备、设施、人员、材料、工艺、程序、数据、文件等，以及它们之间的相互作用。

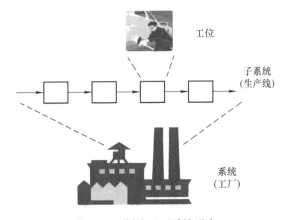

图 2-22　制造工厂系统观点

2.4.1.3　绩效观点

生产绩效评估可以作为以系统思维看待制造的实例。对于汽车装配线，其生产节拍是固定的。但是，通过加班等手段调整生产时间可以改变生产量。在汽车装配制造中有两种常见的调整生产时间的做法：在制造系统运行良好时，根据市场需求改变生产时间以改变产量；

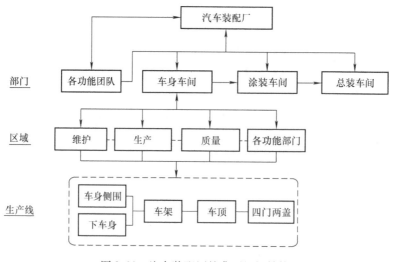

图 2-23　汽车装配厂的典型组织结构

通过加班来弥补由于质量问题、机器停机等原因造成的生产损失。这样，生产量可以满足数量要求，但成本提高。图 2-24 所示为两种情况的对比。

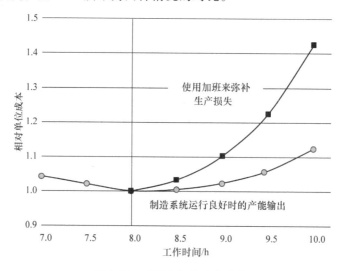

图 2-24　产量和加班生产成本

因此，绩效评估应该考虑相关成本而不仅仅是产量。单位成本是考核生产运营绩效的较好指标，它不仅考虑了产量，还考虑了相关成本。为了解经济影响，重点要研究材料、劳动力、设施、管理费用等成本因素与生产量和工作时间的关系。然后，从市场需求和利润率方面考量加班是否具有经济合理性。

2.4.1.4　汽车装配子系统

汽车装配厂拥有一个庞大的系统，它包括许多装配线和各种类型的设备及工艺。作为一个复杂的系统，它可分为多个层次，称为子系统。通常，将系统看成子系统的集合，而子系统则由子子系统或部件组成。这样的系统呈现树状或层次结构。汽车装配作业从车身框架到涂装，再到总装，每个车间又分成许多层次，如图 2-25 所示。

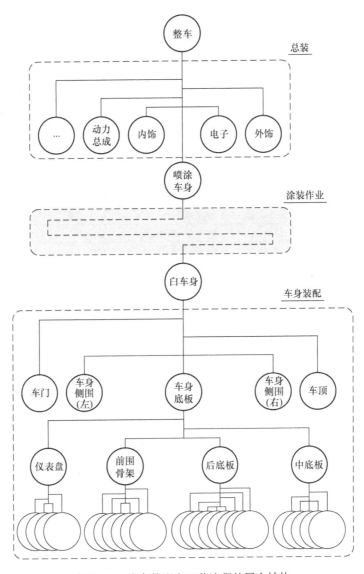

图 2-25 汽车装配和工艺流程的层次结构

对于生产线主管，装配线是个系统。在车间经理看来，装配线是装配车间的子系统。因此，系统可大可小，取决于运营管理、开发和研究的范围与着眼点。因此，制造系统的定义也取决于观察的范围与着眼点。系统思维的关键在于宏观视角上的全局观，而不在于某些特定面。

汽车装配之所以被视为一个复杂系统，是因为其不仅考虑了规模，还考虑了组成零部件。在这样的系统中，子系统包括设备、工具、工艺/过程、计算机系统等，见表 2-5。为了深入理解制造系统，需要掌握在子系统上各层面和类型的复杂知识。

汽车制造领域的工作涉及新系统开发或现有系统运营管理。实际上，它们只是制造系统生命周期中的两个主要阶段：开发和运营。本书主要涉及汽车制造系统的运营管理。有关汽车装配制造系统的开发，请参阅《汽车装配制造系统及工艺开发》一书。

表 2-5　车辆装配系统的子系统和组成单元

通用	工具和设备	组装和连接
装配系统的布局	条形码跟踪	自动进料
应变能力	输送系统和夹具	自动扳手
资本投资	人体工程学辅助设施	密封装置
尺寸质量	工件离线功能	焊枪修磨
灵活类型（批量与随机）	机器人和末端执行器	转矩监测
占地面积	机器人类型	焊帽类型
JPH（总额和净额）	备用部件	焊枪
人工备份功能	工具和设备的灵活性	焊接监控
操作员数目	大型传输系统	焊接类型
生产控制通信	视觉应用	
机架衬垫应用		
特殊的安全考虑		

2.4.2　汽车制造的特点

2.4.2.1　制造工艺的类型

总体来说，汽车制造过程有四种基本类型：

- 单件生产：根据客户的需求提供不同规格的单件或小批量生产。
- 批量生产：按批次生产不同的产品。
- 重复生产：重复生产一个或几个高度标准化的产品。
- 连续生产：生产高度一致的产品。

实际上，生产量决定了工艺流程的类型。表 2-6 显示了生产量与工艺类型之间的关系。

表 2-6　生产规模和制造工艺类型

生产流程	小批量	中等批量	较大批量	大批量
单件生产	如车辆修理		N/A	N/A
批量生产		如面包店		N/A
重复生产	N/A		如车辆组装	
连续生产	N/A	N/A		如炼油

注：N/A 是指"不适用"。

在工艺水平上，生产量决定制造的主要特征，如自动化水平。表 2-7 定性比较了这些特征。

表 2-7　制造工艺的类型和特点

类型	单件生产	批量生产	重复生产	连续生产
成本估计	困难	一般常规	常规	简单
单件成本	高	中	低	非常低
设备	通用	略微特殊	较特殊	特殊
固定成本	低	中	高	高
可变成本	高	中	低	非常低
劳动技能	高	中	低	多样
生产计划	复杂	中等复杂	常规	常规

　　汽车制造业以大批量生产模式生产车辆，其规模经济效益良好。一个系列的车型，其年产量至少为 20 万辆，即生产率约为每小时 50 辆或更高，相当于每年每班生产 10 万辆。某些知名汽车的生产率可达每小时 80～90 辆。因此，车辆装配过程是重复性生产。高端豪华汽车通常是批量生产，而一些特殊用途的车辆则是以单件小批生产模式制造的。图 2-26 所示为量产车型的发展趋势，产量和品种成反比。

　　另一方面，车辆部件通常批量生产。例如，冲压周期以秒为单位，而车身框架以分钟为单位。因此，车身组件重复生产，并且部件冲压线可能需要每天变换，以适应不同部件。一系列发动机部件基于成组技术分配给加工线，根据不同的尺寸、形状和零件进行配置，切换机床和刀具。

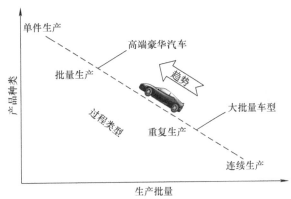

图 2-26　汽车装配制造的类型和趋势

2.4.2.2　汽车制造过程的讨论

　　此外，汽车装配作业较为独特。表 2-8 列出了汽车装配的输入、输出、工艺类型、产品种类和自动化水平，其中，工艺自动化水平和产品种类相关联。由于车身框架在汽车制造中最具代表性，本书将经常详细讨论其装配。

表 2-8　汽车制造业的特点

作业	输入	输出	主要工艺	自动化水平	产品种类	劳动力（HPV）
冲压	卷材和坯件	部件	成型	高	中等	
车身	部件	白车身	焊装	高	少	3～4h
涂装	白车身	涂装车身	涂装	中等/高	中等	3～4h
部件	物料	单元	多种	中等/高	多	
动力传动	物料	单元	机械加工	中等/高	中等	
总装	子装配体	车辆	安装	低/中等	中等	11～14h

　　正如在第一章中的讨论，汽车装配所需的劳动力是制造成本和市场竞争的关键因素。在装配厂中，就劳动力而言，总装人工作业是主要的人力资源消耗。高产量车型的车辆装配作业的劳动力水平（每辆车需人工小时数）也在表 2-8 中列出。

　　除了主要的组装工艺之外，还有一些常见的工艺或功能，如物料管理和质量检查，这些存在于所有制造运营中，在后续的章节中将对它们进行讨论。

　　制造系统布局有三种基本类型：固定位置、面向产品、面向工艺。其他类型布局包括单元、仓库以及零售/服务布局。由于大批量生产且品种少，车辆装配过程是重复性的。

在面向产品的布局下，所有的设备和组装作业以及部分物流都以产品架构、功能和规格为基础来排布。因此，车辆装配制造的系统布局在车身车间和总装车间都是以产品导向的布局形式存在。例如，玻璃安装被分配到特定装配线上的专用工位。通过基于产品的布局，组装工作分为更小的任务。通过平衡工作量，所有任务合理分配给各工位，从而获得高效流畅的生产线。

面向产品的布局限制了增加产品种类和产量变化的灵活性。工艺和设备一旦确定就很难改变。为了实现更好的制造灵活性，面向产品的布局设计中工艺和设备设置必须具有一定的灵活性，这将在《汽车装配制造系统及工艺开发》一书中讨论。

值得注意的是，涂装车间的布局基于特定工艺流程，如磷化、电泳、密封、底漆、色漆和清漆。在涂装作业中，车体框架是不带任何组件喷漆的。因此，汽车装配厂中的涂装车间是面向工艺的布局，即面向在每条装配生产线和工位上的工艺。在面向工艺的布局设计中，设备使用率高，工艺流程具有高灵活性。

总体而言，了解一个拥有 4000 名员工、投入超过 10 亿美元的工厂和年产 25 万辆汽车的生产运营业务具有挑战性。本章从系统观点简要介绍了汽车制造的流程、总体操作和特征。接下来的章节将回顾并讨论详细的工艺、运营管理、质量管理和运营持续改进等。

2.5 练习

2.5.1 复习问题

1. 描述汽车装配的整体作业流程。
2. 描述车身装配车间的工艺流程。
3. 评论车身焊接车间的主要工艺。
4. 描述汽车涂装车间的工艺流程。
5. 评论涂装车间的主要工艺。
6. 描述总装车间的工艺流程。
7. 描述钣金冲压的主要工艺。
8. 描述动力总成制造的主要工艺。
9. 比较汽车装配和动力总成制造的工艺。
10. 从系统角度讨论汽车制造。
11. 定义汽车装配系统的组织层次。
12. 解释制造产量优化的基本工艺。
13. 讨论汽车装配作为重复工艺过程的特点。
14. 评论汽车制造运营的特点。

2.5.2 研究课题

1. 比较两家汽车制造公司的车辆装配工艺流程。
2. 调研当前车辆装配作业的一个技术挑战。
3. 调研车辆装配制造的批量生产替代重复生产的优势。

4. 汽车装配制造的特点。

5. 调研《BIW Assembly Manufacturing—Today and Tomorrow》（写于 2003 年）一文完成之后白车身装配制造技术的新发展。

6. 系统工程在提升汽车制造中的应用研究。

7. 电动汽车当前的市场需求及其对制造的影响。

8. 小批量车型的制造工艺特点。

2.6　参考文献

2-1.　Google Maps. Available from: http://maps.google.com. Accessed March 2016.

2-2.　https://www.audi-mediacenter.com/en/.

2-3.　Ponticel, P. "DCX Research Advances Shop Safety, Paint Processes," *Automotive Engineering International*. 115(2): 57. 2007.

2-4.　Dürr. "Ecopaint Oven—Modular Drying Systems for Hardening and Protection," Available from: http://www.durr-japan.com/products/paint-systems-products. Accessed April 2015.

2-5.　Dürr. Available from: http://www.durr-news.com/fileadmin/_processed_/csm_Roboter_erhoeht_BS_kleiner_433c335848.jpg. Accessed April 2015.

2-6.　Ponticel, P., "Another Chrysler Flexible Manufacturing Benchmark," *Automotive Engineering International*. 114(11): 57. 2006.

2-7.　Weissler, P. "Ford Takes Assembly Flexibility to The Limit With Focus," December 2011. Available from: http://articles.sae.org/10496/. Accessed April 2012.

2-8.　Caristan, C. and Finn, J. "Say Goodbye to Hard Tooling—High-Powered Fiber Lasers Have Become A Cost-Effective Alternative to the Blanking Press," The FABRICATOR, (30):11, 2009.

2-9.　Neugebauer, R., et al. "Sheet Metal Forming at Elevated Temperatures," *Annals of the CIRP*. 55(2): 793–816, 2006.

2-10.　American Hydroformers Inc. "What is Hydroforming—Tube Hudroforming Step By Step Process." Available from: http://www.americanhydroformers.com/what-is-hydroforming.aspx. Accessed September 9, 2013.

2-11.　Jones Metal Products Company. "About the Hydroforming Process." Available from: http://www.jmpforming.com/hyrdroforming/hydroforming-process.htm. Accessed September 9, 2014.

2-12.　Amino North America Corporation. "Sheet Hydroforming." Available from: http://www.aminonac.ca/sheet-hydroforming-parts.asp. Accessed September 9, 2014.

2-13.　Available from istockphoto.com.

第**3**章

第 **3** 章

CHAPTER

车身装配连接工艺

3.1 电阻点焊

3.1.1 电阻点焊原理

电阻点焊自 1877 年被意外发明后[3-1]，已成为经济可靠的连接工艺，大量应用于车身装配。电阻点焊的工作原理为：电流流过工件生成焦耳热以熔化金属，在冷却后产生可靠的焊接点。由焦耳第一定律可计算产生的热量：

$$H = kI^2Rt = k\frac{V^2}{R}t \tag{3-1}$$

式中，k 为产生热量的比例系数，$k = 0 \sim 1$；I 为电流（A）；V 为电压（V）；R 为电阻（Ω）；t 为电流流过工件的时间（s）。

焊接产生的热量与电阻成正比。在焊接工艺的初始阶段，电阻分布如图 3-1 所示。各金属板工件的连接处有电阻最大值（R_f），因此金属熔化从连接处开始，而工件和电极之间产生的热量被电极内部的水流迅速冷却。

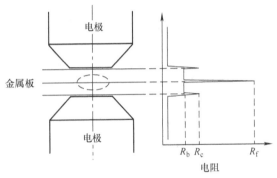

图 3-1 焊接前的电阻分布

电阻点焊的电阻可以分两个阶段：静态阶段（无电流）和动态阶段（有电流）。图 3-2 所示为静态电阻和动态电阻随施加的电极压力的变化规律，由于焊接工艺中产生的热量与动态电阻成正比，因此该图说明了电极压力（电阻点焊中三个主要工艺参数之一）的重要性。表 3-1 列出了作为起点的电极压力值。在表格中，厚度（有时称为受控金属厚度）是指金属板中第二厚的板材。例如，在两层金属板的情况下，受控金属是较薄的那层。

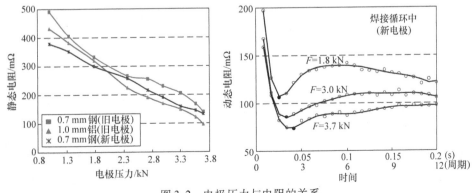

图 3-2 电极压力与电阻的关系

表 3-1　电阻点焊的典型电极压力

低碳钢		高强度钢	
厚度/mm	电极压力/N	厚度/mm	电极压力/N
0.65～1.02	2135	0.65～0.77	2135
1.03～1.44	2980	0.78～1.23	2980
1.45～1.84	4226	1.24～1.64	4226
1.85～2.45	5338	1.65～2.09	5338
2.46～3.07	7384	2.10～2.69	7384

3.1.2　电阻点焊工艺的特征

3.1.2.1　电阻点焊的工艺参数

　　电阻点焊的三个主要工艺参数是电流、电极压力和焊接时间，式（3-1）说明了电流和时间在电阻点焊工艺中的作用。电极压力的作用是确保电路闭合，其压力持续时间大约为 1s，具体取决于金属类型和厚度。图 3-3 所示为焊接工艺的基本原理。

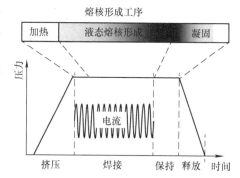

图 3-3　电阻点焊工艺

　　表 3-2 列出了典型的电流和时间参数。其中时间单位周期是交流频率的倒数，如果交流频率为 60Hz，则周期为 1/60s（0.0167s）。对于不同类型的钢和涂层，参数略有不同。例如，完整的焊接可以有 10 个周期的预压时间和 5 个周期的休止时间，这应该在工艺参数设计时予以考虑。

表 3-2　电阻点焊镀锌钢板的电流和时间

金属指导 厚度/mm	总的焊接 时间（周期）	脉冲时间 （周期）	冷却时间 （周期）	脉冲数	低碳钢 电流/kA	高强度钢 电流/kA	保持时间 （周期）
0.78～1.02	16	14		1	9	9.5	2
1.03～1.23	18	16		1	9.5	10	2
1.24～1.44	18	16		1	10	10.5	2
1.45～1.64	28	7	1	3	10.5	11	5
1.65～1.79	33	8	2	3	11	11.5	5
1.80～1.84	33	8	2	3	11	11.5	5
1.85～2.09	39	7	2	4	11.5	12	5
2.10～2.45	43	8	2	4	12	12.5	5
2.46～2.69	53	7	2	5	12.5	12.5	10
2.70～3.07	53	7	2	5	12.5	13	10

　　基于试验数据建立的"焊接工艺窗口图"是一种广泛使用以显示焊接性和焊接参数的方法，如图 3-4 所示，该方法是工业应用的良好参考。焊接参数应在"无/小熔核"和"喷

"溅"之间的范围内选择，因此焊接工艺窗口图的宽度意味着给定条件下的焊接工艺鲁棒性。在工厂地板上经常能看到焊缝喷溅，这就意味着焊接参数接近或超过其"上限"，会对焊接质量产生不利影响。

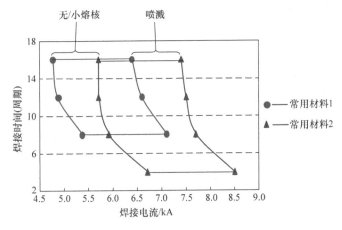

图 3-4　焊接工艺窗口图示例

3.1.2.2　钢和铝焊接

由于车辆轻量化的需求，超高强度钢和铝越来越多地用于车身材料中。超高强度钢焊接存在焊缝可能会以界面断裂的独特模式失效的问题。由于静态峰值载荷和能量吸收，界面断裂会降低焊接性能，使超高强度钢的优势大打折扣。另外，超高强度钢的电阻点焊工艺不如传统钢稳定，如对于相变诱导塑性钢这种超高强度钢，它的焊接工艺窗口图较窄[3-2]。对于超高强度钢焊接，较短的保持时间（≤5 个周期）有利于降低焊接凝固时的冷却速率。总体而言，超高强度钢的电阻点焊周期时间比普通钢的更长。

由于铝的材料特性，其电阻点焊比钢更难。例如，铝合金的电导率和热导率约为钢的 3 倍，铝合金的熔点（约 660℃）远低于钢的熔点（约 1540℃）。

适用于铝电阻点焊的工艺流程指南已经制定。与之前的推荐值相比，该指南可以使总体焊接电流和压力降低约 10%[3-3]，并建议电极表面直径不大于预设焊点尺寸的 1.15 倍（或 $5\sqrt{t}$，其中 t 是以 mm 为单位的最薄金属的厚度）。

焊接电源及相应的控制技术也有了显著进步。例如，现在被广泛使用的中频直流电源，其原理是将三相输入电源通过全波整流转换为直流，然后通过逆变器"截断"为高频（1000Hz）。与传统交流相比，中频直流具有在毫秒级反馈控制响应时间快，并且所需的焊接电流更小的优点。此外，对于大多数钢材，中频直流电源能够适应更宽范围的焊缝，因此中频直流电源更加可靠，如图 3-5 所示。

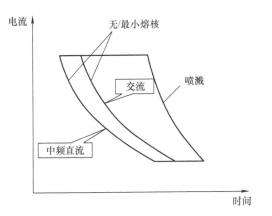

图 3-5　交流与中频直流的焊接工艺窗口图

由于中频直流电源焊接对铝合金的表面条件不太敏感，因此其更适用于铝合金板件的焊接。据报道，中频直流电源具有较长的电极寿命[3-4]，但电极损耗不均匀，负极损耗快于正极。中频直流电源可以用更少的能量产生更大的焊缝（交流电源效率为26%，中频直流电源效率为37%）[3-5]。使用中频直流电源的另一个优点是其变压器更小、更轻，从而减小了机器人的负重。但缺点是中频直流电源的电源成本高于交流电源。

3.1.2.3 电流和电极压力的控制

焊接控制的一种新方法是在焊接过程中改变电流和电极压力。电流可以变为几个脉冲，如图3-6a所示。多脉冲工艺流程的关键特征是其冷却时间间隔。脉冲之间的冷却时间有利于热量传导，因此，可以增加焊接工艺窗口图的喷溅极限。此外，多脉冲可用于焊点形成和凝固过程中的温度控制。在多次脉冲流程中，不同的脉冲具有不同的焊接电流，这有助于提升某些超高强度钢的焊接鲁棒性[3-6]。所有的脉冲控制都会引起金相的变化，如在单个脉冲中，对于三层厚为8mm的高速钢，焊接时间可能需要25个周期脉冲。但是，如果使用三个7周期脉冲，三层高速钢板焊接时将有更大的焊接熔核，电极寿命也将更长。

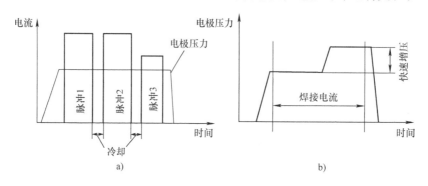

图3-6 电流脉冲和压力锻造示意图

改变焊接工艺流程的另一种方法是使用阶梯的电极压力而不是恒定的电极压力（图3-6b）。在开始时用相对较低的电极压力和较高的电阻，这有利于产生热量，当液体焊缝形成时，增加电极压力有助于限制液体金属的溅出。电流和电极压力组合变化会产生复杂的结果，因此通常需要针对特定应用完成试验设计（DOE）以找到最佳参数组合。

电阻点焊工艺的自适应控制是另一种新方法。自适应控制方法的原理是：当工艺条件明显偏离最佳参数时，使用预先制定的焊接条件作为参考实时调整工艺参数。通过这种方式，可以自始至终地产生良好的焊缝，叠加金属板的最佳焊接条件校准需要耗时30min。据报道，以每天生产800个焊接车身的两班制生产，基于此标定的焊接条件，焊接质量会在长达1年半内保持不变[3-7]。

3.1.3 电阻点焊设备

3.1.3.1 焊枪

电阻点焊焊枪的主要部件包括枪体、驱动机构、控制器和变压器（图3-7）。枪体的结构在尺寸和形状方面有所差异，以便进入不同的指定区域焊接。电阻点焊焊枪既可以安装在机器人或固定支架上，也可以人工操作。

焊枪设备最重要的创新是伺服电机驱动。由于采用了电子控制，伺服电机驱动的焊枪具

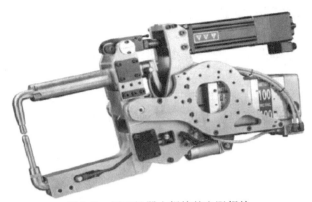

图 3-7　用于机器人焊接的电阻焊枪

［由 CenterLine（Windsor）Limited 提供］

有许多先进的功能，可以改善电阻点焊性能[3-8]。使用伺服焊枪的一个显著优点是避免了钣金件的锤击和弯曲效应，这对提升车身的尺寸质量有益。如图 3-8 所示，使用伺服焊枪的另一个优点是生产率高，因为伺服电机需要较少的预压周期时间来达到所需的电极压力。此外，伺服电机驱动的焊枪提供了新的技术特点，包括工艺监控、电极磨损补偿、可变压力设置以及焊接过程中的压力控制和变化。

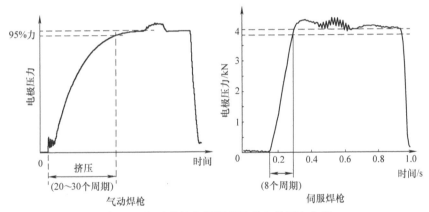

图 3-8　气动焊枪和伺服焊枪的电极压力曲线

3.1.3.2　电极帽

各电极帽（鼻形）区别很大，如材料、端面直径（n）以及安装连接方式等，图 3-9 所示为一些常见的类型。根据板材厚度的不同，钢制钣金零件电极帽的常用端面直径为 1/2in（12.7mm）和 5/8in（15.9mm）。

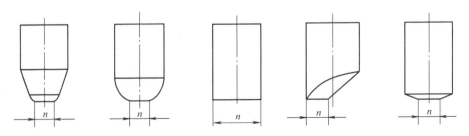

图 3-9　电阻焊接电极帽

电极帽会随着时间的推移而磨损，它们是焊接过程中的消耗品，当电极帽端面直径在焊接过程中逐渐增加时，电极表面会形成"蘑菇"，这是一种常见的失效模式。电极帽端面直径与焊接数量之间的关系如图 3-10 所示，在不同的焊接条件下（不同的焊接电流和电极压力），曲线可能会有很大的不同。

焊接质量和电极条件之间有很强的相关性。随着电极端面直径的增加，焊接电流密度降低，这将会影响焦耳热和熔核形成。因此，整个焊接过程中电极帽轮廓应保持一致。

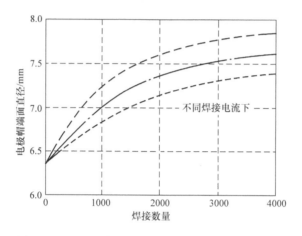

图 3-10　电极帽端面直径与焊点数量之间的典型关系
— — — 上限电流　— · — 常用电流　- - - - 下限电流

3.1.3.3　电极帽磨损修正

由于磨损，电极帽需要定期更换。在电极帽更换后，焊接电流需要在焊接一定次数之后增加，以便保持电流密度大致相同，这种方法称为电流阶跃。

另外，可以通过切割"蘑菇头"来修复磨损电极帽，以恢复原始形状，这种方法称为尖端修整。通常，根据焊接情况，每焊接 250～400 次后电极帽需修整，一个电极帽可以修整 40 次。目前的电流阶跃方法和尖端修整方法通常在生产中结合使用，以确保焊接质量并最大限度地减少更换电极帽的次数。

使电极帽保持适当形状的一种新方法是对电极帽辊压成形，使电极帽重新成形为原始尺寸。这种成形操作可以在 2s 内完成，但比传统的尖端修整更为频繁。由于重塑时没有去除任何材料，电极帽预计可以使用更长时间。另一种可用的方法是混合修整，即对电极进行铣削加工及成形制造。

通常用于电极帽的铜合金是电阻焊制造协会推荐的第 1 类和第 2 类[3-9]，前者用于铝板焊接，后者用于钢板焊接，原因是第 2 类铜合金电极帽的导电性稍差，但硬度高于第 1 类铜合金。开发新型电极，如使用新材料、设计新的几何形状和应用新的制造工艺，都是延长电极帽寿命的积极方法。新材料的应用能够显著提高电极帽寿命，如使用弥散强化铜制作整个电极帽或部分嵌入其中。弥散强化铜具有优异的屈服强度和极限强度，与低碳钢相当。另一种方法是在电极帽表面上附加碳化钛涂层。碳化钛在高温下具有优异的硬度和稳定性，据报道碳化钛还可以提高抗黏着性和电极寿命。

3.2　激光焊接

激光焊接在 20 世纪 80 年代中期开始用于车身装配。作为一种有效的材料接合工艺,激光焊接已经越来越多地用于车身装配及制造工艺中。自 20 世纪 90 年代中期以来,激光焊接已应用于车顶焊接,并扩展到车身覆盖件、下车身和车身左右侧围的焊接。激光焊接的另一个典型应用是在冲压金属板上使用拼焊板。

3.2.1　激光焊接的原理和特点

3.2.1.1　激光焊接的原理

用于车身焊接的工业激光器主要是二氧化碳激光器和 Nd：YAG 激光器,这两种激光器都应用在电磁辐射频谱的红外区域。Nd：YAG 激光器的输出波长为 $1.06\mu m$,处于近红外区,而二氧化碳激光器应用在 $10.6\mu m$ 的远红外区。其他类型的焊接激光源包括光纤激光器、磁盘激光器、激光二极管阵列激光器和一氧化碳激光器。

激光焊接的通用模式是小孔或深熔焊,如图 3-11 所示。在焊接时,高能量密度的激光束聚焦在小面积金属表面上,由光能转换而来的热量被金属吸收,从而加热和熔化金属,穿透深度达数毫米,当激光束移动时,产生了“小孔”形状的液态熔池,冷却后形成狭窄的焊缝。

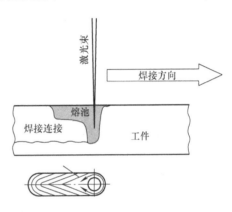

图 3-11　激光焊接的原理

在激光焊接中传输激光束的方法取决于所使用的激光器类型。由于没有实用的纤维材料可用于传输二氧化碳激光辐射,因此需要移动和倾斜反射镜传输二氧化碳激光束进行焊接操作。远程激光焊接是一种广泛使用的二氧化碳激光焊接方法,这样命名是因为激光头由一定距离的多个移动镜组成,可以放置在远离目标焊接区域 1m 以上的地方,激光束可以长距离传输而不会明显损失光束品质或能量。

相比之下,固态激光器,即 Nd：YAG 激光器和 Yb 光纤激光器,近红外辐射允许激光通过光缆传输,并允许使用标准光学器件来实现聚焦。因此,固态激光束可由机器人传输,而激光源可以远离焊接区域。

3.2.1.2　激光焊接的特点

激光源的一般特性见表 3-3[3-10]。激光输出功率决定了焊接速度和焊接熔深。二氧化碳激光器的输出功率可达 60kW,光束品质好。因此,二氧化碳激光器可以用更高的速度对更厚的材料进行焊接,这是二氧化碳激光器被广泛使用的原因。

光束质量是就聚焦能力而言的,称为光束参数积。不同类型的激光可能有不同的光束参数积。例如,二氧化碳激光器为 $4\sim8mm\cdot mrad$。一般来说,光束参数积越高,光束质量越低。

表 3-3　焊接激光光源的特点

	激光二极管阵列	二氧化碳	Nd：YAG（灯泵浦）	Nd：YAG（二极管泵浦）
激光效率（100%功率持续作业）	50%	12%	2%	12%
净系统效率（100%功率连续运行，包括冷却）	25%	6%	1%	6%
每小时成本（100%功率持续作业）	1.5 美元	10 美元	30 美元	6 美元
波长/μm	0.8	10.6	1.06	1.06
吸收率（%）- 钢	40	12	35	35
吸收率（%）- 铝	13	2	7	7
平均强度（常数）	$10^3 \sim 10^6$	$10^3 \sim 10^8$	$10^3 \sim 10^7$	$10^3 \sim 10^7$
商用最大功率/kW	4	50	4	4
激光、电源、冷却系统的占地面积/ft²	8	50	100	60
替换时间/h	激光阵列：10000	光学：2000，鼓风机/涡轮：20～30000	灯：1000	泵阵列：10000
激光/光束流动性	高/高	低/中	低/高	低/高

注：1ft² = 0.092903m²。

部件的表面反射率显著影响激光焊接效果，如果反射率非常高，大量的激光能量会反射回来。普通金属材料的吸收率如图 3-12 所示[3-11]。大多数金属在使用二氧化碳激光器时反射率可达到80%～90%，对焊接效率有影响。幸运的是，反射率只有在形成小孔前才存在，小孔中的液态金属具有更好的能量吸收性，使得固态激光器的较短波长能被大多数金属很好地吸收。因此，Nd：YAG 激光器的功率要低于具有相同焊接速度和焊接质量的二氧化碳激光器。

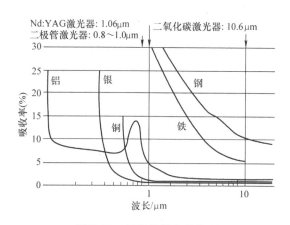

图 3-12　材料的激光吸收率

一项研究表明，2kW 的 Nd：YAG 激光器与5kW 的二氧化碳激光器相比具有相似或更好的焊接能力[3-12]。

影响连接工艺的因素有很多，包括激光源的类型、功率、部件的表面贴合度、激光束的速度和角度等。因此，激光焊接参数的工作范围和最佳值通常取决于实际应用，即基于试验和测试。图 3-13 所示为不同条件下激光焊接的接头示例[3-13]。

3.2.1.3　激光焊接的优点

与其他焊接工艺相比，激光焊接具有许多优点。它非常适合焊接深窄连接，这对于使用厚金属、挤压件和铸件的车身装配非常重要。其另一个优势是单面可达性，这对焊接液压成

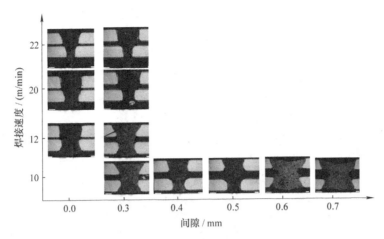

图 3-13　不同条件下的激光焊接接头示例（经许可使用）

形零件和覆盖截面至关重要。激光焊接可应用于多种材料，不仅适用于不同类型的钢材，还适用于铝、镁和一些其他不同的材料。此外，激光焊接需要非常小的凸缘或者甚至不需要凸缘，这意味着材料的节省和车辆轻量化。

激光焊接的质量很好，许多研究表明激光焊接具有很高的强度。由于激光能量集中在一个点区域，焊接热影响区很窄，并且由热变形引起的与焊接相关的尺寸变化非常小或可忽略不计。由于焊接热量输入较小并且连接位置准确，因此可以将激光焊接放置在热敏部件附近。另外，激光焊接具有良好的外观和光滑的焊接表面。

使用二氧化碳激光器的远程激光焊接的优点之一是其高生产率。激光束可以从一个焊接位置快速移动（<50ms）到下一个焊接位置。远程激光焊接的周期时间比机器人 Nd：YAG 激光器激光焊接更短，比电阻点焊快 6 ~ 10 倍，因此，从成本效益角度看，远程激光焊接可能比传统的机器人激光焊接更适合车身装配等大面积焊接。远程焊接头可以安装在机器人上。这种被称为实时焊接的方法具有极高的效率。焊缝的精确定位需要机器人和扫描仪之间实现轴同步。

使用远程激光焊接的另一个优点是只需更换工装并调用不同的焊接程序，即可轻松更换不同产品的装配焊接工位。此外，使用远程激光焊接很容易对扫描仪编程定制焊缝形状（如细缝、圆形、曲线等图案），以便满足不同的结构要求。

3.2.2　激光焊接的挑战和解决方案

3.2.2.1　初始投资

我们可以乐观地预测激光焊接将取代电阻点焊，然而，激光焊接所需的初始投资是主要障碍。为了满足更好的零件贴合性和更精确的零件定位要求，需要特殊设计的夹具，因此需要额外的成本进行工装更换。

在与电阻点焊竞争时，激光焊接的初始投资对于新技术而言可能是一大劣势。然而，为新的多样化产品的全生命周期确定最佳成本至关重要。因此，重点应该放在长期生产能力和质量上，而不是前期投资。有必要进行生命周期分析研究以比较激光焊接和电阻点焊长期运行的生产能力和成本效益。

由于激光焊接的高生产率，组装工位和机器人的数量会大大减少。例如，在大众高尔夫白车身中，激光焊接的应用将侧围线的占地面积减少了一半，下车身线的占地面积减少了 1/3，总电阻点焊点从 4608 个减少到 1400 个[3-14]。另一项研究给出了激光焊接直接替代电阻点焊的商业案例[3-15]。图 3-14 所示为使用激光焊接可以减少占地面积[3-16]。

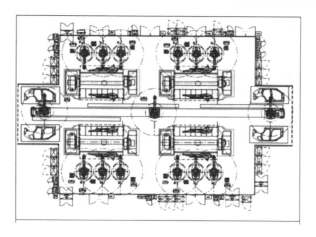

循环时间：   50s
#点焊：   2×115电阻点焊
建筑面积：   538.84m²
投资：   100%

循环时间：   50s
焊接长度：   2×4730mm
建筑面积：   353.03m²
投资：   114%

图 3-14　电阻点焊和激光焊接的装配线布局（由 J&N Group 提供）

3.2.2.2　焊接镀锌钢板

大部分车身板均由镀锌（镀锌或合金镀锌）钢板制成。在激光焊接期间，锌会在比钢的熔点（大约 1500℃）更低的温度（906℃）下汽化。如果钢板之间没有预留间隙以利于锌蒸气快速排出，则会影响熔池区，导致焊缝中出现飞溅、针孔和气孔等缺陷，如图 3-15 所示。因此，应当设计一个锌蒸气排放路线。

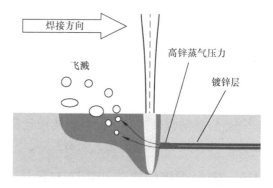

图 3-15　激光焊接的镀锌蒸气问题

间隙太大则熔池将被吸入间隙中，金属从焊缝中流失而导致焊接强度明显下降。因此，焊接时必须保持适当的间隙。通常间隙应该是顶板（top sheet）厚度的 5%~10%。

有几种方法可以在板之间产生间隙。例如，焊接法兰可能成形不足或成形过度，在要焊接的区域压印小凹痕也可以产生小间隙。但是这种加工过程需要一个附加的冲压过程，可能需要额外的投资。现在已经开发了一种使用远程激光束产生凹痕的方法[3-17]。

另一种好的方法是优化激光焊接工艺以利于锌蒸气的排放，而不需要间隙。例如，该方法是在小孔轮廓中使用从单一光束中分离出来的双光束激光器[3-18][3-19]，双光束激光器的使用使得小孔在焊接方向上形成细长状从而增加锌蒸气排出时间。

当应用于对接接头时，如在拼焊板应用中，由于熔池很小，激光焊接工艺要求对接板边缘之间的间隙尽量小。间隙越小，可能的焊接速度就越快。对接接头的间隙公差与材料和厚度有关，对于单束激光束来说，通常小于 0.1mm 或最薄板厚度的 10%。

通常有三种方法控制对接接头的间隙。第一种方法是使用激光复合焊接技术与填充材料。由于有额外材料输送到熔池中，填充焊丝最大可以处理 0.5mm 的间隙。第二种方法是以一定的角度改变激光束到接头的方向，这非常适合板厚不同的接头。第三种方法是使用卷轧使金属板边缘变形，并弹性地减小或消除对接接头的间隙，这种方法更适用于较厚的板。

3.2.2.3   激光焊接的优势

激光焊接作为一种新型焊接技术，其激光源和工艺在不断进步。例如，二极管激光器是一种新型的激光源，有着效率高、保养周期长、质量小、设备尺寸紧凑等优点。二极管激光器的电光转化效率（>20%）要好于二氧化碳激光器（约 12%）和灯泵浦 Nd：YAG 激光器（1%~2%）。特别是对于铝焊接，二极管激光器的 0.8μm 波长与吸收峰值重合，从而最大限度地提高了加热效率并降低了所需的功率。但是二极管激光器的初始投资高于二氧化碳激光器和 Nd：YAG 激光器。

此外，市场正在评估将一种新型的一氧化碳激光器用于量产车辆焊接的应用价值。最近，新型光纤激光器已经开发并应用于汽车制造。与其他类型的激光器相比，光纤激光器具有更多的波段、高可靠性、紧凑性、高电光转化效率（>25%）和良好的光束质量。例如，一个 10kW 的光纤激光器可以 2.5m/min 的速度完成 14mm 深度的铝焊接[3-20]。不同类型的光纤激光器在波长为 1070nm 时工作。光纤激光器可以在 50~100kW 的连续模式下运行，其运行模式也可以设计为：高峰值脉冲模式、低功率脉冲模式和连续模式的组合。

激光电弧复合焊接是激光焊接和电弧焊接的混合，如图 3-16 所示。同时应用的电弧焊接包括熔化极气体保护焊（GMAW）、钨极惰性气体保护电弧焊（GTAW）和等离子弧焊（PAW）。在复合焊接中，激光和电弧可以在同一个点上以连续模式工作，甚至在工件的相反一侧工作。

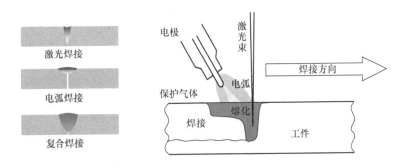

图 3-16   激光电弧复合焊接

通过合并这两种焊接工艺，可以在保证高生产率的同时提高焊接质量。借助电弧输入的热量，激光能量可以更有效地增加厚材料的焊缝熔深，如达到 6mm[3-21]。另外，较大的熔池使得复合工艺可以焊接更大的间隙。例如，4.4kW 的 Nd：YAG 激光器结合 GMAW 可以在 1.5mm 厚的超高强度钢上获得良好的焊缝，其中间隙可达 0.45mm[3-22]。然而，在复杂的复合工艺中，工艺参数间复杂的相互作用仍在研究中。如一项研究表明，对于 A5052 铝合金，熔化极惰性气体焊接与 YAG 或二极管激光器复合，具有相同的最大焊接速度[3-23]。

从经济角度来看，复合焊接过程需要较小的激光功率。因此激光器可以采用较低的功率并获得与使用较高功率激光器相同的焊接性能。复合工艺可以节省激光设备的初始投资。由于整体焊接效率更高，激光电弧复合焊接工艺比传统的激光焊接更具成本效益。然而涉及电弧焊接的复合焊接可能会产生更多的零件变形，与纯激光焊接相比，对某些材料和薄板的应用限制更多。

复合工艺已成功应用于车辆大批量生产。如一个 4.5kW 的 Nd：YAG 激光器与使用 0.8mm 软钢丝的金属活性气体焊结合用于焊接镀锌钢[3-24]。大众汽车使用复合激光工艺批量生产焊接整个车门组件，包括铝板和铸造金属。复合激光焊接的应用不如预期的那样好，可能是该工艺的复杂性导致。

另外，不同类型的激光器也可以共用以提高焊接质量和生产率。例如，二氧化碳激光器或 Nd：YAG 激光器和二极管激光器可以同时工作并产生更好的焊缝。尽管二氧化碳激光器或 Nd：YAG 激光器可以用于深熔模式，但二极管激光器会以热传导模式使焊缝根部平滑。据报道，这种复合激光工艺用于铝合金拼焊板可以产生非常光滑的焊缝根部。

3.3　其他类型的焊接

3.3.1　电弧焊接

3.3.1.1　电弧焊接的原理

电弧焊接是一种在耗材电极和零件之间形成电弧的工艺。如图 3-17 所示，电弧加热熔化零件并将它们连接在一起。在几种类型中，GMAW 通常用于汽车制造业，如货车和 SUV 车身框架、发动机支架以及一些车身应用。

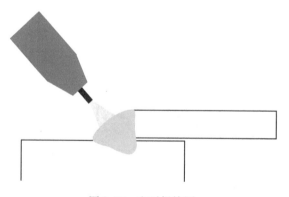

图 3-17　电弧焊接图

由钢或铝合金制成的车体空间框架结构的应用激发了企业对具有高生产率的焊接工艺 GMAW 的兴趣。例如，奥迪 A8 车身主要由挤压式铝型材和铸造节点构成，其管状空间框架主要由 GMAW 工艺焊接。与前面讨论的激光焊接相比，GMAW 是一种低成本、工艺简单的焊接方式。

电弧通常由保护气体（如氩气和二氧化碳）在焊接区域周围形成一个保护层与大气隔绝，隔绝也可以通过热气来实现。使用焊剂的电弧焊接被称为药芯焊丝电弧焊接（FCAW）。在焊接工艺中，药芯焊丝在焊缝上形成保护熔渣，采用牵引角技术能够处理板上的污染物。用药芯焊丝进行电弧焊接有两种类型，一种称为自保护（FCAW 自保护工艺），另一种类型是气体保护（FCAW 气体保护工艺），FCAW 气体保护工艺依靠外部保护气体来保护电弧，它不受空气影响。另外，使用保护气体可以提高焊丝的可用性。两种类型的 FCAW 都广泛用于汽车制造业。

但是一些问题阻碍了 GMAW 的广泛应用。与电阻点焊工艺相比，电弧焊接较复杂，因为电弧焊接有许多工艺参数（电阻点焊只有三个）。电弧焊接工艺参数有：焊接行进速度、焊接角度、焊接方向、送丝速度、焊丝类型、焊丝顶端到工件（或伸出）距离、焊炬角度、电压、峰值电流和连接极性。表 3-4 给出了车身结构节点关于 FCAW 的一个例子。这些工艺参数对焊接设备、零件材料、厚度以及表面涂层都很敏感，因此，应在通用指导准则下，利用测试试验选择实际生产中使用的参数值。

表 3-4　电弧焊接参数

参数	例子
焊接行进速度	8.5mm/s
送丝速度	53mm/s
焊接角度和焊接方向	45°反手焊
电极直径	1.2mm
伸出长度（尖端工作距离）	8~10mm
焊炬角	20°
电压	16V
峰值电流	160A
极性	工件 +

3.3.1.2　电弧焊接的特性

电弧焊接工艺对零件的配合很敏感。使用焊丝填充材料的电弧焊接，可以填充待焊接部件之间的小间隙，特别适用于需要经验的人工焊接。但是，对于使用 GMAW 和 FCAW 的机器人焊接，间隙公差应该小于较薄金属厚度值且小于 1.5mm。

在焊接进行中和焊接之后，热量通常都会引起零件的尺寸变形。而补偿由热量引起的车身子装配体尺寸变形极具挑战性，常基于经验以及反复试验进行补偿。目前开始出现了新的分析方法。

零件结构设计需要考虑电弧焊接性，零件的焊接接头可以按照图 3-18 所示的几种结构进行设计。一般情况下，建议在接头两侧焊接以提高焊接强度。

电弧焊接的潜在质量问题多种多样，如焊缝缺失和焊缝尺寸过小。焊缝缺失的情况包括没有焊缝、焊缝较短或有局部间断，焊缝尺寸过小包括焊缝厚度过小、咬边（母材上出现被电弧烧熔的凹槽）以及熔融焊脚过短，可按图 3-19 所示确定电弧焊接的尺寸。其他常见的焊接质量问题包括气孔、烧穿和裂纹。

因此，相比电阻点焊，解决电弧焊接的质量问题需要更多的经验和知识。新开发的带自

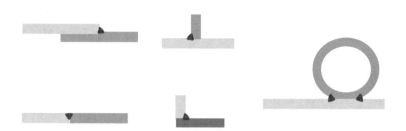

图 3-18 电弧焊接接头构造

适应控制的交流脉冲 GMAW 改善了工艺性能和焊接质量。此外，对焊接超高强度钢来说，优化焊丝材料尤其具有挑战性。

3.3.2 凸焊和拉弧焊

3.3.2.1 螺柱凸焊

紧固件广泛用于车辆总成的零件、单元和模块的安装，并且以螺钉或螺母的形式安装在车身表面。车身上有数百个紧固件，它们通常通过两种焊接工艺进行焊接：凸焊和拉弧焊。

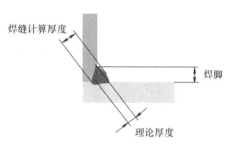

图 3-19 电弧焊接的尺寸

凸焊与电阻点焊有相同的工作原理。如图 3-20 所示，电阻凸焊的电极不需要塑形。凸焊的电流较高，焊接时间比电阻点焊短，其峰值电流取决于薄板规格，对于钢来说大约为 20kA，对于铝来说大于 40kA。由于焊接时间极短（大约 0.5 个周期），热量在凸起处迅速积聚并产生熔合区。除了将紧固件焊接到钣金件表面之外，凸焊还可用于连接钣金件。凸起或凹坑由两薄板中的一个制成，以便在焊接过程中实现所需的热量集中。

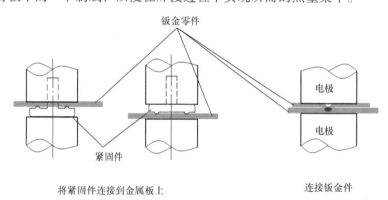

图 3-20 凸焊的原理

据报道，凸焊的焊接质量在静态强度方面与电阻点焊相当。由于没有成形电极，电阻点焊在工件未被压缩的一侧会产生很少的焊痕或烧伤痕迹。然而，使用凸焊需要有凸台或凹坑，这需要额外的加工时间和资金投入。

对于螺柱焊接，螺柱和需要连接的零件表面需要特殊设计。此外，工艺参数不仅与板材厚度和材料类型密切相关（与电阻点焊类似），而且与待焊接的紧固件类型紧密相关。表3-5 列出了关于工艺参数的例子。

表 3-5　螺柱凸焊的工艺参数示例

紧固件规格	压力/N	电流/kA	时间（周期）
M5	4448	14	8
M6	5783	16	10
M8	7117	20	14

3.3.2.2　拉弧螺柱焊

拉弧螺柱焊实际上是一种电弧焊接，将螺柱用作电弧焊接的电极。该工艺通过螺柱的推 – 拉 – 推运动产生电弧。以下通过四个步骤说明（图3-21）。

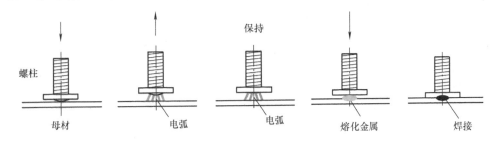

图 3-21　拉弧螺柱焊的原理

1）将螺柱向工件（零件）移动，两者接触。

2）启动低导频电流，将螺柱从工件上抬起，产生小的导引电弧。

3）增加电流以熔化螺柱和工件的局部表面，同时在预定的时间内，将螺柱保持在抬起后的位置。

4）熔化金属时，将螺柱推回工件以熄灭电弧。

主要工艺参数如图3-22所示，表3-6为工艺参数取值的示例。实际上，工艺参数以及它们的动作时间，如电流断开和螺柱同步推进，都是以经验为导向并基于试验验证。工艺参数值在很大程度上取决于钢的类型、涂层和厚度。对于新的应用，应该设计试验来确定最佳工艺参数。

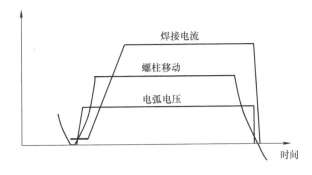

图 3-22　拉弧螺柱焊的工艺参数

表 3-6　拉弧螺柱焊的工艺参数示例

参数	示例
提升	1.2mm
渗透	-1.6mm
焊接电流	1100A
焊接时间	40ms
电压	25V
电极	工件 +

3.3.3　搅拌摩擦焊

　　1991 年发明的搅拌摩擦焊是近年来在飞机制造业中成功应用的新型连接工艺。在搅拌摩擦焊工艺中，旋转刀具和工件之间的摩擦运动产生热量。通过加热材料的塑性流动形成对接、搭接或 T 型结构的固态接头以实现连接（图 3-23）。据报道，搅拌摩擦焊的成本比电弧焊接和电阻点焊分别低 20% 和 25%[3-25]。

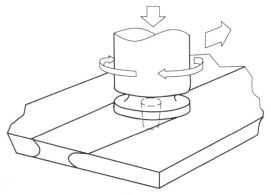

图 3-23　搅拌摩擦焊的原理

　　作为固态焊接工艺，搅拌摩擦焊比传统的熔焊工艺具有更广泛的应用范围。其中一个主要优点是搅拌摩擦焊可以用于连接铝、铜、镁和类似的有色金属组合。由于它不涉及材料的熔化，因此避免了传统熔焊中由冶金反应引起的缺陷，焊接强度比电弧焊接高 30% ~ 50%，疲劳性能可与铆接板相媲美[3-26]。对于铝合金板材和结构，搅拌摩擦焊适用于 1.2 ~ 75mm 的厚度范围。

　　除了线性工艺路径之外，搅拌摩擦焊还可以通过伸缩摩擦焊工具进行点焊，如图 3-24 所示。这种点焊应用通常称为搅拌摩擦点焊。用于铝合金的搅拌摩擦点焊已经研制成功。马自达在其 2003 年的量产车型 RX - 8 上首次应用搅拌摩擦点焊工艺[3-27]。

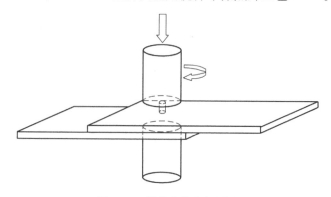

图 3-24　搅拌摩擦点焊原理

在搅拌摩擦焊工艺中，铝件的最高温度可达到熔化温度范围的下限，这可能引发液化导致内部缺陷。因此对于特定的铝等级和焊接条件，需要仔细测试和选择工艺参数，如焊接和探针旋转速度。

此外，目前正在开发搅拌摩擦焊在钢材连接中的应用，但难度不小。与连接铝合金相比，钢的搅拌摩擦焊必须在更高的温度和机械负载下进行插入和搅拌。但是高温和重机械负载会显著缩短旋转工具的使用寿命。

一项实验研究表明，由多晶立方氮化硼制成的工具可以用于超过 100 个搅拌摩擦点焊而没有明显的退化或磨损[3-28]。使用多晶立方氮化硼、钨铼和氮化硅制成的旋转工具在 1.25mm 厚的钢板上完成了 500 个点焊，没有出现过早失效[3-29]。为了在批量生产中与其他类型的焊接工艺竞争，搅拌摩擦点焊应能够使用一种焊接超过 1000 个焊点的工具。

在车身上用多种材料可能是一个好策略，因此不同材料的有效连接工艺是一个新的研究方向。例如，可以选择铝合金和钢作为车身结构，以利用钢的高强度和耐疲劳性以及铝合金的轻量化和良好的耐蚀性。由于电阻焊接、激光焊接和电弧焊接等熔焊技术不能将铝合金与钢材连接起来，所以搅拌摩擦焊是一种很好的连接方法。其中一个问题是铝的熔化温度远低于钢的熔化温度，因此它与针对钢的搅拌摩擦焊的工艺参数不同。最近的一项研究表明铝的搅拌摩擦焊工艺参数为：工具旋转速度为 450r/min，倾斜角度为 1.5°，焊接速度为 45mm/min，轴向力为 7kN。焊缝抗拉强度超过基础铝合金的 90%[3-30]。

3.3.4　碰撞焊接

碰撞焊接是一种基于冶金结合的固态连接技术，其基本原理是通过推动其中一层逐渐与另一层发生碰撞来连接两个金属板层，沿着层之间的共同界面接触区域产生基本上直线粘合。碰撞焊接的一个优点是它可以用来连接不同的金属。

对于汽车车身组装而言，碰撞焊接仍处于发展阶段，但前景看好。汽化箔致动器焊接（VFAW）是一种新型焊接技术[3-31]。VFAW 的原理是高压电容器组在一片薄铝箔内部产生一个非常短的电脉冲（图 3-25）[3-32]，在非常短的时间内（如 10~12μs），箔片蒸发并产生一股热气体，将两层金属板压在一起快速碰撞粘合两层金属的原子（可以是不同的金属）。由于电脉冲短，该焊接使用能量少。

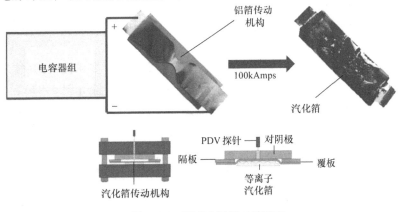

图 3-25　VFAW 焊接工艺原理

VFAW 技术仍处于发展阶段，与工业相关的几何形状焊接测试正在进行。碰撞焊接有很多优点，如碰撞焊接只需非常短的时间，并且由于时间短、汽化薄铝箔不熔化金属零件，因此节能性良好。由于不存在金属熔化，碰撞焊接不会在焊接区域附近产生热影响区或热变形。

3.4 机械连接和粘接

3.4.1 自冲铆接

自冲铆接是一种冲孔成形工艺，它通过铆钉穿透顶层而不穿透底层来连接两层或更多层板材。铆钉的冲模进入底板产生扩口变形并形成机械互锁，如图 3-26 所示。由冲头和冲模组成的工具可单步完成连接，铆钉和冲模相应地被设计成不同的形状和尺寸。

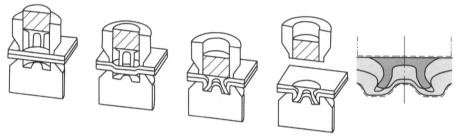

图 3-26 自冲铆接原理

自冲铆接工艺有些有趣的特征，钢板自冲铆接的静态剪切强度比相应的电阻点焊低约 25%，其连接与电阻点焊具有相似的强度。丰田公司的一项研究表明，用 7xxx 铝合金制成的铆钉可以用来连接 6xxx 铝合金车身板，其强度与钢铆钉相当[3-33]。对于钢和铝，自冲铆接接头的疲劳强度大于电阻点焊接头的疲劳强度[3-34]。在大多数情况下，最初的疲劳裂纹会发生在上板的贴合面上。

自冲铆接工艺与电阻点焊工艺正在竞争铝板金属连接市场。例如，几乎所有的福特 F150 铝车身上都使用了自冲铆接。自冲铆接能够以高生产率连接各种金属，每分钟可达 60 个接头。自冲铆接工具的使用寿命很长，通常大于 20000 个接头的使用寿命。与焊接相比，自冲铆接工艺没有待连接部件的热结构变形，因此在零件中不会产生变形、残余应力或脆化等问题。

然而自冲铆接工艺的最小厚度要求限制了该工艺的应用，如要求接头的底层最小厚度为 1.6mm。此外，由于高压力（30~50kN）[3-35]需要大的尺寸设备（图 3-27），自冲铆接不适用于紧凑或封闭区域。数百个铆钉的质量可以增加几磅（符号为 lb，1lb = 0.4536kg）的车辆质量，因此在车辆设计中应考虑铆钉的质量影响。

应用于连接钢板的自冲铆接技术尚在研究中，如混合材料结构中的自冲铆接，在此工艺中，钢板应放置在顶部，铝板放在模具一侧。由于大部分钣金件都是由高强度钢制成的，因此穿透薄钢板并在铝基板上形成自锁是有难度的，不过可以通过提高穿透速度来解决。一项研究表明，与传统的小于 1m/s 的速度相比，在 5~10m/s 的高速下，可提高自冲铆接在钢铝连接的可行性[3-36]。

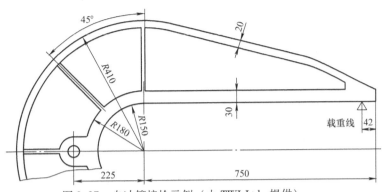

图 3-27　自冲铆接枪示例（由 TWI Ltd. 提供）

3.4.2　冲压铆接

与自冲铆接类似，冲压铆接是另一种机械连接技术。它作为一种可能替代铝材电阻点焊的工艺也引起了人们的关注。

在冲压铆接工艺中，冲头将金属板推入模具中，在下侧形成一个卡扣用于金属板之间的机械互锁，如图 3-28 所示。该工艺可用于 0.5～8mm 的金属板叠加。在产品设计和工艺设置方面，较硬和较厚的板材应位于冲头侧以获得可靠的连接。一些汽车制造商已经使用冲压铆接作为其车身子装配体的连接工艺。

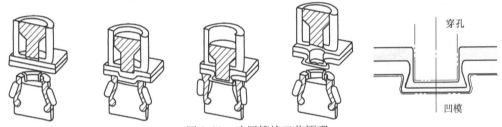

图 3-28　冲压铆接工艺原理

与自冲铆接不同，冲压铆接不需要紧固件从而节省成本。研究表明，在不同的工作条件和不同的基础材料下，电阻点焊、自冲铆接和冲压铆接的强度特性不同。如冲压铆接的疲劳性能比电阻点焊的疲劳性能高 60%[3-37][3-38]。另一项研究表明，冲压铆接接头的剪切强度约为电阻点焊接头的 40%～50%[3-39]，如图 3-29 所示。对于这种特殊情况，为了达到相同的连接强度，应该至少用两个相邻的铆接点替换一个电阻点焊点。

3.4.3　粘接

3.4.3.1　粘接应用

由于白车身结构刚度和抗撞击性能的不断改进，粘接越来越多地应用于车身装配中。与焊接和机械连接工艺相比，粘接在两个连接材料之间具有均匀的应力分布，没有局部的应力集中。此外，对于不可焊接的材料，如不同的材料和塑料，粘接是较好的替代方法。例如，奥迪和兰博基尼利用碳纤维粘接镀铝结构件，如图 3-30 所示[3-40]。对于车身覆盖件，如车

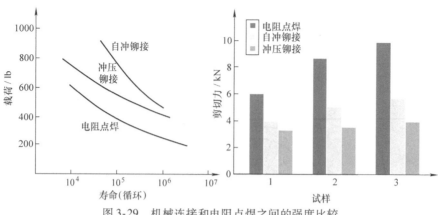

图 3-29　机械连接和电阻点焊之间的强度比较

门和发动机舱盖，在包边之前粘接零件四周可以增加部件的刚度，这样覆盖件所受载荷将沿其凸缘传递，而不是内外板折叠连接处。

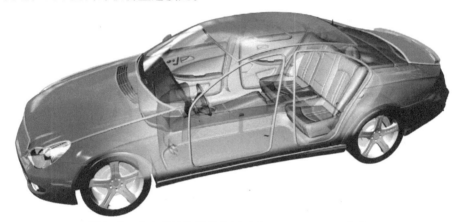

图 3-30　车身的粘接焊接应用（由 Dow Automotive 提供）

事实上，除了增加结构强度和刚度之外，粘接还有其他作用。例如，一些粘接会消耗膨胀，因此可以用于密封。黏合剂也可用于改善 NVH 性能和抗腐蚀性能，缝隙的粘接还可防止面板间进水，避免车身生锈和腐蚀。

因此，车身上的粘接应用将有助于车辆在结构、NVH、防水和耐腐蚀方面获得更好的性能。粘接的总长度可以很长，如 2013 款凯迪拉克 ATS 拥有 90m 左右的粘接[3-41]。粘接在车辆总装上的应用包括安装前照灯、车窗、制动片、密封条、装饰标志等。

3.4.3.2　粘接设计注意事项

一般来说，粘接应用应符合下列要求：

- 工作负载下、寿命周期内有足够强度的结构。
- 未固化时耐冲洗。
- 油漆固化工艺中，在 230℃ 下保持约 30min。
- 与其他连接工艺兼容，如电阻点焊。

环氧基黏合剂通常用于连接大多数材料，因为其具有良好的强度，在固化过程中不会产生挥发物。两部件之间的黏合剂层厚度应在 0.1～1mm 的范围内，黏合剂的典型设计宽度为10～15mm。在一定范围内，黏合剂层越薄，粘接强度越高。

黏合剂需要固化时间来提高强度。大多数用于粘接汽车面板的黏合剂需要至少 30min 才能达到室温下的使用强度。因此，对于导电材料，粘接工艺一般与电阻点焊共用。对于非导电材料，粘接工艺和机械连接共用，机械连接使面板贴合直到黏合剂固化。因此，如果需要采用电阻点焊工艺，粘接材料应为导电材料。混合连接的优势在于其改善了车辆的结构刚度和碰撞性能。

粘接的零件设计很简单，大多数应用搭接接头或双搭接接头，如图 3-31 所示。显然，对接式的粘接不适用于薄金属板零件。

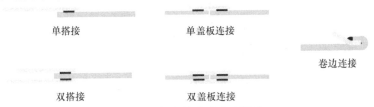

单搭接　　　　　　单盖板连接

卷边连接

双搭接　　　　　　双盖板连接

图 3-31　粘接接头的典型结构

粘接也可以设计成带状或片状的形式。这种带状或片状结构可用于局部加固及 NVH 改进，并且通常是由环氧黏合剂和纸垫合成的模切复合黏合剂。考虑到可能的油性或喷涂表面，带状和片状结构被设计成为可压的，以便承载轻微的力。

3.4.3.3　连接接头的工艺注意事项

工艺规划中的一个关键考虑因素是，在粘接后应立即进行电阻点焊或机械连接。如果粘接和激光焊接同时应用，则在焊接期间可能需要额外的夹具将黏合剂挤出预期的激光焊接区域。当激光焊接完成时，需要打开夹具以使黏合剂返回连接区域。

某些情况中，在制造作业时计划使用的局部感应加热技术或其他黏合剂固化方法可在几秒钟内增强粘接的短时强度。

黏合剂的热膨胀系数高于金属件的热膨胀系数。黏合剂用于将结构内板连接到外板时，如果在高温下粘接装配，两种材料之间的热膨胀差异将导致外板在室温下变形。大部分外板归类为"A 级"表面，因为它们是客户的首要外观考虑因素，有时变形［也称为熔合线扭曲（BLRT）］严重到可见，客户认为这是不可接受的。因此，在设计和制造中应考虑"A级"表面上可能的变形并予以最小化或消除。

消除 BLRT 有多种方法。最直接的解决方案是增加外板的厚度，代价是增加质量以获得更好的外观。材料选择可能是另一种方法。一些黏合剂，如环氧树脂和许多聚氨酯，具有较小的化学收缩，因为黏合剂从粘接温度冷却到室温引起的热收缩是收缩的主要原因，如果黏合剂在室温下固化，则变形不太可能影响外板。

此外，经验表明，黏合剂胶珠尺寸变化、黏合剂材料性质变化和基底截面硬度变化都会显著影响 BLRT 的可见性。一项综合研究[3-42]表明，黏合剂胶珠的几何形状对于最大限度减小黏合剂变形至关重要。调整温度以加速黏合剂固化速度将有助于减小变形。

3.5　连接工艺的选择

3.5.1　连接工艺发展趋势

如前所述，电阻点焊不断发展以迎接新的挑战。随着其持续发展，在不久的将来，电阻点焊将仍然是钢车身装配的主要连接工艺。然而，新材料和高质量需求使电阻点焊的竞争力下降。与电阻点焊相比，在过去十年中发明和发展的新连接工艺具有更显著的技术优势。这些新的焊接和非焊接连接工艺在汽车车身装配制造中的应用正在增加[3-43]。即使某些汽车制造商有自己的偏好，汽车产业连接技术的总体发展趋势依然可能如图3-32所示。其中激光焊接前景光明，在过去超过15年的时间里它的工艺水准和连接质量在汽车量产中都得到了验证。

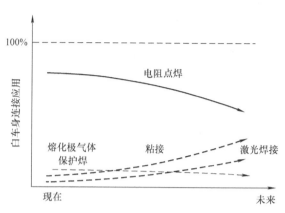

图 3-32　车身装配连接技术的发展趋势

　　为了充分利用各种钢和铝合金的优点，在车辆的不同部位使用不同的材料是明智的做法。例如，发动机舱盖不需要太高的抗冲击强度，因此发动机舱盖通常由铝合金制成。车身覆盖件，如车门和发动机舱盖，则通过螺栓紧固在白车身上，因此。为覆盖件选择不同材料对于车身装配来说相对比较容易。

　　然而从技术和成本效益的角度来看，连接不同材料的白车身结构对制造来说是一个挑战。连接钢制和铝制部件通常的做法是使用机械接头和粘接。连接不同的金属需要考虑的关键因素是不同材料的材料属性。由于焊接时产生了大量的热量，因此必须补偿热膨胀系数的差异，因为这个差异会在焊接和装配中产生波纹和变形。

　　例如，已成功在实验室环境中利用激光焊接连接钢和铝。研究[3-44]表明，使用连续波的 Nd：YAG 激光器可将低碳钢（DC04）和含镁硅的铝合金（6061-T6）搭接在一起（钢在上）。围绕该技术正在研究最优工艺参数，如激光功率、焊接速度、渗透深度和焊缝裂纹等。另一个是关于使用摩擦焊在铝零件表面上焊接钢螺柱的例子，研究表明这种工艺是可行的[3-45]，但是在生产制造中实施还需要更多努力。

3.5.2　总体比较

　　选择最佳连接技术是一个具有挑战性的任务，它依赖对综合知识和经验的深刻理解，应基于工程要求、制造工艺可行性和经济合理性做出正确选择。在工程方面，接头的结构强度是重中之重。

　　发展和评估新的连接工艺时，将其与传统的电阻点焊进行比较是正常和合理的。表3-7和表3-8分别总结了新工艺能力和成本效益的总体定性比较。

表 3-7　连接技术的工艺特性比较

工艺能力	电阻点焊	激光焊接	GMAW	搅拌摩擦焊	自冲铆接	冲压铆接	粘接
质量维度	0	+	−	0	0	0	0
结构质量	0	+	+	0	0	−	+
周期时间	0	+	0	0	+	+	0
工艺复杂性	0	−	−	0	0	0	0
鲁棒性	0	0	0	0	0	0	−
弹性接头	0	+	0	0	−	−	+
弹性材料	0	+	0	+	−	−	+
设备可靠性	0	−	0	0	+	+	0
可维修性	0	0	0	0	+	+	0

表 3-8　连接技术的经济特性比较

经济考虑	电阻点焊	激光焊接	GMAW	搅拌摩擦焊	自冲铆接	冲压铆接	粘接
初始投资	0	−	0	0	−	−	−
作业成本	0	0	0	−	0	+	0
维护成本	0	−	0	0	0	0	−

在表 3-7 和表 3-8 中，以电阻点焊为参考原点，+ / − 分别代表相对于电阻点焊更优和更差。总的来说，电阻点焊是最经济可靠的工艺。

另外，连接效率可以定义为连接峰值载荷除以拉伸强度试验中的母材峰值载荷。最近的一项研究表明，连接效率取决于材料组合、结构设计和工艺参数[3-46]。表 3-9 列出了根据该研究的搭接结构中的一些关于连接效率的参考范围。

表 3-9　常见连接工艺的连接效率比较

工艺	低碳钢	低合金高强度钢	DP600 钢
电阻点焊	40% ~ 50%	40% ~ 50%	40% ~ 50%
激光焊接	40% ~ 70%	30% ~ 70%	40% ~ 60%
GMAW	50% ~ 70%	50% ~ 60%	40% ~ 55%
自冲铆接	23%	20%	18%
粘接	70% ~ 90%	45% ~ 75%	40% ~ 65%
激光焊接 + 熔化极惰性气体保护焊	45% ~ 65%	50% ~ 70%	45% ~ 60%
电阻点焊 + 粘接	60% ~ 80%	65% ~ 75%	45% ~ 65%
自冲铆接 + 粘接	75% ~ 95%	55% ~ 80%	50% ~ 70%

3.5.3　选择注意事项

在比较不同的连接技术时，应牢记四个重要因素。首先，新技术在加工能力方面可能具有独特的优势，如连接不同材料的适用性。其次，优点和缺点是相对的并依赖于具体应用，具体应用可能有特殊要求和侧重点，如连接质量或制造生产能力，以反映特定的条件和目标。第三，应用新的连接技术需要综合全面的分析，作为与激光焊接相关的例子，二氧化碳激光器由于不需要更换光学器件而具有维护较少的优点，但另一方面它可能比其他替代方案的能量效率低。最后，要选择最合适的连接工艺，应着重解决长期成本效益和质量问题，过分关注初始投资可能不利于长期制造的最佳收益。

此外，并非所有这些因素都应该得到同等程度考虑。例如，在产品生产周期内应权衡产品结构质量。在车辆安全中，汽车结构完整性和一体化可能是最重要的质量问题，而装配工艺中的周期工时问题可以通过其他方式解决。

无论是改进现有的连接技术还是开发新的连接技术，其实际应用都比预期要慢。例如，激光拼焊板不再是一项新技术，多年来其成本和质量的节约性已得到证明。曾经有人预测，激光拼焊板在 2000 年后将以每年 20% 左右的速度增长。然而，在欧洲和其他地方，拼焊板的消耗量都未达到预期的峰值水平[3-47]。新技术实施缓慢的原因有很多，其中一个原因可能是对新技术的理解不足，其他原因如初始投资高和对作业可靠性信任度低也经常被提及。新连接技术开发需要更大的推力才能应对汽车制造业未来的挑战和高强度竞争。

3.6 练习

3.6.1 复习问题

1. 讨论电阻点焊的三大工艺参数。

2. 解释焊接工艺中的动态电阻。

3. 解释焊接工艺窗口图。

4. 回顾使用伺服驱动焊枪的优点。

5. 讨论电流脉动在电阻点焊中的原理和影响。

6. 回顾焊接中阶跃力的影响。

7. 讨论电极帽的磨损和修整方法。

8. 解释激光焊接的小孔渗透模式。

9. 列出焊接激光源。

10. 回顾激光焊接接头结构的常见类型。

11. 讨论激光焊接镀锌钢在搭接接头中的困难之处。

12. 回顾电弧焊接在车辆装配上的应用。

13. 讨论电弧焊接的主要工艺参数。

14. 讨论拉弧螺柱焊的原理和主要工艺参数。

15. 回顾电阻凸焊和其对电阻点焊的优势。

16. 解释搅拌摩擦焊的原理。

17. 解释冲压铆接工艺。

18. 解释自冲铆接工艺。

19. 讨论粘接的特性。

3.6.2 研究课题

1. 修整电阻点焊电极帽磨损的不同方法的优缺点。

2. 白车身装配激光焊接代替电阻点焊的成本效益。

3. 激光焊接在白车身装配中的应用。

4. 机器人激光焊接和远程激光焊接的比较。

5. 比较常用的钣金焊接激光源。

6. 与传统激光焊接相比,复合激光焊接的优缺点。

7. 搅拌摩擦焊接钢零件的可行性。

8. 在白车身装配工艺中,粘接作为主要连接工艺的可能性。

9. 与电阻点焊相比,不同连接技术的总体特征。

10. 钣金装配连接技术的现状和发展趋势。

3.6.3　问题分析

1. 电阻点焊焊接两层钢板，钢板厚度分别为 1.2mm 和 1.5mm。如果钣金是高强度钢，确定焊接参数（时间、电流、压力）。

2. 对于白车身子装配体，有 2 层和 3 层焊缝。2 层焊缝用于 1.2mm 和 1.5mm 钣金上，而 3 层焊缝用于 1.2mm、0.9mm 和 1.5mm 钣金上。所需的最小焊缝间距是多少？

3. 如图 3-33 所示，用于该应用的焊接参数为：电流为 9kA，时间为 10 个周期，压力固定。如何改变焊接参数，以获得更大的焊缝？请提出两种不同的参数。

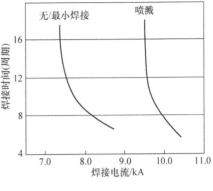

图 3-33　题 3 图

3.7　参考文献

3-1.　Stanley, W.A. *Resistance Welding.* McGraw-Hill Book Company: New York. 1950.

3-2.　Shi, S.G., et al. "Resistance Spot Welding of High Strength Steel Sheet (600–1200 N/mm²)," the Welding Institute, Paper No. 13198.01/02/1137.3, Cambridge, United Kingdom, 2003.

3-3.　Spinella, D.J., et al. "Advancements in Aluminum Resistance Spot Welding to Improve Performance and Reduce Energy," Sheet Metal Welding Conference X, Paper No. 3-6, Sterling Heights, MI, USA, 2002.

3-4.　Dupuy, T., et al. "Spot Welding Zinc-Coated Steels With Medium-Frequency Direct Current," Sheet Metal Welding Conference IX, Paper No. 1-2, Sterling Heights, MI, USA, 2000.

3-5.　Li, W., et al. "A Comparative Study of Single AC and Multiphase DC Resistance Spot Welding," ASME Transaction Journal of Manufacturing Science and Engineering. 127(3): 583–589, 2005.

3-6.　Tawade, G.K.C., et al. "Robust Schedules for Spot Welding Zinc-Coated Advanced High-Strength Automotive Steels," Sheet Metal Welding Conference XI, Paper No. 6-3, Sterling Heights, MI, USA, 2004.

3-7.　Poell, K., et al. "Adaptive Control for Resistance Welding in Automotive industry," Sheet Metal Welding Conference IX, Paper No. 5-3, Sterling Heights, MI, USA, 2000.

3-8.　Tang, H. et al. "Forging Force in Resistance Spot Welding," Proc. Institution of Mechanical Engineers, Part B: Journal of Engineering Manufacturing. 216: 957–968, 2002.

3-9.　Resistance Welder Manufacturers' Association (RWMA). "Section 18 Resistance Welding Electrodes," in *Resistance Welding Manual*, 4th edition, 1900 Arch Street, Philadelphia, PA. 2003.

3-10.　"Material Processing With a 4000 Watt Direct Diode Laser System," presentation by Nuvonyx Inc., March 26, 2001.

3-11. Olawale S. Fatoba, O.S., et al. "Computational Dynamics of Anti-Corrosion Performance of Laser Alloyed Metallic Materials," Fiber Laser, Dr. Mukul Paul (Ed.), InTech, DOI: 10.5772/62334, 2016. http:/www.intechopen.com/books/fiber-laser/computational-dynamics-of-anti-corrosion-performance-of-laser-alloyed-metallic-materials.

3-12. Weston, J., et al. "Laser Beam Welding of Aluminum Alloys Using Different Laser Sources," Department of Materials Science and Metallurgy, University of Cambridge: Cambridge, England. 2003.

3-13. Summe, T. "Aluminum Innovation for the Global Automotive Industry," Management Briefing Seminars, Center for Automotive Research, Traverse City, MI, USA, 2014.

3-14. Havrilla, D. "Design for Laser Welding," Great Designs in Steel Seminar 2012, American Iron and Steel Institute, Livonia, MI, USA, 2012.

3-15. Forrest, M., et al. "Business Case for Laser Welding in Body Shops-Challenges and Opportunities," 2006 International Automotive Body Congress, Novi, MI, USA, 2006.

3-16. Kuka. "Cost Comparison of RSW and Laser Welding," International Automotive Body Congress (IABC), Proceedings of Automotive Materials, Ann Arbor, MI, USA, September 2005.

3-17. Havrilla, D. "Design for Laser Welding," Laser Welding Seminar Jun 4, 2012, TRUMPF, Plymouth, MI, USA, 2013.

3-18. Xie, J. "Dual Beam Laser Beam Welding," Welding Journal. 81(10): 223s–230s, 2002.

3-19. Forrest, M. "North American Automotive OEM Laser Applications—Overview of Current State-of-the-Art," Presentation at the European Automotive Laser Applications (EALA) 2011, Bad Nauheim, Germany, February 9–10, 2011.

3-20. Shiner, B. "Fibre Lasers for Material Processing," Proceedings of the International Society for Optics and Photonics. 5706: 60–68, 2005.

3-21. Vollertsen, F., et al. "Innovative Welding Strategies for the Manufacture of Large Aircraft," 2004 International Conference of Welding in the World, Special Issue, Osaka, Japan, 48: 231–248, 2004.

3-22. Bratt, C. et al. "Laser Hybrid Welding of Advanced High Strength Steels for Potential Automotive Applications," Advanced Laser Applications Conference and Exposition, Ann Arbor, MI, USA. pp. 7–17, 2004.

3-23. Wang, J., et al. "Laser-MIG Arc Hybrid Welding of Aluminum Alloy-Comparison of Melting Characteristics between YAG Laser and Diode Laser," Welding International. 21(1): 32–38, 2007.

3-24. Ono, M., et al. "Development of Laser-Arc Hybrid Welding," NKK Technical Review, (86): 8–12, 2002.

3-25. Smith, C.B., et al. "Friction Stir and Friction Stir Spot Welding-Lean, Mean, and Green," Sheet Metal Welding Conference XI, Paper No. 2-5, Sterling Heights, MI, USA, 2004.

3-26. Mendez, P.F., et al. "Welding Processes for Aeronautics," Advanced Materials and Processes. 159(5): 39–43, 2001.

3-27. Mazda News Release. "Mazda Develops World's First Aluminum Joining Technology Using Friction Heat," 2003. Available from: http://www.mazda.com/publicity/release/200302/0227e.html. Accessed May 2004.

3-28. Feng, Z., et al. "Friction Stir Spot Welding of Advanced High-Strength Steels-A Feasibility Study." SAE Paper No. 2005-01-1248, SAE International, Warrendale, PA, USA, 2005.

3-29. Kyffin, W.J., et al. "Recent Developments in Friction Stir Spot Welding of Automotive Steels," Sheet Metal Welding Conference XII, Paper No. 2-2, Livonia, MI, USA, 2006.

3-30. Ramachandran, K.K., et at. "Friction Stir Welding of Aluminum Alloy AA5052 and HSLA Steel," Welding Journal. 94(9): 219s–300s, 2015.

3-31. Hansen, S.R., et al. "Vaporizing Foil Actuator: A Tool for Collision Welding," Journal of Materials Processing Technology. 213(12): 2304–2311, 2013.

3-32. Daehn, G., and Vivek, A., 2015. "Collision Welding of Dissimilar Materials by Vaporizing Foil Actuator: A Breakthrough Technology for Dissimilar Materials Joining." Available from: http://energy.gov/sites/prod/files/2015/06/f24/lm086_daehn_2015_o.pdf. Accessed on February 10, 2016.

3-33. Iguchi, H., et al. "Joining Technologies for Aluminum Body-Improvement of Self-Piercing Riveting." SAE Paper No. 2003-01-2788, SAE International, Warrendale, PA, USA, 2003.

3-34. Booth, G.S. et al. "Self-Piercing Riveted Joints and Resistance Spot Welded Joints in Steel and Aluminum." SAE Paper No. 2000-01-2681, SAE International, Warrendale, PA, USA, 2000.

3-35. Westgate, S.A. et al. "The Development of Lightweight Self-Piercing Riveting Equipment." SAE Paper No. 2001-01-0979, SAE International, Warrendale, PA, USA, 2001.

3-36. Neugebauer, R. et al. "Mechanical Joining With Self Piercing Solid-Rivets at Elevated Tool Velocities," International Conference on Material Forming 2011, Belfast, Northern Ireland, 2011.

3-37. Kwon, S. "Improvement on the Fatigue Performance of BIW by Using Mechanical Clinching Joining Method." SAE Paper No. 1999-01-0368, SAE International, Warrendale, PA, USA, 1999.

3-38. Cai, W. et al. "Assembly Dimensional Prediction for Self-Piercing Riveted Aluminum Panels," International Journal of Machine Tools and Manufacture. 45(6): 695–704, 2005.

3-39. Kimchi, M. "Alternative Joining Processes of Advanced High Strength Steels," Presentation on March 23, 2005.

3-40. Gehm, R. "Composite Bonding Adhesive," 2016. Available from: http://articles.sae. org/14862/. Accessed June 2016.

3-41. Parsons, W. "Light-Weighting the 2013 Cadillac ATS Body Structure," Great Designs in Steel Seminar 2012, American Iron and Steel Institute, Livonia, MI, USA, 2012.

3-42. Fernholz, K.D. "Effect of Adhesive Bead Shape on the Severity of Bond-Line Read-Through Induced Surface Distortion," the Adhesion Society 34th Annual Meeting, Savannah, GA, February 13–16, 2011.

3-43. Tang, H. "Latest Advances in Joining Technologies for Automotive Body Manufacturing," International Journal of Vehicle Design. 54(1): 1–25, 2010.

3-44. Cavusoglu, N., and Ozden, H. "Automobile Manufacturing Using Laser Beam Welding," Welding Journal. 92(2): 32–37, 2013.

3-45. Zhang, G., et al. "Friction Stud Welding of Dissimilar Metals," Welding Journal. 92(1): 54–57, 2013.

3-46. Bohr, J., et al. "A Comparative Study of Joint Efficiency for Advanced High-Strength Steels," Great Designs in Steel Seminar 2010, American Iron and Steel Institute, Livonia, MI, USA, 2010.

3-47. Miyazaki, Y., et al. "Welding Methods and Forming Characteristics of Tailored Blanks," Nippon Steel Technical Report No .88, pp. 39–43, 2003.

第 **4** 章
CHAPTER

汽车涂装工艺

在本书第 2 章中已经叙述过，汽车涂装车间是根据特定的涂装工艺设计的（如图 4-1 所示，与图 2-6 相同）。涂装车间的六个工艺流程包括磷化、电泳、密封、底漆、色漆和清漆工艺。车身逐个完成所有工艺，获得相应涂层。与车身车间和总装车间按产品布局不同，涂装车间是按照工艺流程布局的。

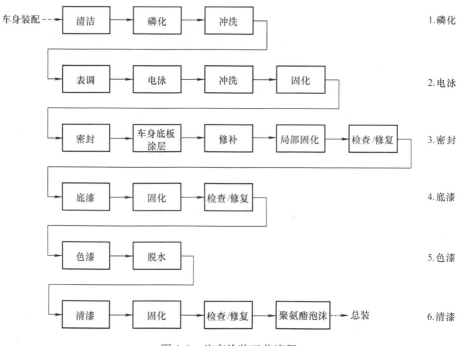

图 4-1　汽车涂装工艺流程

通常，车身表面需要进行五道涂层处理，依次为磷化、电泳、底漆、色漆和清漆（图 4-2、表 4-1）。涂装车间内，涂附在中型车车身上的材料总质量（包含喷涂材料和密封胶）为 5～6.4kg。

在表 4-1 中，镀锌磷化层的厚度在 0.2～2mil 之间（5～50μm）。由于磷化层轮廓的粗糙特性，其厚度不容易测量。因此，行业标准以每单位表面积质量来表示涂层要求，而不是实际厚度。镀锌磷化处理产生的涂层厚度可以在 200～2000mg/ft^2（2.2～21.5g/m^2）的大范围内变化。

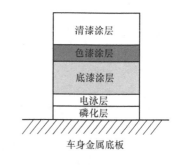

图 4-2　汽车涂装工艺典型涂层

表 4-1　汽车涂层及作用

序号	涂层	厚度	作用
1	磷化层	~500mg/ft^2（5.4g/m^2）	化学表面处理：镀锌磷化层为后续涂层提供黏附力
2	电泳层	~0.6mil（15.24μm）	耐腐蚀层，涂附在内部和外部车身表面
3	底漆涂层	~2.5mil（63.5μm）	作为中间涂层用于改善平整性、抗紫外线和分层
4	色漆涂层	~0.8mil（20.32μm）	颜色涂层，涂层厚度取决于颜色
5	清漆涂层	~2mil（50.8μm）	起耐久和外观作用的最终涂层，也取决于表面方向

4.1 表面处理和电泳

4.1.1 清洗和磷化处理

4.1.1.1 磷化处理的工艺流程

清洗和磷化处理是汽车涂装车间的第一个主要工艺。清洗和磷化处理的用途不同，但通常设计在同一条生产线上。车身清洗过程先清除车身表面的所有灰尘、污垢、拉丝润滑剂、轧机油和前道工艺残留的其他污染物，为随后的磷化处理做准备。清洗和磷化处理有五个阶段（图4-3、表4-2）。清洗过程也包含几个步骤，如高压水喷淋、水池浸泡和冲洗。

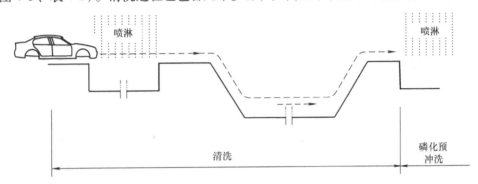

图 4-3 磷化处理前的清洗过程

表 4-2 磷化处理的典型过程

阶段		过程	时间/s	温度/℉（℃）
清洗	1	预清洗喷淋	15	环境温度
	2	大水清洗	15	环境温度
	3	喷淋清洗	30	<145（63）
	4	浸入清洗	110	<145（63）
	5	喷淋冲洗	30	环境温度
表调	6	浸入式表调	30	环境温度
磷化处理	7	浸入磷化处理	110	<130（54）
冲洗	8	喷淋/浸入冲洗	15/30	环境温度
	9	密封/冲洗	30	环境温度
	10	喷淋/浸入去离子水冲洗	30/15	环境温度
	11	纯净的去离子水冲洗	15	环境温度

大水清洗通常用于清洗车辆底板上的焊球和其他碎片。车身表面清洗通过喷淋加压清洁溶液来完成。为确保能喷淋到车身所有表面，喷嘴的设计和维护至关重要。为了尽量避免车身车间所使用的黏合剂和密封剂被喷淋冲刷破坏，喷嘴不应直接喷射密封材料。此外，应在生产线停止期间关闭喷射器，以防止污染车辆表面。

详细工艺参数取决于实际应用。根据不同阶段和工艺过程，喷射压力从 48 ~ 193kPa 不等。例如，磷化之前的喷淋溶液压力超过 145kPa，而最后去离子水冲洗压力约为 69kPa。

喷淋清洗后，将车身浸入水槽中进行浸洗，以确保清洁溶液覆盖车身所有内部和外部表面。浸入清洗也使用防锈油。如果有多个浸入清洗步骤，每个浸入清洗步骤完成之后都需要冲洗。清洗阶段的最后步骤是冲洗车身上的清洁溶液和碎屑。

清洁后的车辆直接送往下一阶段进行磷化处理。此时，车身已经被彻底清洗，若长时间放置，其表面更容易生锈或腐蚀。因此，如果因意外导致停机时间太长，如放置的时间超过两天，则应对清洗后的车身涂防锈油。

清洗后的车体将进行磷化处理，它是一种将涂层材料蚀刻到车身裸露金属表面的转换涂层工艺，其目的是在车身上形成一层镀锌磷化膜。磷化处理过程有多个浸入和喷淋阶段，这些阶段是表调、磷化和磷化后冲洗，如图 4-4 所示。值得一提的是磷化处理仅适用于金属表面。

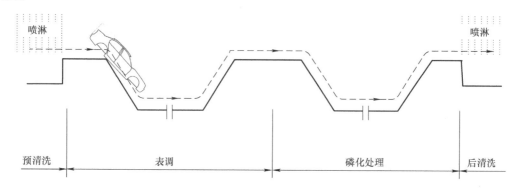

图 4-4　表调和磷化处理阶段

作为磷化处理的前一阶段，表调为磷酸盐晶体形成和生长提供磷化晶核。表调液的配制是为了控制溶液中水的硬度和溶液 pH 值。一些类型的添加剂，如钛盐，有助于细化晶粒。

磷化处理结束后，车身依次进行水冲洗、再循环去离子水冲洗、洁净去离子水冲洗和吹风干燥工艺，以去除残留的氯化物和钠盐。城市用水通常含有残留的氯化物、硫酸盐和钠盐，不够清洁而无法用于高质量的涂装。因此，最终冲洗必须使用电中性且不含离子的去离子水，以除去任何残留的磷酸盐化学溶液，并为下一道电泳涂装工艺做准备。冲洗后，应吹干车身。

车身的所有金属表面都需要进行磷化处理，因此车身必须完全浸入槽液中，以确保涂覆所有表面（图 2-7）。浸入过程包括将车身浸入一个巨大的（～40000US gal，1US gal = 3.7854L）磷化槽中，并通电运行。输送系统可以将车身倾斜并使其完全浸入磷化槽。为了消除槽液内的气泡，车身可能需要额外的晃动。在磷化槽中，槽液流动方向与输送机上车身移动方向相同。在此过程中，车辆的所有覆盖件，如门、发动机舱盖等都应保持适当的半开状态，以使磷化液接触车身全部金属内外表面。

4.1.1.2　磷化处理的工艺参数

磷化处理的工艺参数需要进行实时监控和维护，它的工艺参数包含 pH 值、化学试剂浓度、温度和时间等。整个磷化处理工艺（包括清洗）需要 30～35min。因此，磷化槽的长度、输送机速度和用于车体移动和浸入的输送机运动路径都需要根据这个时间进行相应设计。对于大规模生产，如果使用传统的高架摆式输送系统，磷化处理工艺中车辆移动的直线距离可能达到250m。

作为化学反应过程，磷化处理过程分为三个阶段。首先是在车身金属表面上的电化学过程，这个过程是磷化槽液中的游离酸（磷酸）与车辆金属表面之间的反应。作为磷化槽液中的一部分，游离酸不与金属离子结合。其次，锌开始从溶液中沉淀，并在车身表面成核点处形成晶体，这被称为电镀或非结晶沉淀。在第三阶段，随着晶体重组和空隙填充，涂层生长完成。

磷化处理后需对车身进行必要的后冲洗，以稀释车体表面上的磷酸盐浓度和降低车体温度，进而使表面化学反应终止。冲洗完成之后，车辆温度应低于100℉（37.8℃）。

由于所需磷化槽尺寸较大，并且输送系统较长，清洗和磷化工艺系统以及后续的电泳工艺系统的投资成本很高。同时，其用水量（包括去离子水的使用量）很大，导致其运营成本也非常高。因此，自动化系统适合中等和大批量生产。由于喷涂工艺难以完全处理腔体和中空部分的内表面，所以小批量生产仍然需要浸入工艺。因此，可以设计小型槽以便车身可以依次垂直浸入磷酸槽中。

常见的磷酸盐包括磷酸锌、磷酸锰和磷酸铁，其中磷酸锌可溶于酸性溶液，常用于磷化处理工艺。在中和反应中，磷酸锌将以 $Zn_3(PO_4)_2 \cdot 4H_2O$ 的形式沉淀，从而形成一种结晶涂层。该沉淀通过黏附后续涂层为车辆表面提供良好的防腐蚀保护，延长其使用寿命。值得一提的是，磷酸锌 $Zn_3(PO_4)_2$ 的化学性质是不可改变的。因此，汽车制造厂的磷化处理工艺都相似。

磷化处理工艺面临的挑战之一是在同一磷化槽中需要对不同的金属进行磷化处理。例如，有些车身采用钢材，而发动机舱盖和行李舱板盖采用铝材。工业实践表明，钢材和铝材都可进行磷化处理，但需要特殊考虑。例如，采用高碱性（高 pH 值）溶液对车身进行清洗会导致铝表面出现污点。此外，氟化物有助于除去铝表面的氧化层，但会影响磷化处理效果。因此，需要密切监测和控制磷化液中的氟化物含量。对车身的铝质部件进行磷化处理时会产生一种金属盐副产品，为防止车身表面缺陷，必须将金属盐过滤掉，并确保槽内液体的正常循环。与钢材磷化处理不同，铝材磷化处理产生的任何废弃物都应视为危险品。因此，废水处理也是不同的。

另一种方法是单独对铝制零件涂上氧化锆涂层。氧化锆涂层大约相当于对钢部件进行镀锌磷化工艺处理。对于由钢和铝部件组成的车身，传统的镀锌磷化工艺需要调整，如调整溶液化学物组成避免副产品。然后，车身浸入氧化锆之前需要冲洗。氧化锆镀层工艺只涂覆铝材，对钢部件上的锌涂层没有影响。使用这种两步工艺法，钢和铝部件都能形成适当的保护层。

4.1.2　电泳涂装

4.1.2.1　电泳涂装介绍

电泳涂层全称是电沉积涂层，它是一种综合性能和经济效益较好的底漆涂层。在性能方面，电泳涂层为后续涂层增加了额外的防腐蚀保护和附着力。在经济效益方面，与喷涂工艺相比，电泳涂装工艺的操作成本低，涂层效率高。表4-3列出了电泳涂料的基本成分。

表 4-3　电泳涂料组成

成分	描　述
浆料	上色色膏：~5%（体积比）
树脂	形成薄膜和泳透力，薄膜固化交联剂：~45%（体积比）
水	去离子水，电导率 $<10\mu mhos/cm$：~50%（体积比）

车身的所有表面都需要进行电泳处理。因此，电泳涂装是将涂层涂附在车身内外表面的浸入工艺。在浸入电泳槽液中时，车身保持移动。另外，与磷化处理不同的是，在电泳槽中，电泳液流动方向与输送机的移动方向相反。

在车身从浸没状态退出之后，它们的涂层表面附着高固体分液体，有时被称为乳胶涂层。这种涂层必须通过冲洗去除，以获得可接受的外观。因此，下文所介绍的工艺由一系列喷淋和浸入冲洗过程组成，旨在除去多余的底漆材料。冲洗是一个闭环系统。喷淋清洗后，含有底漆和冲洗液的液体通过超过滤（UF）装置进行过滤（图4-5）。它将可用的涂料成分从冲洗液中分离出来，以便在电泳槽中重复使用。回收的冲洗液，称为渗透液，可再次用于电泳冲洗，提高材料利用率。类似于磷化处理最后阶段，电泳后的车身经含有一些渗透物的水重新冲洗多次，最后用纯净的去离子水冲洗。然后，在固化之前将车身表面的水分吹干以避免水渍。

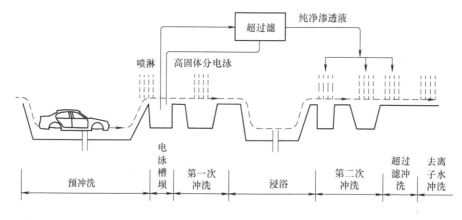

图 4-5　电泳涂装工艺流程

整个电泳涂装工艺大约需要 25min。因此，电泳槽的长度应根据生产量和输送机速度进行设计，以确保车身可以通过整个浸入过程。

4.1.2.2　电沉积原理

电泳涂装工艺基于电沉积原理。在这个过程中，由直流电源在阳极和阴极之间产生电压。电泳槽内放置了大量的阳极，而车身则作为阴极。一些水在电极处被电解为氢离子和氧气（在阳极处）以及氢氧根离子和氢气（在阴极处）。分解过程称为电解。通过离子电场驱动，来自涂料乳剂的带正电荷的颗粒移动到带相反电荷的金属车身上，这个过程称为电泳，如图4-6所示。

然后，带电涂料沉积在带负电荷的车身表面上，这就是所谓的电沉积。这也是为什么整个过程被称为电泳涂装的原因。如图4-7所示，车身完全浸入电泳槽的时间内，电沉积产

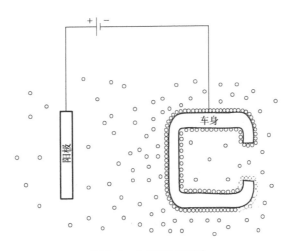

图 4-6 电沉积原理图

生。当电泳涂层形成后，车身处于电绝缘状态，电沉积随之自动停止。

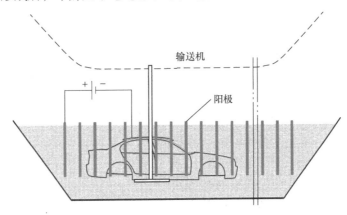

图 4-7 电泳涂装槽和阳极的示意图

为确保车顶形成良好的涂层，整车车身需要浸入足够深，至少在液面以下 12in（305mm）。根据车身的大小，其电泳涂层的总表面积为 1300～1700ft^2（121～158m^2）。

电泳涂装工艺及其他静电涂装工艺使用直流电来实现涂料沉积。整个电泳槽两侧竖直放置很多阳极，而其他阳极则置于电泳槽的底部。这种阳极放置方法也适用于法拉第笼这种特殊情况。法拉第笼的原理表明，导电笼壁内部的一切物体与笼子本身具有相同的电位。例如，车身中的一个小外壳截面如图 4-8 所示。因此，电泳涂层无法在封闭的空间内形成。如果内涂层很重要，则需要使用"自由离子"喷枪或其他方法来专门处理这些部分，如局部补漆法。

粉末中的法拉第笼效应可以使用摩擦带电粉末来

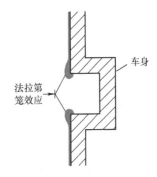

图 4-8 电沉积过程中的法拉第笼效应

解决，这是涂装车间中的第四道工序。在摩擦喷枪中，通过每个粉末颗粒与置于枪管的特殊绝缘材料的快速摩擦而带电。考虑到特定的生产条件，用于摩擦喷枪的粉末应该与其他类型的喷枪粉末不同。

4.1.2.3 电泳涂装的工艺参数

电泳涂装工艺有五个主要参数，见表4-4。电泳涂料槽中的工艺参数与涂料有关，应进行监测和维护。电沉积过程所施加的电压在260～480V的范围内。为了形成均匀的电泳涂层，车身应该完全湿润（使用优质去离子水）或完全干燥。

表4-4　电泳涂装工艺参数

参数	描述	范围
涂料固体	用于电沉积的涂料固体含量	总质量的16%～21%
直流电压	驱动力	250～280V
P/B（颜料与黏结剂的比例）	遮盖和薄膜粗糙度	0.15～0.22
pH	油漆相对酸碱程度	5.5～6.5
电导率	电沉积能力	1500～1800μmhos/cm
温度	电泳溶液温度	26.7～37.8℃（80～100℉）

浸入式电泳涂装工艺需持续约3min，以确保一定的涂层厚度，如图4-9所示。如果输送机上的车身以13ft/min（4m/min）的速度运动，那么电泳槽应至少要40ft（12m）长，并具有完全浸浴车身的深度。通过的电流也显著影响电泳涂层的厚度。

汽车车身的某些部位被设计成不规则形状并具有内部结构，这使得阳极和车身不同部位之间的距离不同，部分区域表面上的电沉积层厚度可能不同。泳透力可以定义为电沉积膜渗透并涂覆于车身凹陷区表面的程度。剖开不规则形状和凹陷，直接测量涂层均匀性的方法并不经济。可以通过一种专门设计的管子或盒子测量泳透力。

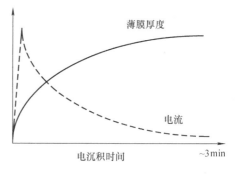

图4-9　电泳涂装工艺的薄膜厚度和电流

测量单元可以是一个开口的管子，如图4-10所示。该管长约18in（457mm）。将未进行电泳的金属板条插入管中，该管连接在车身上随车身进入电泳槽中。在电泳涂装结束之后，将金属板条从管中拉出并测量金属板条表面上的涂层厚度。这样就可以通过凹陷区域的深度来评估泳透力。例如，某个管子的外径为1in（25mm），可接受的涂层深度为13in（330mm）。因此，泳透力可以简单地表示为330mm厚度。此外，测量单元也可以是横截面为1.18in×0.28in（30mm×7mm）的箱体。箱体两端开口，以便液体流过。箱体应该呈长条状，如长度超过30in（762mm）。

通过改变工艺参数可以提高电泳涂装的泳透力（图4-11）。例如，增加电泳涂装时间可以提高泳透力。如果按计划要同时更改多个工艺参数，则应在更改之前研究可能的综合影响。

此外，磷化和电泳涂装工艺需要对车身进行特殊设计。当车身倾斜于电泳槽移动时，车

图4-10 泳透力测量管草图

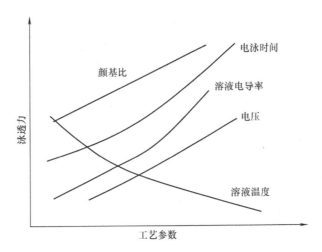

图4-11 泳透力和工艺参数之间的关系

身中的溶液应在20s内排出。这需要在适当的位置有更大的排水孔，经验丰富的工程设计、计算机仿真和试验可确保良好的排水性能。此外，大部分排水孔需要在涂装车间之后用塞子或补丁覆盖。

4.1.2.4 对电泳涂装的挑战

车辆轻量化趋势给电泳涂装工艺带来了很大的影响和挑战。影响电泳涂装工艺的两个主要因素，一个是用于车身的多种不同复合材料，另一个是涉及不同材料的新连接技术以及黏合剂和密封剂的使用量增加。

车身中引入的新材料包括超高强度钢、用于车辆A级表面的铝、镁合金和纤维增强复合材料。车身表面新材料的应用产生了新的表面处理需求，这些需求与磷化和电泳工艺都息息相关。

在传统的涂装车间中，所有车身部件都同时进行电泳处理。当车身设计采用多种材料时，在同一电泳涂装工艺中，实现不同材料对车身所有部件进行最佳处理，是极具挑战性的。但是，拆分不同材料部件，如铝制发动机舱盖，需要额外努力和工艺。因此，针对不同材料研制相应化学配方可能会是一个更好的解决方案。

新的焊接工艺，如在铝制车身上使用钢铆钉，由于材料不同会产生新的腐蚀问题。基材的化学性质及其原始涂层影响耐蚀性。例如，A级表面上的铝可能会发生丝状腐蚀。另外，当不同的金属靠近时会发生电偶腐蚀。电泳涂层配方和工艺开发期都应考虑所有新型的腐蚀问题。

4.1.3 磷化处理与电泳涂装设施

4.1.3.1 车辆输送装置

车身浸入槽液之后通常是平行移动的，但也会根据需要在平移基础上增加车身旋转运动。换句话说，车身浸入槽液后既有平行移动也有旋转运动，最后旋转至水平状态再退出槽液。车身移动如图 4-12 所示。槽内旋转车身的输送系统通常被称为"RoDip"[4-1]，这意味着车身浸浴过程中的运动是平移和旋转的组合。

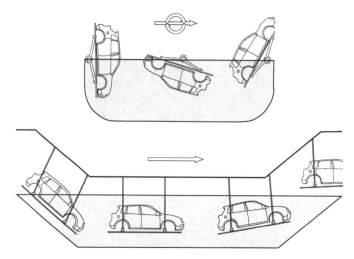

图 4-12　浸入槽液的车身运动

车身在槽内的旋转，使得整个浸浴过程更加复杂。但是，旋转有助于消除残余的气泡或气袋。使用 RoDip 系统可以缩短槽的长度，但需更深的槽深。RoDip 输送系统比传统的高架 P&F 输送机更昂贵。考虑到初始投资、运行和维护，使用 RoDip 系统的磷化处理系统或电泳涂装系统的总成本可高于或低于传统的高架输送机。很多报道介绍了 RoDip 系统的优点。

4.1.3.2 材料进料和过滤装置

磷化处理和电泳涂装操作持续不断地进行，对磷化槽或电泳槽提出了很高的要求。这些高要求不仅体现在结构和构造方面，也体现在耐化学性和电绝缘方面。这些槽选用了具有很好耐蚀性的不锈钢材料。

电泳涂装常采用气动隔膜泵实现自动进料和卸料。所需的树脂、颜料和水量基于生产量供给。储存系统可以具有不同的形状，如垂直圆柱形、水平圆柱形和矩形。它们每小时应该有三至五个周转（Turnover，TO），并进行过滤和适当的温度控制。

在这个过程中，槽中的液体并不是静止的，在槽的侧壁和底部有许多喷射头用于搅动液体并保持油漆颗粒悬浮在液体中。槽液循环有助于过滤污垢和碎屑，并保持槽内温度（图 4-13）。通常使用可调节的槽板控制涂料进入电泳槽，保证槽液液位。

过滤是浸入式槽的另一个重要功能。如焊渣等污垢，会沉积在电泳槽的底部，其他一些污垢则浮在液体的顶部。因此，过滤需要同时考虑沉淀和漂浮的污垢。在图 4-13 中，前端过滤 F1 用于清理焊渣等污垢，后端过滤 F2 控制漂浮污垢通过挡板实现过滤。前端和后端过滤系统的工作量可以分为 50%/50% 或 60%/40%。

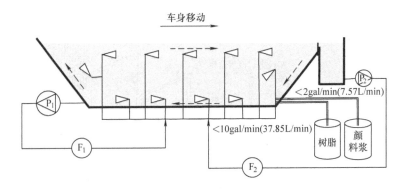

图 4-13　电泳槽涂料进给和过滤系统图示

TO 比率是污垢除去效率最重要的评价指标之一，它是从固定体积的流体中过滤出来的流体量，见式（4-1）。

$$TO = \frac{单位时间的循环量}{槽容积} \tag{4-1}$$

4.1.3.3　电泳涂装阳极和阳极电解液系统

为了提高电泳涂装工艺的效率，如更好的电泳涂装能力，通常将电泳槽中的浸入工艺分为两个区，第一个区的电压低于第二个区的电压 100V 以上，第一个区较短，包含总阳极区的三分之一左右。相应的阳极电解液电池放置如图 4-14 所示。

阳极电解液电池用作被涂装车身的反电极（阳极）。如图 4-15 所示，除阳极板外，阳极电解液电池由阳极电解液供给线、离子膜以及电池结构元件组成。阳极电解液溶液影响槽内的 pH 值，并对阳极进行冲洗和冷却。pH 值与阳极电解液溶液的电导率成反比，可以通过加入乙酸来提高 pH 值，或者通过加入去离子水来降低 pH 值。

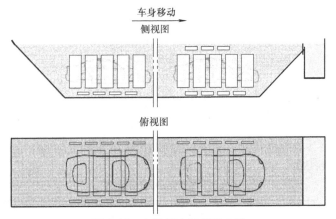

图 4-14　电泳槽中的阳极电池

阳极板的尺寸是由槽液中待涂装的车身表面积的大小决定的，阳极板表面积的大小通常设计为槽中车身总表面积的四分之一左右。例如，某款车车身表面积为 1400ft^2（130m^2）。涂装车间的生产率为 75 JPH（48s 循环时间），电泳涂装工艺持续 3min，电泳槽可同时容纳 5 辆车，电泳涂装时车身的总表面为 5×1400ft$^2 = 7000$ft^2（650m^2）。因此，阳极板的表面估计至少为 1750ft^2（163m^2）。

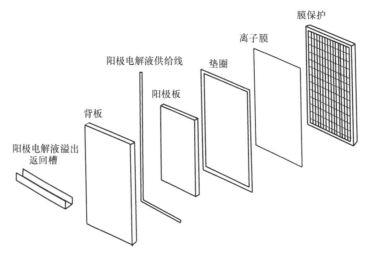

图 4-15　阳极电解液电池的组成

4.2　喷涂工艺

4.2.1　涂装材料和预处理

4.2.1.1　涂装材料

　　汽车涂层是为了保护车体并增加汽车的美观程度，涂层的附着力、耐久性、耐化学性和物理性能都起保护作用。

　　由于每个涂层的功能和用途不同，其要求也不同。例如，清漆作为最终涂层是一种透明涂层，涂在色漆上以达到所需的光泽度和光洁度。因此，除了外观作用，最上层漆必须具有良好的耐久性、耐冲击性、耐化学性和对汽油不敏感的特性。

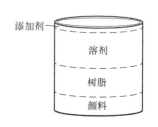

图 4-16　溶剂型涂料的组成

　　涂装工艺中所使用的材料由涂层的作用和工艺要求决定。通常，涂料的组成包括颜料、树脂、溶剂和其他添加剂（图 4-16、表 4-5）。在进行涂装工艺之前，涂料的状态可以是液体、粉末或涂料乳液。

表 4-5　溶剂型涂料的组成

组成	百分比	描　　述
添加剂	0%～5%	出于各种目的，如连接性、稳定性、流动性、光泽度、耐久性和干燥性
溶剂	30%～80%	有机或其他类型的载体，帮助涂料涂附在金属表面上
合成树脂	20%～60%	黏合剂形成膜，悬浮颜料，形成涂料的架构
颜料	2%～40%	精细的固体颗粒，不溶解但分散在树脂中；主要提供颜色

　　颜料是用于提供颜色的化合物，颜料浓度决定了油漆的覆盖能力。树脂是一种固体或液

体合成有机聚合物，具有将各组分粘合在一起形成涂料层的薄膜特性。添加剂是用于改变涂料特性的各种化合物的总称。例如，可以使用添加剂来提高化学品的反应速率、漆膜的紫外线防护、实现最佳的流动控制等。树脂、添加剂三聚氰胺和酸性催化剂在高温下反应产生交联分子，即树脂＋三聚氰胺＋酸性催化剂＋加热⇒交联反应。

色漆涂料可以是水性涂料或溶剂型涂料，清漆涂料通常是溶剂型涂料。表4-6列出了水性涂料和溶剂型涂料的特性比较。室温下液态溶剂可溶解、分散或悬浮溶质，且不改变溶质化学性能。蒸发速率是溶剂的关键特性之一，这对溶剂的喷涂和干燥过程有显著影响。水性涂料使用水作为主要载体，在水性涂料中，溶剂仍然用于薄膜生成、模式控制、泡沫减少等。因此，在水性涂料中，水和溶剂的比例可以为3∶1。我们也可以看出，水性涂料和溶剂型涂料的喷涂工艺参数和干燥时间通常不一样。

表4-6 水性涂料和溶剂型涂料的特性比较

溶剂型涂料	水性涂料
汽化所需热量低	安全
快速蒸发	应用广泛
有效携带涂层树脂	无毒
无闪锈	无味
表面张力低	环保

涂料具有黏度、挥发物含量、密度、抗碎裂性和附着力等几个关键性能，见表4-7。在使用前应对其进行测试，以验证是否符合批次之间的要求和一致性，这对于确保涂装质量和合适的工艺参数非常重要。2001年，美国材料与试验协会（ASTM）定义、规定和标准化了涂装质量测试要求、程序和方法，测试结果可用于解决问题和提高品质。

表4-7 涂料性能特性一览表

性能	描述	测试标准
黏度	流体对剪切力的阻力，对工艺参数很重要	ASTM D2196 和 ASTM D1200
挥发物含量或固体百分比	挥发性有机物含量，用于确定工艺过程排放的挥发性有机物含量	ASTM D2369
密度	单位体积质量，是涂料品质管控的关键	ASTM D1475
耐起皮能力	测试面板的可视化比较，以确定涂层对起皮的抵抗力	ASTM D3170
附着性	涂层附着到不同基材上的能力，用于涂层耐久性	ASTM D3359

4.2.1.2 涂装工艺的预处理

与车身车间不同，涂装车间的车身含所有覆盖件。因此，在进行涂装工艺之前，有必要移除用于在磷化和电泳工艺中保持覆盖件半开的小型装置，这种移除通常是人工的。

在使用防起皮底漆之前，可能需要清洁以除去车身表面的污染物。这个阶段中，需要对皮棉、纤维或其他松散碎片污染物进行特别处理。这个阶段的清洁工艺被称为"粘尘"，通过用已经渗透黏性材料的抹布擦拭表面来除尘。黏性抹布擦拭行程应包含整个面板总长，同时重叠50%。粘尘通常从上到下，从前到后进行。在粘尘后和进入喷漆房前，车辆需通过电离空气喷射室。高压电离空气，通常为 60~80psi（4.2~5.6kg/cm²），用于中和车身上任何带电离子。

在进行下一涂层操作之前，应修复磷化层、电泳层和已有涂层的所有质量问题。常见的缺陷包括污垢、缩孔、凹陷、高光泽区域和粗糙，这些都需要在专门的配有空气过滤和真空砂光机的工作台上进行打磨除去。打磨室内的气流必须从天花板到地面流动，打磨后应人工除去残留物。

应尽可能避免在裸露的金属表面上打磨或除去整个涂层。当打磨出裸露的金属时，在喷涂下一个涂层之前必须对车辆进行闪光底漆处理。如果打磨至裸露金属的面积很大，如（2in）13cm²，还应在该区域进行磷化处理。

修复打磨微小的表面缺陷的过程通常称为抛光，抛光过程比打磨要求更高、更特殊。抛光后需要在钠灯或其他专用灯光下用肉眼检查，以确定可能的抛光痕迹。

4.2.2 底漆的应用

防起皮底漆涂层是用于防护和抵抗起皮的涂层，防起皮涂料可以是溶剂型液体或粉末形态。粉末涂料是一种研磨粉末，即没有溶剂的干涂料。表 4-8 比较了液态和粉末底漆的特性。

表 4-8　液态和粉末底漆比较

液态底漆	粉末底漆
有 VOC（挥发性有机化合物）排放	无 VOC 排放（无溶剂）
材料利用率为 60%~70%	材料利用率为 95%~98%
使用前调整黏度	可直接使用
非循环空气（成本较高）	循环空气（成本较低）
不同外观的水平和垂直表面	相同外观水平和垂直表面
薄膜厚度较小	薄膜厚度较大
薄膜均匀性较好（±2.5μm）	薄膜均匀性较差（±5~15μm）
颜色变化不复杂	颜色变化较复杂

如今，粉末涂装材料因其无挥发性有机组分（VOC）排放和较高的材料利用率（重复使用过量喷涂材料）而被广泛使用。图 4-17 所示为粉末涂料的工艺流程，该涂料干燥后在固化炉中固化。表 4-9 列出了在固化过程中产生交联并且不能重熔的热固性粉末的特性。涂装线末端的品质保证和检查通常按需进行，而不是连续监测。

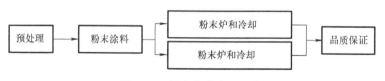

图 4-17　粉末底漆应用工艺

表 4-9 热固性粉末的特性

特性	差	一般	好	非常好	优秀
抗风化性	√	√			√
耐腐蚀				√	
耐化学性				√	
耐高温			√	√	
耐冲击性				√	
弹性				√	
黏附性					√

使用粉末材料必须考虑两个关键因素。第一个是安全因素,溶剂型底漆易燃,粉末底漆会引起爆炸。如果粉末浓度位于其在空气中爆炸的下限和上限之间,任何类型的点火都可能引发粉尘爆炸。因此,粉末涂装室必须配备火花/火灾检测传感器,可自动关闭粉末供应器停止粉末供应。此外,粉末涂装室还配备了自动灭火系统。为了防止可能的静电火花,粉末涂装室中的所有导电物体必须接地。

第二个因素是粉末可以吸收湿气,潮湿的粉末粘在一起不利于粉末流动,这将对车辆外观质量产生不利影响。由于粉末的流动是由压缩空气驱动的,空气必须经过干燥和去油处理,压缩空气的水分应低于 $10mg/m^3$。

与液态涂料的固化过程不同,粉末涂料固化过程包括快速熔化、崩解、凝聚并汇流成光滑薄膜,进而通过化学交联形成坚韧的薄膜。就状态而言,粉末涂层依次从固态变为液态,再变成固态薄膜,如图 4-18 所示。从加热固化机理来看,固化炉的工作分为三个区域。第一个区域用于快速加热,快速加热对于表面外观至关重要。为了减少污垢(如纤维、体毛、薄片或土壤等)侵入潮湿的表面,应使该区域内的空气流动最小化。第二个区域是辐射区,第三个区域是具有高成本效益的对流加热区。

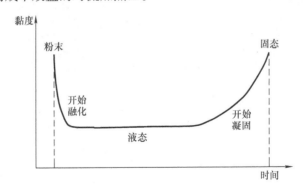

图 4-18 固化过程中的粉末状态

显然,粉末颗粒的大小影响漆膜表面,也就是说,大的粉末尺寸会导致表面粗糙外观。细小的粉末颗粒可以有更好的表面外观质量,但是不利于流动转移和流态化。

在这个过程中,过量的喷涂粉末可回收再利用。一般来说,原始材料颗粒平均粒度较大而回收材料具有较小的尺寸,混合后,所用材料具有更合适的平均粒度。另外,由于对客户的可视性不同,车辆的垂直表面比水平表面更重要,因此垂直表面上应使用更多的原始粉末材料。

4.2.3 色漆涂层和清漆涂层工艺

底漆层之后通常有两层附加涂层。第一层被称为基础涂层或色漆涂层，提供车辆所需的颜色；第二层是清漆涂层或表面涂层，作为透明涂层涂附在基础涂层之上。整个过程包括五个步骤：表面清洁和准备、色漆喷涂、色漆脱水、清漆喷涂、涂层固化（图4-19）。

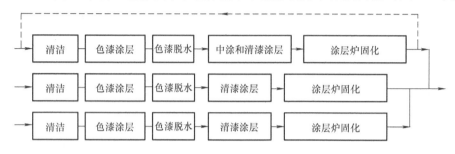

图4-19　色漆涂层和清漆涂层的工艺流程

第一步是清除车身表面上的所有异物，如沙尘和环境污染物。清洁通常在自动化操作中分两步进行：使用羽毛清洁系统并通过去电离风幕，如图4-20所示[4-2]。羽毛清洁系统或羽毛掸子，在其顶部和侧面安装有羽毛辊以清洁车身水平和垂直表面。相比之下，风幕不会有任何物理接触。必要时可以在羽毛掸子之前添加适当的黏性布进行人工清洁或黏附。羽毛掸子是用鸵鸟毛制成的，价格昂贵。

图4-20　羽毛掸子清洁系统（由 Dürr System AG 提供并授权）

在喷漆室中，由喷涂机器人进行喷漆操作，机器人在车身表面上以不同轨迹进行喷涂作业。图4-21所示为两个常见的轨迹，车身喷漆常采用这两种轨迹，其中，第一条轨迹消耗约60%的油漆，第二条轨迹消耗约40%。喷漆主要在车身外表面上进行，车身的总喷涂面积约为250ft² （23m²）。

在进行清漆层涂装之前，应除去色漆中的水或溶剂。色漆涂层采用脱水室而不是固化炉进行脱水，脱水过程有时称为闪蒸。闪蒸时间是指油漆溶剂蒸发的时间。对于水性涂料，脱水温度为145~180℉ （63~82℃）。闪蒸时间为3~5min以除去90%以上的挥发物。如果色漆使用溶剂型涂料，其闪蒸时间或闪蒸室的长度可显著减小。

红外技术也可以用于脱水，该技术使用高频光波产生电磁辐射。电磁波的频率大于微波，但低于可见光，这种辐射被金属底层吸收，导致其发热，从而使油漆从里到外被烘干。

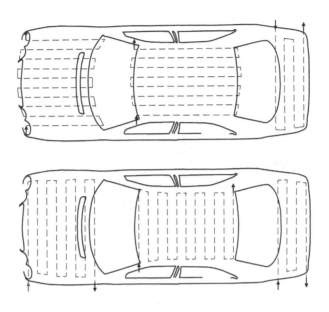

图 4-21　机器人喷涂轨迹图

在功能上，清漆涂层与色漆涂层基本相同。但在实际过程可能会有所不同。例如，色漆不仅涂在外表面上，还涂在大多数内表面上。为了使车身开门区域喷涂到位，喷涂过程必须打开车门，如图 4-22 所示[4-3]，喷涂过程结束后，需将门关闭。由于色漆涂层的步骤比清漆涂层的步骤更复杂，因此在进行色漆喷涂时车身可能需要暂停移动，而在进行清漆喷涂时车身可以继续向前移动。

图 4-22　内部色漆涂装（Dürr System AG 提供并授权）

涂漆和固化后，需要检查漆膜的厚度。为了保证涂装质量，可以以不同频率随机选择车辆进行检查。图 4-23 所示[4-4]为使用机器人的非接触式传感器测量湿漆，由于机器人对喷涂测量的快速反馈，不仅可以确保和改善涂装质量，还可以保证涂层厚度均匀，从而节省涂装材料。

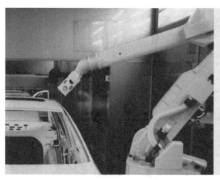 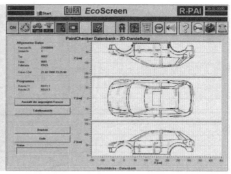

图 4-23　在线非接触式喷涂测量

（由 Dürr System AG 提供并授权）

由于粉末涂料的优点，在色漆涂层和清漆涂层上推广粉末涂料是一种发展趋势。限制粉末涂料推广的主要挑战是粉末尺寸大小。通常，粉末颗粒的直径应该小于 $30\mu m$ 以形成薄且均匀的粉末。由于质量管控的成本和难度，粉末清漆通常用于摩托车和高端车辆。据报道，宝马自 1997 年以来一直将粉末用于清漆涂层。

伴随着工序和成本增加，传统色漆和清漆涂层之间可以增加额外的涂层。这种三层涂层工艺简称为三涂层，是豪华汽车较为流行的涂装模式，是大规模生产车型的一种可选项。中涂层是一种薄而透明的涂层，使色漆涂层呈金属色、珍珠色且有良好的光泽度。中涂的材料和喷涂过程与色漆涂层相似。由于颜色匹配问题，三涂层通常可用于白色和红色的喷涂。

三涂层喷涂中的中涂工艺属于中间层（常称为云母层），是在清漆喷涂车间中进行的。中涂层完成后，车辆绕过清漆工艺立即送到固化炉进行固化。因为如果中涂层没有完全固化，它会通过另外两层表面涂层流出，从而使最外层的清漆层变得模糊。中涂层固化后，车辆绕过色漆工序返回清漆喷涂间，进行清漆喷涂，然后再次进入固化炉进行清漆固化。因此，由于额外的喷涂和固化工序以及相应的车辆转移，使得三涂层的生产率较低。

4.2.4　涂装设备和设施

4.2.4.1　喷漆器

喷漆器有几种类型，如无气喷枪、空气喷枪和钟形喷枪。简单的无气喷枪可以通过对涂料加压来喷涂液体涂料。工业实践表明，无气喷涂适用于较厚的涂料，不适用于高光洁度的涂料表面。显然，无气喷枪不适合粉末涂料。

第二种类型的喷漆器是空气喷枪，使用加压空气。压缩空气使液体涂料变成细小的液滴（直径约 $15\mu m$）,用于待涂表面。因此，空气喷涂比无气喷涂具有更好的光洁度（能更好控制漆膜厚度）。空气喷枪可用于涂装车间的修饰和修复工作。空气喷枪可能出现过量喷涂，且需要严格的通风条件以适应 VOC 法规。

最常用的喷枪称为钟形喷枪或旋转喷枪，如图 4-24 所示[4-5]。它们的中心部分是一个高速旋转钟形单元。旋转速度为 40000 ~ 70000r/min，高离心力将涂料分解或雾化为小液滴（直径约 $23\mu m$）。典型的喷涂速度为 0.2 ~ 0.6m/s，涂料流速可达 700mL/min。与其他类型的喷漆器相比，钟形喷枪具有较高的转移效率（ > 95%），广泛应用于汽车制造。

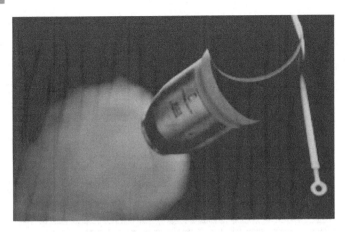

图 4-24 静电钟形喷枪的喷涂应用
（由 EXEL North America，Inc. 提供）

另外，喷涂器配备了一个静电装置以给油漆液滴供电，静电通过喷漆器中雾化区的电极来实现充电。电场力驱动带电的涂料颗粒附着到接地的车体表面。另外，电荷促使油漆颗粒分解成更小的颗粒。对于非机械喷涂，位置和距离对于钟形喷枪的喷涂效果至关重要。

例如，在粉末喷涂工艺中，车身与其载体接地。电源控制器以大约 2mA 的电流将喷雾剂静电充电至 40～100kV。电压与材料和颜色有关，因此，带电荷的喷雾颗粒被吸引到接地的车身上，从而导致最小量的过喷，如图 4-25 所示。过量涂料被收集并且可以在处理后重新使用。

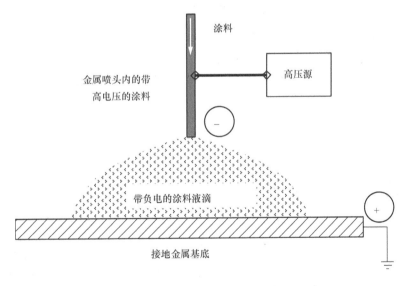

图 4-25 静电喷涂原理

4.2.4.2 喷漆室

涂装过程对环境要求较高，应在经过特别设计的封闭环境中进行。例如，无论外界季节或环境如何，喷漆室内的温度和相对湿度都应控制在设计范围内，以保证喷涂质量。

喷漆室的中心放置喷漆设备，包括涂料供应装置、换色装置和涂料输送装置。另外，喷漆室由六个辅助子系统组成，分别是喷漆室外壳、供气室、排气管、空气流通下降管、水循环和控制装置。实际上，它们对喷涂质量非常重要。

喷漆室通常采用不锈钢封闭，并有多个门可以进入关键工艺区，同时配备大型玻璃窗来监控喷漆过程，如图4-26所示[4-6]。若有必要，喷漆室的墙壁可以设计成可移动的，以适应不同的喷漆室尺寸。

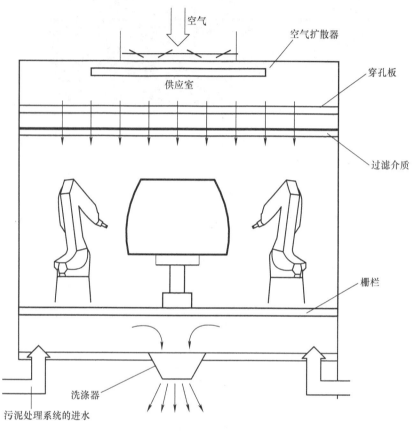

图4-26　喷漆室

喷漆室内的环境条件由供气系统控制。它提供了来自喷漆室顶棚、经过滤和调控的空气，该空气需满足设计要求的清洁度、温度和相对湿度，如图4-27所示。供气系统包括进气风扇、进气阻尼器、带过滤器的空气充气室和排气扇。根据工厂所在地的气候条件，供气系统配备有控制湿度的加热和冷却装置。例如，由于历史上极端温度的影响，如果环境条件不满足设计要求，喷漆室可以自动关闭。

气流量也应该保持在设计的范围内。低的气流供给可能导致下沉不足，从而导

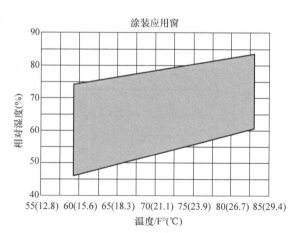

图4-27　涂装应用窗示例

致喷漆室负压和过喷问题，相反，高的气流供给会降低涂料从喷枪转移到车身的效率。

由于涂料并不能全部喷涂到车身上，在涂装工艺中需要消除过喷，同时也要清除涂料烟雾。排气系统可处理含有溶剂的废气。涂料过喷会使整个喷漆室的空气带电，因此，必须净化排出的空气。在排放到环境中之前，所有来自涂装车间的排气都应该使用蓄热式热氧化炉（RTO）进行处理。RTO用来加热进气流，分解从喷漆和固化工艺中排放的有害空气污染物、VOC和臭气排放物等。

在喷漆室内，空气和过量喷漆由喷漆室地板抽出并与水混合。水携带了抽出的化学物质，使涂料变性并使其浮在油泥表面上。在这里，涂料被收集起来待处理，然后水通过过滤装置被抽出，并可重新用于喷涂。粉末涂装的过喷涂料收集过程与液态涂料不同。

喷漆室的大脑是它的控制系统，它控制输送机、涂料设备、机器人和安全装置，并为涂装工艺提供最佳环境。每个自动化区域的控制计算机都位于喷漆室外，操作技工可以监控计算机屏幕上的喷漆过程并通过喷漆室窗口进行监控，并根据需要调整自动化控件。

清漆完成后，进行最后的质量检测，与电泳和底漆后的检测类似，对较小的表面缺陷进行抛光。抛光分三步进行：打磨、抹抛光剂和抛光。如果抛光不能修复缺陷，则应将车身送回重新涂漆，车身最多可以重新喷涂两次。

4.3　涂装车间中的其他作业

4.3.1　油漆固化工艺

在电泳、底漆、色漆和清漆等各个涂层完成喷涂之后，都必须固化车身表面潮湿的涂层。例如，潮湿的电泳漆膜含有10%或更多的水，固化涂层的目的是快速形成涂层并为下一次涂层或检查做好准备。固化的基本方法是通过固化炉加热，这在第2章中已经进行了讲述。因此，固化工艺是涂装车间中常见的多阶段工艺。

4.3.1.1　固化工艺参数

一般来说，电泳、密封、底漆和最终涂层工艺主要有四个固化炉。显然，不同的涂层材料的固化工艺参数如时间和温度有所不同。

从设计的角度来看，固化炉应采用模块化设计，以满足不同的要求。对于不同类型的固化过程，模块化固化炉单元可以在涂装车间的不同位置快速组装和集成。

典型的固化炉设计有三个区域，分别是辐射区、对流区和空气冷却区，如图4-28所示，其中 T_s 是固化炉设定温度。该设置允许在每个区域中进行单独的温度设置。独立的温度设置允许分阶段固化，以逐步除去薄膜挥发物，同时避免溶剂或水迹。

在辐射区，车身温度迅速上升到设定值。辐射加热通过辐射使车身迅速达

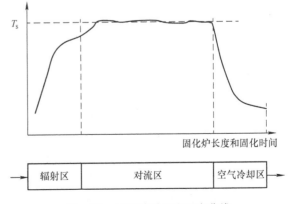

图4-28　固化炉设置和温度曲线

到设计温度。燃烧室内热空气加热内壁，内壁再向外辐射热量。辐射热使涂料上层达到无黏性状态。这样可以防止油漆固化时空气中的异物沉降在潮湿的漆面上。

在对流区，温度保持不变。对流区对车身周围提供均匀加热并持续到油漆完全烘干为止。对流区通过燃气加热装置加热吸入的新鲜空气，并使气流循环通过固化炉腔内的整个车身。在循环进入固化过程或将废气排放到大气之前，废气必须进行妥善处理。车身冷却之后才从固化炉中出来。

固化炉内的温度状态可以通过红外传感器测量，该传感器安装在仅用于测试的专用车身上。此外，红外传感器可以嵌入固化炉区域以实时测量固化炉内的温度。固化炉端部的冷却装置可防止大量热量从车身逸出到车间空气中。

固化工艺的主要参数是温度和时间，它们单独和共同影响固化工艺和质量。图 4-29 所示为某个固化工艺窗示例，它显示了保持固化温度与持续固化时间的可行范围。喷涂工艺和固化工艺通过漆膜厚度来评估，漆膜厚度应该在设计范围内，并具有良好的耐摩擦性和外观。当引入新的涂料或新的固化工艺参数时，需要每天多次监测涂层的厚度。

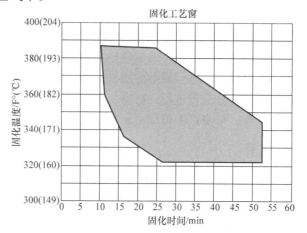

图 4-29　电泳涂装固化工艺窗示例

通过实验室测试和多个工艺预调试可获得最佳固化工艺参数。固化温度取决于涂料和形状，涂料可以是水性、溶剂型或粉末状的。要改变长度固定的固化炉固化时间，需要调整输送机的速度，以达到车身在固化炉内所需的停留时间。

4.3.1.2　固化注意事项

如果电泳涂层没有完全固化，有时称为烘烤不良，其后果可能会很严重，可能导致的问题包括车辆表面的耐蚀性差、对后续涂层的黏附性差和潮湿等。另一方面，过度烘烤导致的问题包括车辆表面的紫外线耐久性差和抗起皮性能差等。

对于电泳涂层，固化过程大约需要 55min。如果输送机速度为 33ft/min（约 4m/min），则固化炉需要超过 700ft（约 213m）长。因此，通常使用两个平行固化炉进行电泳涂层固化以缩短固化炉系统的长度。在这种情况下，车体的运动速度是电泳涂层浸入线运动速度的一半。

值得注意的是由于密封涂料不一定在固化炉中完全固化，因此，密封固化炉通常被称为凝胶固化炉。凝胶固化炉仅将密封涂料转化为凝胶状态，因此，凝胶固化炉的长度相对较短，并且在 300℉（约为 149℃）的低温下运行。在下一道底漆工序完成后，车身将进入底漆固化炉，密封涂料将在底漆固化炉中完全固化。

固化炉和固化工艺可以改变车身有色金属部件的性能。一些铝合金在固化工艺之后其屈服强度增加，该工艺有时称为烤漆硬化效应，该效应有益于增加车辆的强度和安全性。据报道，5xxx 铝合金没有这种烤漆硬化效应[4-7]。宝马采用 6xxx 铝合金，在电泳涂层固化炉中屈服强度显著提高[4-8]。某项研究表明，屈服强度的增加与固化时间和温度的乘积（秒

×℃）呈线性关系。因为烤漆硬化效应随固化温度和时间而变化，因此需对烤漆硬化效应进行详细研究。

4.3.1.3　湿法涂装工艺

油漆镀膜也可以采用湿法涂装工艺，不需要用能耗较高的固化炉依次加热和干燥每一喷涂层。湿法涂装技术是新的工艺和涂料的组合，采用了高固体、溶剂型涂料配方。该技术可以应用于底漆、色漆和清漆涂层。换句话说，在底漆涂层上面喷涂色漆涂层和清漆涂层这种方式被整合成单一固化操作的顺序。对于这三种涂层来说，这种工艺被称为3道湿法工艺，福特于2007年开始应用该工艺。图4-30所示为传统的干法喷涂工艺和3道湿法涂装工艺。

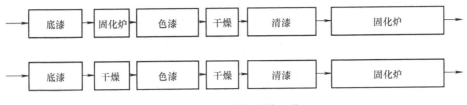

图4-30　不同的涂装工艺

由于没有使用专用固化炉，湿法涂装的节能效果显而易见：可以减少鼓风机使大量空气流经喷漆室所需的电能，减少加热空气和固化炉所需的天然气的使用量。研究显示，与传统的喷涂工艺相比，湿法工艺将涂装车间二氧化碳排放量减少15%～25%，挥发性有机化合物减少10%[4-9]。此外，这三种独立的涂料应用可以集成在同一个涂料室中，节省了占地面积。

4.3.2　非涂装操作

4.3.2.1　涂装车间的密封操作

电泳涂装完成后，接下来的工艺是车身底板（UB）喷涂和密封。作为涂装车间的特殊工艺，进行车身底板涂装和密封有两个原因：一是覆盖容易腐蚀的区域、焊缝和边缘。密封材料用在大部分底板区域以增加保护，防止漏水和腐蚀。除底板区域外，密封材料应用于所有覆盖钣金的接缝、边缘、所有覆盖面板的翻边，以及防腐蚀和装饰用的不规则表面。

密封的另一个目的是覆盖车身接缝和装配上的孔和间隙。这些孔可能是工装孔或工艺孔，如用于装配主定位（PLP）和电泳涂料排放。其目的是为了防止水、灰尘和烟雾进入车身室内。部分密封作业已经在车身装配中执行，而涂装车间的密封工艺是车身密封功能的重要保证。

密封作业可以人工或自动进行。类似于车身车间的车身焊装，如果使用机器人自动化作业，密封过程中应对车身进行精确定位。行业实践表明，密封工艺的机器人操作可能比人工操作具有更好的质量，并且从长远来看更经济合理。如果使用PVC密封材料，用于车身的总密封材料可能达到15lbs（6.8kg）。如果选用轻质密封胶，相比之下可以减重高达40%。

特别是用于改进NVH性能的声学阻尼材料，可以喷涂在车身的某些底板区域，如图4-31所示[4-10]。所使用的声学材料为液态隔音垫（liquid-applied sound deadener，LASD）。这种材料在抗起皮底漆固化过程中黏附在车身上，以使车辆更安静。改进NVH性能的另一种方法是在目标区域人工实施隔声作业，该操作可能比机器人更便宜。

密封和喷涂工艺中需要遮盖密封区域中的所有孔和扭矩敏感螺纹，该过程通常称为遮盖。这些防护遮盖在密封和涂层后应该被去除。手动覆盖和移除胶带需要特别注意。

为了实现更好的密封和喷涂以及遮盖和去遮盖，工作位置至关重要。较好的定位方法是使用旋转输送系统，在旋转输送机上，当机器人将密封剂和涂料涂覆在车身底板表面时，车身可以倒置。这样密封剂和涂料就不易滴落在地板上，并且密封剂和涂料能按照质量标准涂覆在较好位置并易于检测。对于人工遮盖和去遮盖操作，车底旋转135°面向操作员，从人体工程学的角度讲，这比在车身底下操作更友好。

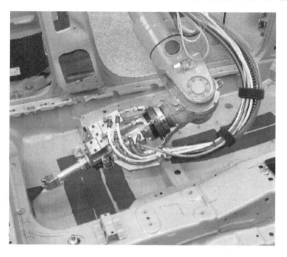

图4-31　涂装车间的涂液态隔音垫工艺
（照片由ⓒ2016德国汉高公司许可使用）

使用带有不同喷嘴的各种喷头为特定车身底板和内部区域提供密封胶。在某些区域，涂覆的密封胶需要擦拭或刷入接缝处，以确保密封接缝处具有更好的外观。在这种人工操作中，经验和技术是保证良好涂覆效果的重要因素。

密封质量直接影响车辆的品质和性能。表4-10列出了与密封过程有关的常见问题和可能的根本原因。

表4-10　常见的密封问题和根本原因

品质问题	可能的根本原因
漏水	钣金贴合不佳 密封位置偏移
密封材料上的不规则喷漆外观	底漆膜构造不一致 底漆配方变更
黏性面漆（未完全固化的涂料在密封剂表面）	底漆固化炉温度超出规格 清漆涂层薄膜的构建水平不一致 涂料配方变更
密封层开裂	烘烤条件不合理 过度修复和重复烘烤 油漆膜太厚 固化前/固化过程中的基底/连接处移动 密封层太厚
黏附性不良	由于烘烤条件不足导致涂料未烘烤到位 基底存在杂质
材料分离	在固化前或固化过程中移动接头 固化炉烘烤过度 基底存在杂质

特别是对于人工密封操作，存在一些典型的质量问题。一种是密封剂涂覆过度，错误的接触，以及使用脏刷子或橡皮刮板。另一种是人体接触，如人体油脂、衣物、设备接触和静电排斥等。

如果涂覆过多的密封剂，则应使用溶剂擦拭剂或无绒布人工清除车身的外部/内部可见表面残留的密封剂材料。

4.3.2.2　聚氨酯（PUR）泡沫的应用

另外，将高分子聚合物聚氨酯泡沫注入车身某些腔体中以减少声波的传播。例如，根据车辆设计，位于前轮和驾驶人之间的 A 柱下部周围的空腔可能需要使用超过 3.5oz（100g）的聚氨酯泡沫。与上述密封操作类似，聚氨酯泡沫应用并不是涂装操作的一部分，但它们通常在车辆涂装车间中进行。

4.4　练习

4.4.1　复习问题

1. 复述车身的五个涂料层。
2. 列出磷化工艺的所有阶段。
3. 列出磷化工艺的四个形成阶段。
4. 解释去离子水漂洗工艺。
5. 复述电泳涂装过程。
6. 解释电泳涂装工艺原理。
7. 讨论法拉第笼效应。
8. 解释电泳涂层的泳透力。
9. 列出涂层的特性和测试标准。
10. 比较液态底漆和粉末底漆。
11. 解释色漆涂层和清漆涂层的喷涂工艺过程。
12. 解释静电涂装的原理。
13. 解释涂层固化过程。
14. 讨论密封的作用。

4.4.2　研究课题

1. 不同的电泳涂层浸入过程。
2. 电泳涂层泳透力的测量。
3. 液态底漆和粉末底漆之间的比较。
4. 涂装工艺优化。
5. 三层涂装工艺。
6. 涂装技术的新发展

4.5 参考文献

4-1. Heckmann, N. "RoDip—A New System for Pretreating and Electrocoating Car Bodies," ABB Review, pp. 11–19, 1996.

4-2. Dürr, "Application Technology—Cleaning Equipment," 2009. Available from: http://www.durr-application-technology.com/application-technology-products/cleaning-equipment. Accessed March 2010.

4-3. Dürr, "For Fast, Precise Interior Painting," 2014. Available from: http://www.durr-news.com/issues/international/detail/news/for-fast-precise-interior-painting-2/. Accessed May 2014.

4-4. Dürr, "Application Technology—Quality Measurement," 2012. Available from: http://www.durr-application-technology.com/application-technology-products/quality-measurement. Accessed March 2013.

4-5. Kremlin Rexson. "Experts in Finishing & Dispensing Solutions." (SAMES PPH 707 SB (solvent-borne) Rotary Atomizer) Available from: exelna.wordpress.com. EXEL North America, Inc., Plymouth, MI. Accessed May 2014.

4-6. McIntosh, J. "Auto Paint: Much Improved over the Years," 2013. Available from: http://www.autofocus.ca. Accessed Jan. 2014.

4-7. Groeneboom, P., Kraaikamp, C., Lopuhaä, H.P., van der Weide, J.A.M. "Kansrekening en Statistiek voor Lucht en Ruimtevaart, Maritieme Techniek en Werktuigbouwkunde," Delft, 1999.

4-8. van Tol, R.T., and Pfestorf, M. "Paint Bake Response on the Vehicle." SAE Paper No. 2006-01-0985, SAE International, Warrendale, PA, USA, 2006.

4-9. Pope, B. "Ford to Expand Use of 3-Wet Paint Technology; 2-Wet Process to Debut on CVs," Wards Auto. Available from: http://wardsauto.com. Accessed January 2016.

4-10. Henkel AG & Co. KGaA, "TEROSON Liquid Applied Sound Deadener (LASD)—Sound Damping Materials for A Better Environment," 2015. Available from: http://www.henkel-adhesives.com/com/content_data/365109_LASDSellSheet_LowRes.pdf. Accessed November 2015.

第 **5** 章

C H A P T E R

生产运营管理

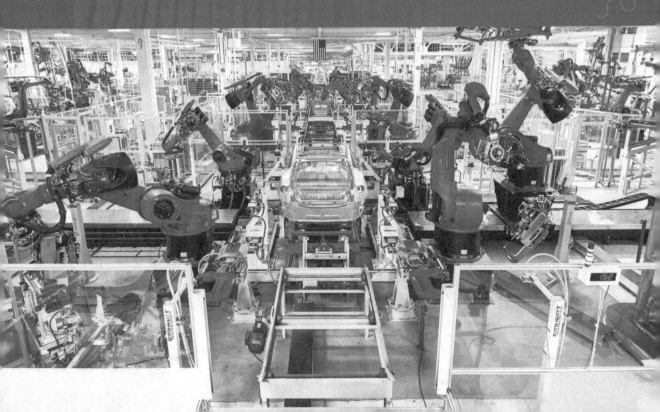

5.1 生产计划和执行

5.1.1 生产计划方法

生产计划是将客户订单转化为生产活动计划的过程，决定了制造过程中的生产量和制造时间。生产计划的目标实现需要战略方向、需求预测、产能、资源和客户订单之间的良好匹配，其计划的结果可能很简单，但是实际使用的计划方法不一定容易。针对不同层次、范围和重点的生产计划，存在许多可用的计划方法、工具和软件。表5-1列出了传统的计划方法与系统。

表5-1 制造计划方法

类型	周期	时间单位	主要输入
综合计划	一年	月	公司战略、产能计划、需求和资源
主生产计划（MPS）	数月	周	总计划、产能、库存、成本和需求
物资需求计划（MRP）	数月（>最长交货时间）	周	主生产计划、所有项目的交货时间、物料清单、库存
生产调度	一天（轮班）	小时	主生产计划、物资需求计划、零件/材料进货、生产批次
生产控制	一小时	实时时间	生产状况和到期时间

5.1.1.1 综合计划

综合计划是一种中期计划方法，它大致描述了生产所需的物料和其他资料（如劳动力）的数量，生产计划时间为6~18个月。在预定义的时间范围内，综合计划重点关注产出的供需与总体成本之间的匹配，并提供生产输出的总体计划。

在一年的计划期内，市场需求、材料成本和资源可能发生巨大变化。因此，在动态环境下，保证综合计划及其信息更新的准确性极具挑战。

综合计划的工业实践往往是基于经验和持续运行提出的。从装配厂的总装车间的产能开始计划，继而是涂装车间、车身车间和冲压车间。考虑到库存的变化，计划会不断更新迭代以评估所有部门的方案和变量。计划方法和产出经历的时长可能会从每月延伸到每季度。

关于综合计划的研究始于20世纪50年代，而针对汽车生产特性的综合计划研究始于20世纪80年代末。从那时起，研究者就已经开始提出不同的研究算法，包括生产转换启发式方法、随机线性规划、可能性线性规划、遗传算法和动态规划等。这些研究大部分都是大学与工业界合作的研究成果，然而很少有文章阐述这些研究方法已在工业实践中得到实施[5-1]。因此，综合计划在工业实践与研究方面都是一个受关注点。

5.1.1.2 主生产计划（MPS）

主生产计划（MPS）是指导制造业务的基本计划工作和文件。MPS是一个简短的计划，通过量化流程、人员配置和库存，以及其他关键因素来优化产出结果。在MPS制定时，就确定了与生产相关的主要元素，如工作时间、机器、可用库存和零件供应。MPS的计划时间一般会有几个月，且需要每周对计划内容进行更新。表5-2给出了MPS的一个输出示例。

表 5-2　MPS 示例表

周期/周	1		2		3		4		5		6	
产品型号	A	B	A	B	A	B	A	B	A	B	A	B
订单/需求（单位）												
开始库存（单位）												
结束库存（单位）												
所需产量（单位）												
计划人员												
计划工作时间												
存储和运输												

5.1.1.3　物料需求计划（MRP）和制造资源计划（MRPⅡ）

物料需求计划（MRP）是一个用于生产计划和库存管理的计算机数据库系统，重点是对输入物料和零部件的控制，以及子装配体库存的订购和计划。MRP 系统的基本功能包括库存控制和物料清单（BOM）处理。MRP 帮助企业组织维持低库存水平、工厂运营、采购和交付活动。MRP 中的新订单有许多可能的变化，如订单变更，以及物料清单中的工程变更、零部件延迟交货和质量损失。因此，MRP 的一个重要功能是变更管理。上述的 MPS 是 MRP 中决定材料和零部件可用的数量、需求和时间的驱动因素之一（图 5-1）。

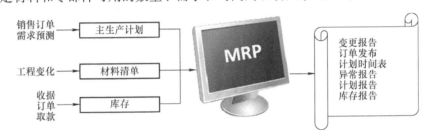

图 5-1　MRP 的功能

在生成资源计划和需求后，MRP 将它们发送到生产计划以进行更详细的规划和资源分配。由于 MRP 的计算中没有考虑制造能力，因此，独立的 MRP 系统在生产中已不再适用。

制造资源计划（MRPⅡ）是 MRP 的进化版本，它考虑了制造公司的所有资源，而不是以库存为重点。MRPⅡ 也是一种基于更多资源和信息整合的计算机计划系统，其集成的信息包括财务计划、市场需求、工程和满足制造业务需求的采购。因此，MRPⅡ 集成了 MPS 和 MRP 的功能。此外，主要运营功能如产能计划、生产调度和控制，以及供应商和库存调度也能集成到 MRPⅡ 系统（表 5-3），财务报表也集成到其中。

表 5-3　MRPⅡ 的功能

主要功能	次要功能
主生产计划	商业计划
技术数据	批次可追溯性
BOM	合同管理
生产资源管理	工具管理

（续）

主要功能	次要功能
库存控制	工程变更管理
采购管理	配置管理
MRP	车间数据收集
车间管理	销售分析
产能需求计划	有限产能排程
成本控制和报告	

5.1.1.4 企业资源计划（ERP）

企业资源计划（ERP）是 MRP Ⅱ 的进一步扩展和发展，是一个企业级的信息数据库和通信系统，被视为制造计划系统演进的第三代。ERP 有意地整合和协调企业内所有业务部门之间的信息交易，如计划、制造、供应链、物流、销售、财务、项目管理、人力资源和客户关系管理等。

将制造公司的所有信息集成到单个计算机系统中可能具有很大的难度，它经常需要面临与现有系统和管理实践不兼容的问题。ERP 的实施可能需要很长时间并且价格昂贵，而且定制化需要额外的成本。作为一个复杂的系统，它采用模块化设计，可满足不同层次的需求和实施。图 5-2 所示为 ERP 系统模块的示例，不同的 ERP 系统具有一定的专业性，但核心模块通常是相同的。

除了模块化之外，ERP 系统还具有以下特点：在线实时工作、使用集中式通用数据库管理系统支持模块间的无缝数据流，以及用户友好的标准接口。

所有计划方法和系统，包括 ERP，都是基于对市场需求的预测。换句话说，根据精益制造原则，可以将计划视为"推"式方案的推手。可以理解的是，需求和供应商总会有不可预测的差异，这使得计划输出有些不准确。所以，为处理变更和更新做出的努力是必要的。例如，现代汽车公司采用 MRP 系统，通过生产工程部门每小时更新生产计划。

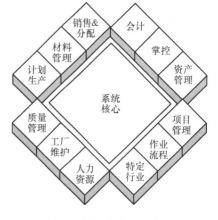

图 5-2　模块化的 ERP 系统

5.1.2 推式生产和拉式生产

在 MPS、MRP、MRP Ⅱ 或 ERP 的指导下，制造执行是基于决策信息和制造过程的流程。根据信息流的方向，生产控制可以分为推式生产和拉式生产。

5.1.2.1 推式生产和拉式生产的区别

推式生产和拉式生产的控制区别在于它的计划和执行。在计划过程中，假定市场需求、运营能力和主要资源的信息是准确的，生产首先按计划执行，其次做适应性变更。因此，根据需求预测执行和发布作业任务或制造任务，即根据预测信息指导生产计划。因此，制造过程中的需求流程和工艺流程总体上处于相同的方向，如图 5-3 所示。

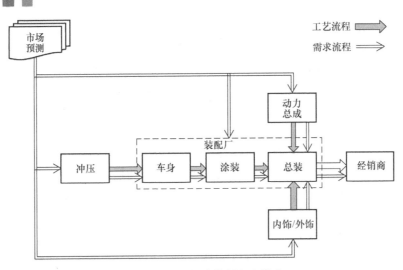

图 5-3   车辆推式控制生产模式

在这种推式生产模式下，由于预测不准确，生产计划和执行依赖于市场预测和资源计划，制造系统中的库存和在制品（WIP）数量必将很高。当生产计划到位时，可能需要花费很大的精力才能将需求波动和操作变化加入到生产计划。

相反，在理想的拉式制造中，需求流程和工艺流程流向相反，如图 5-4 所示。在拉式管理中，根据系统状态或下游工艺的要求以及最终客户和市场需求来启动作业任务。这些要求是生产执行的决定性因素或推动力。因此，拉式制造可以根据实际的市场需求，有效应对产能和资源计划。

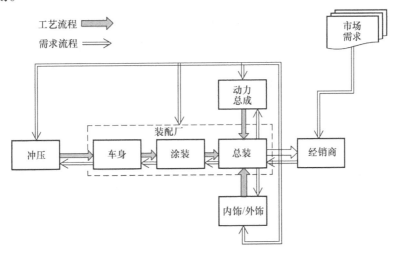

图 5-4   车辆拉式控制生产模式

在生产控制中有效地实施拉式管理可以使在制品的数量最小化。原始的丰田生产体系（TPS）中，使用纸板卡（称为看板）实现工作授权、生产以及运输指导之间的信息交流。日语单词中的"看板"是在生产过程中实现拉式生产的方式，如今的"看板"已经实现电子化。该方式的简单应用是在每个工位设置一个"看板盒"，当需要零件时，操作员按下请求按钮，按钮的指示灯会亮并同时通过计算机看板信号系统向零件送料器发送请求指令，进而获取所需零件。

拉式系统的一个优点是产品按需生产，减少了库存和在制品的数量，进而使产品的单位成本降低。此外，拉式系统具有足够的柔性，可以避免过早启动生产作业，预防生产变更。因此，拉式系统可以更好地适应产品组合和变化，并更好地适应工程变更，在理论上是生产控制的优选方式。

然而，拉式生产要求对整个系统（包括供应商网络）进行准确的生产控制。一些外部因素，如天气变化、政治和文化等可能会对其产生干扰，所有这些因素都可能对拉式生产管理带来挑战。在尝试拉式生产方式失败后，20 世纪 90 年代后期，现代汽车公司开始采用推式原理进行其生产控制[5-2]。纯粹的拉式生产场景被认为是市场需求稳定和低的不可预测性情况下的理想状态。

5.1.2.2 准时制生产和库存

为了有效利用所有资源，制造系统中的所有要素应该保持平衡，这通常被称为生产平衡。对于井然有序的系统，其产出既不会太多也不会太少，这样确保了整个系统的恒定流量。采用生产平衡的方式可以减少甚至消除过多的资源，如可以解决生产过剩问题。

"Takt"是德国音乐术语，表示像音乐节拍器那样准确的间隔时间。节拍时间有时用于设定制造业务的生产速度，以便通过调整节拍时间实现生产速度与客户需求率的匹配。节拍时间的计算公式如下：

$$节拍时间 = \frac{可用工作时间}{产品需求数量} \tag{5-1}$$

例如，生产线每天的可用工作时间：7.5（h）×2（班数）= 15h。如果产品市场需求为每天 1100 个单位，则节拍时间为 $[(15×3600)/1100]$ s = 49.1s。

在这种理想情况下，整个组装厂需要按照节拍时间 49.1s 运转，工厂才不会出现生产过剩、生产不足、库存或等待的情况，这就是工厂生产中的"准时制生产"。

所需的节拍时间是生产线速度或周期时间设计的基础。在周期时间设计中，需要考虑市场需求波动以及可能出现的计划外停机时间。因此，周期时间可以设计得比节拍时间稍短（更快）。

汽车装配线的生产速度一般都设计为固定生产率值，不会轻易进行修改。在实际生产过程中，管理层会通过加班加点或缩短轮班时间的方式，适当调整生产时间以应对市场变化。

准时制生产（JIT）是一种制造业务管理的库存控制原则，即在需要的时候按需要的量生产所需产品。理想的生产状态是所谓的汽车制造一件流，换句话说，准时制生产的目标是消除非增值的在制品和库存。

准时制生产的原则不仅适用于工厂，而且适用于整个供应链。例如，装配厂每 57s 订购一次，可以在 3h 内接收到车辆座椅[5-3]（图 5-5）。一个完全的拉式系统就是一种准时制生产状态。另一个例子如美国亚拉巴马州的现代汽车公司组装厂的生产系统。它们的需求（"拉"）信息会比装配线上需要的时间节点提前 2~4h 传送给供应商[5-4]。

由于库存成本占总制造成本的比例可能高达 20%，因此，良好的库存管理是实现总体成本优化的关键。库存管理的任务之一是管理从供应商处接收的材料和零件。

准时制生产的理想目标是实现零库存，但这同时也会增加汽车制造商供应中断的脆弱性。例如，日本的一次地震导致一家汽车二级供应商——日本理化研究所活塞环工厂的关

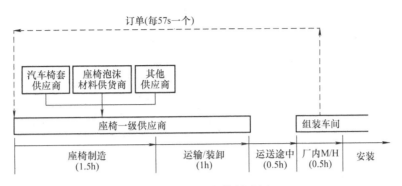

图 5-5　JIT 生产控制示例

闭，这影响到 12 家日本汽车制造商中 8 家的生产，导致汽车总产量减少 12 万辆。由于担心像美国汽车工业出现的大规模破产，丰田汽车公司放宽了准时制生产体系，开始积累库存[5-5]。

实际上，少量库存对保证生产的平稳进行是有必要的，这可以避免由于非生产因素，如异常天气或进厂来料运输的交通堵塞等对平稳生产造成影响。因此，通常采用称为安全库存的小型库存来保持不间断的生产运营。

5.1.2.3　在制品

制造系统中总是存在未完成的产品单元，这些未完成的产品单元称为在制品（WIP）。在制品是一种在制库存，它增加了成本费用，但不会为客户创造价值，因此这也是一种浪费。然而，即使在具有恒定流程的理想准时制生产情况下，在制品也依然存在，因而在制品是不能完全消除的，但可以被最小化。

实施准时制生产理念，可以及早发现生产问题，如设备故障。这些生产问题常常会因为存在过多的在制品和库存而被掩盖，如图 5-6 所示。例如，当系统缓冲区内有 20min 的在制品时，15min 的停机时间对生产不会造成影响。

图 5-6　在制品存量与生产问题

出于同样的原因，准时制生产要求制造系统具有高可用性。例如，按需生产强调制造工艺和设备的可用性，如果系统的一部分甚至一台设备的可用性不高，那么整个制造系统就无法为准时制生产做好准备。此外，准时制生产还对传统的质量控制提出挑战，准时制生产计划可能无法与常规的质量控制和解决问题的活动协同配合。

5.1.2.4　推式生产和拉式生产的特点

由于推拉生产方式有其各自的优势，因此可综合运用取长补短。也就是说，在某些生产场景下推式和拉式可以协同使用。在汽车工业中，大多数车型都有不断变化的需求，并且对于需求的预测始终存在一定程度的不准确性。此外，随着全球化的不断发展和供应链的扩大，推式生产在制造业中仍然扮演着重要角色，即使在以拉式生产为主的系统中也是如此。因此，大规模车辆的生产计划和执行应该基于市场的预测和实时反馈，如图 5-7 所示。这种实践活动可以称为计划驱动下的拉式生产。

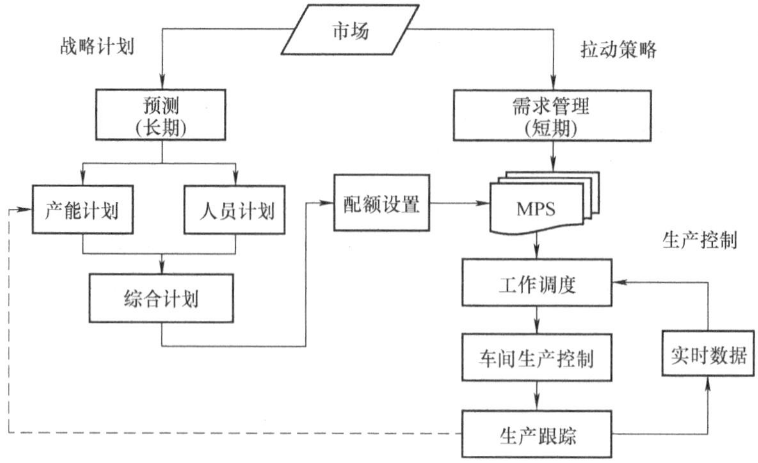

图 5-7   拉式生产方式的生产计划

为了将生产与市场需求相匹配,汽车制造公司需要每周或更频繁地调整生产量。由于汽车生产需要 30 ~ 60 天预先计划期,因此为市场提供 60 天的汽车供应对于库存管理和销售是有利和合理的。当库存量较高时,汽车制造商可能会减少生产,给客户提供激励,或者同时做这两件事情。激励措施也有助于避免频繁和重大的生产变化,并保持市场份额。然而,这种措施会削减利润,损害品牌形象,并侵蚀租赁车辆的价格。另一种情况是销售良好时,如果车辆库存远低于 60 天的水平,经销商若有比较多的库存,就可以销售更多的车辆。同时,汽车制造商应该调整生产以相应地生产更多的车辆。

5.1.3   基于客户需求的生产控制

5.1.3.1   三类计划与执行

生产计划与执行:生产计划与执行可以根据车辆订购情况进一步探讨。汽车制造企业有三种基本的生产类型:库存装配(ATS)或库存生产(MTS)、订单装配(ATO)、订单设计(ETO)。

第一种是库存装配 ATS,通常被称为大批量定制,被认为是汽车制造业从大规模生产(从手工制造发展演变)发展而来的一场革命。基于如需求预测和经销商对以前销售情况的反馈等市场调研,大多数大批量生产模型都是"为了预测而建立"。许多客户从经销商处购买车辆。汽车制造商通过采用 ATS 策略,以低成本方式且具有一定灵活性地为客户设计和组装流行车型。

许多客户偏好选择车辆类型(更多的是高端型车辆)和车辆功能以满足个人需求爱好。随着客户对车辆功能需求的变化,汽车制造商应该迅速做出响应,以提供一定种类的能够满足不同配置与功能选择的车辆。根据客户的特殊订单,汽车制造商可以采用 ATO 方案计划和执行它们的汽车生产。图 5-8 所示为 ATO 的典型流程。

第三种是订单设计 ETO。这种生产方式意味着客户为车辆设计和工程设计指定了车辆的独特功能和要求。汽车制造商据此进行定制设计,并对制造系统做出许多相应的调整和设置。很多组装步骤必须是手工的,需要高度熟练的技术人员。显然,这样的 ETO 车辆价格昂贵且交付周期长。因此,ETO 适用于高端车型和特殊用途车辆。

5.1.3.2   ATS 和 ATO 的特性

ATS 对客户的车辆可用性和保持低制造成本起着至关重要的作用。ATS 的成功依赖于市

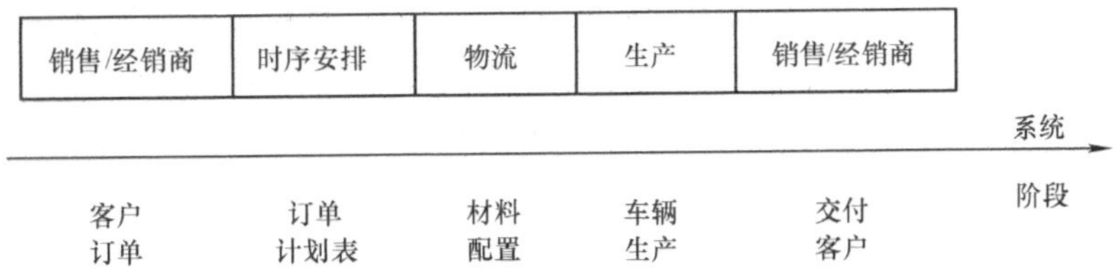

销售/经销商	时序安排	物流	生产	销售/经销商

系统

					阶段
客户 订单	订单 计划表	材料 配置	车辆 生产	交付 客户	

图 5-8　车辆 ATO 的工艺流程

场调研和预测。但是如果预测过高，会导致汽车制造商投入过多现金并承担更高的汽车过时的风险。相反，如果预测过低，则可能由于生产未满足市场需求，汽车制造商可能会错失良好的销售机会。在这种情况下，可以在经销商层面上限制车辆可配置的数量。

如前所述，汽车制造商希望将新车库存保持在 60 天的水平。因此，他们必须尽快监测市场需求并调整生产。由于计划的性质，ATS 在制造执行中属于推式生产类型。为了保持库存最优和低成本，汽车制造商还必须考虑四个因素：生产提前期、准时交货可靠性、车辆需求的可变性以及计划生产的车辆批量大小。

ATO 车辆必须根据非常详细的生产计划进行组装，其制造顺序可以依据订单次序来安排。在生产中允许在完成一辆车之后改变下一辆车的特征，但是这种生产方式通常不符合成本效益的要求。因此，将同类型的订单分组生产是提高装配效率的有效方法，该方式将在下节进行讨论。在生产安排中操作的可行性与效率具有高优先级，因而，实施 ATO 的关键是工艺的柔性。如果没有高度的柔性，ATO 可能会过于昂贵。

车辆的功能可选性会影响制造复杂性和成本。ATO 极大地改变和挑战了制造业管理，汽车制造商需要管理其内部复杂性以实现一定量的经济效应。此外，增加的复杂性影响整个供应链，它将逐步发展成为 ERP 系统中的一部分[5-6]。ATO 车辆通常不打折销售，这为汽车制造商和经销商提供了更好的利润空间。有时车辆定制会收取额外费用，以弥补汽车制造商的额外成本。

汽车制造商不会维持 ATO 车辆的库存，因为他们只有在接收订单后才组装车辆。因此，ATO 是生产控制中的一种拉式生产。与 ATS 相比，ATO 的优势包括更高的客户满意度和更好的库存管理，从而减少销售激励并降低库存成本。此外，ATO 的交货期通常为几周，其中 80% ~ 90% 的时间用于调度、零件物流和配送等。

事实上，ATO 有几个影响因素，见表 5-4。以第一个影响因素车辆的复杂性为例，汽车制造商经常限制个性化的功能选择并提供组合功能选择（包）。例如，2008 年雪佛兰 Malibu 只有 128 种可订购组合，不包括其混合动力版、外部涂料和内饰颜色。

表 5-4　影响 ATO 的因素

因素	途径
车辆配置复杂性	复杂性降低，如减少车身和动力系统变型
供应商整合	现场供应商生产设施、供应商灵活性
生产计划	更高的 ATO 目标、计算机计划灵活性、与销售系统集成
经销商和销售系统	与生产计划、订单可用性、后期订单修改、订单跟踪透明度相结合
制造系统	系统和工艺的灵活性

一些客户喜欢订购更多具有可选功能的"个性"车辆。一般来说，越豪华的车型，越可以提供更多以客户需求为导向的功能选择。例如，据报道，宝马北美制造公司在生产类型

上 100% 采用 ATO，交货期可短至四周。客户的购买行为也取决于不同地区。在德国，62% 的汽车销售是 ATO，占所有主要市场的最高份额[5-7]。特殊订单可能需要数周甚至数月才能交付。由于交付周期长且选择有限，另有 24% 的德国汽车购买者认为他们在车辆规格的选择上做出了妥协[5-8]。因此，较短交付期是一个重要影响因素。

在美国，大多数购车者从经销商的库存中购买汽车。只有约 30% 的人从汽车制造商那里订购他们喜欢的车辆。如果能够以更低的价格，并且能立即驾车回家，大多数客户可以牺牲一些车辆的非关键功能。这种市场特征有助于保持车辆装配操作简单、经济有效，并影响生产中资源和运营计划的重点。

5.2 关键绩效指标

绩效指标的主要方面通常被称为关键绩效指标（KPI），它们是用于跟踪和鼓励持续改进的指标。推广 KPI 可以成为日常工作甚至企业文化变革的强大推动力。KPI 应通过组织或操作实现其关键业务目标的效率来衡量。因此，KPI 是基于对组织或业务重要性的充分理解而选择的。

5.2.1 制造运营绩效

5.2.1.1 基本绩效评估

如前几章所述，大批量、固定的生产线速度和自动化是车辆装配作业的主要特征，所有装配线都应在预定的周期时间内运行。换句话说，当没有机器停机和操作缓慢的情况时，制造系统可以生产计划数量的车辆。因此，产量通常是第一个绩效指标。影响产量的另一个因素是由于质量问题而导致的返工。例如，如果喷漆作业有 10% 的返工，那么喷漆车间的产量会受到最高 10% 的影响。在大多数情况下，由于机器停机、操作缓慢和质量返工造成的生产损失需要通过计划外的加班工作来弥补，这会增加制造成本。

从根本上说，三项主要指标包括产量、质量和总成本，这些指标应用于日常运营管理。公司高级管理层通常会使用这三个 KPI，进行每周的制造业绩监控和评估。为了量化制造系统如何针对其设计能力执行操作，可以基于预定义的标度对 KPI 进行评分（表 5-5）。然后，可以使用 MS Excel 在单个 web 或雷达图中绘制性能，如图 5-9 所示。在五分制中，如果分数低于 3.0，则该项指标应该被列为主要的改进重点。

表 5-5 制造运营绩效评分示例

分数	3.0	3.5	4.0	4.5	5.0
产量（相对于预设 JPH）	95%	97%	98%	99%	100%
质量（良品率）	95%	97%	98%	99%	100%
成本（相对于预算）	110%	107%	104%	102%	100%

在三项 KPI 的指导下，不同的职能部门可以有自己的绩效状态和技能评估雷达图表。例如，图 5-10 所示为生产团队的技能组雷达图。每个团队成员都可以拥有自己的技能雷达图，该图基于自我评估和主管评估。需要注意的是，此类雷达图不是用于实时监控的，而是用于每季度或更长时间的总体状态的修订。通常情况下，这种雷达图也用于个人的培训计划。

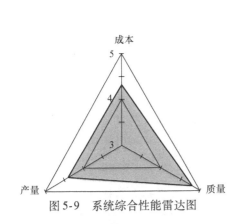

图 5-9　系统综合性能雷达图

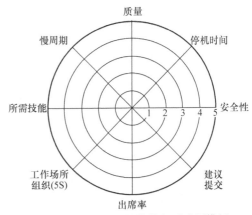

图 5-10　生产团队的技能组雷达图模板

5.2.1.2　关于运营绩效的看法

显然，根据运营管理的关注点和偏好，可以在 web 图表中添加更多绩效维度。作为绩效的驱动因素，应谨慎选择 KPI。制造系统性能的其他方面包括安全性、员工生产力、生产周期、系统可用时间，WIP 数量、设备负荷等。车辆装配操作高度自动化并且处于重复的"一件流"中。因此，一些性能维度可以在系统开发和工艺规划中确定。

制造工厂或装配车间的状态可以被看作管理、质量、产量、物流和运营五个部分，其主要内容见表 5-6。评估结果可分为五部分，每月对此类评估进行验证和审查，其结果可指导持续改进。

表 5-6　整体制造绩效报告

环节	项目	目标	是	否	%	环节	项目	目标	是	否	%
管理	愿景和使命					物流/材料	物流计划				
	总体计划						产线端演示				
	生产管理						叉车/AGV 计划				
	精益实施计划						重新包装				
	沟通和指导						拉式功能（看板）				
质量	错误提示						集装箱化				
	质量检验流程						预定运送/接收				
	首次质量合规						直接交货				
	过程控制计划					运营	标准化作业				
	质量标准						可视化管理				
	关键工序检查						工作场所组织（5S）				
	最终验证						工作站认证				
产量	产量输出（JPH）						团队组织和轮换				
	生产线周期时间						主管呼叫（Andon，即安灯，实时呼叫系统）				
	非计划停机						技术人员（培训）				
	MTBF 和 MTTR						实际问题解决				

5.2.2　生产产量测量

5.2.2.1　产量监测

生产产量是制造系统的结果，产量是制造系统最重要的性能指标之一，需要实时监控。图 5-11 所示为一个简单的生产车间监测板。

产量可以表示为车辆装配工厂在每班、每天甚至每周的平均每小时生产的良品总量。对于一般业务运营，这种产量测量通常称为流量。对于汽车制造业，测量单位是每小时工作量（JPH）。即：

$$装配产量 = \frac{生产车辆总数}{总生产时间}（JPH）$$

（5-2）

例如，在一天两个 9h 生产班次中，总装车间生产 1064 辆汽车。每个班次计划的休息时间为 45min（或 0.75h）。该总装车间的实际产量是

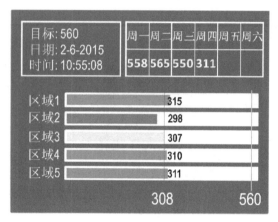

图 5-11　生产产量监测示例

$$装配产量 = \frac{1064}{(9 - 0.75) \times 2} = 64.5（JPH）$$

由于车辆装配的特殊性和复杂性，生产监测通常更具体地针对运行状态。表 5-7 列出了常见的运行状态，这对于即时响应以修复或恢复非正常运行状态的管理，以及产出改善的成效都至关重要。在车辆装配车间中，此类信息显示在大型监测屏幕上。

表 5-7　生产线运行状态

状态	类型
正常运行	周期运行中
警告	慢/超周期
	质量警报
	需要援助
内部问题导致的停工	设备故障
	自动化失灵
	质量缺陷
	人工停止生产
	断电
	计算机/通信故障
外部问题导致的停工	堵塞
	断料
	无材料/零件
	计划的预防性维护
其他	手工临时替代（自动工艺流程中，特定条件下）
	非计划生产
	试用或测试

汽车制造商常自行开发监测和分析计算机系统。例如，通用汽车于 1987 年开发了第一款分析软件 C - More，用于串行生产线的产量计算。从此，C - More 得到了广泛的应用。在克莱斯勒，计算机系统被称为工厂信息系统，用于监测和分析产量状况。

产量实际上受到多种因素影响。为了解决这些影响因素，可能需要不同的指标来显示生产结果。例如，生产性能只能根据产出的产品数量进行评估，即产量达成率（volume attainment，VA）：

$$产量达成率 = \frac{实际生产产出}{计划生产产出} \tag{5-3}$$

这种 VA 性能仅基于生产计数。此外，如果考虑生产时间，那么我们有计划达成率（schedule attainment，SA）：

$$计划达成率 = \frac{\dfrac{实际生产产出}{实际用时}}{\dfrac{计划生产产出}{计划用时}} = VA \times \frac{计划用时}{实际用时} \tag{5-4}$$

VA 提供了企业整体的生产产出，虽然可以通过加班方式来提高产出，但这会增加成本。引入生产时间信息，SA 可以显示达成生产量是否需要通过加班来实现。VA 和 SA 之间的比例因子是 $\dfrac{计划用时}{实际用时}$，这是高级管理层评价生产加班成本的一个很好的指标。如果 SA 小于 1，则意味着生产实际用时比计划用时更多。

5.2.2.2　其他影响因素

影响生产产出的另一个因素是质量。对于复杂的产品，如汽车，几乎不可能使每辆车都完美无缺。各种缺陷需要修复、再加工或报废。图 5-12 所示为一个修复过程的工艺路线实例。经过修复，产品将返回生产线，不可修复的产品必须从生产线和维修线上撤下。即使是最有缺陷的车辆及其子装配体在修复或再加工之后也最终能满足质量要求，但这么做需要耗费额外的资源。报废产品直接降低生产产出。

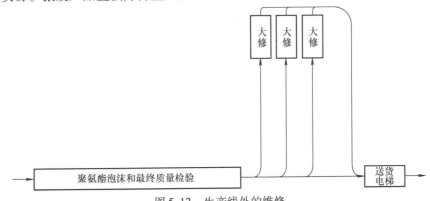

图 5-12　生产线外的维修

另一个同样值得注意的产量的衡量标准，即接收订单和交货之间的总时间，该时间可用于衡量通过经销商订购新车的效率。

5.2.3　设备综合效率

如前所述，系统产量是制造系统最重要的性能特征，受停机时间、操作缓慢以及产品质量的影响。设备综合效率（OEE）被广泛用作制造性能的单一总体指标，它由三个因素组成。

OEE 考虑的三个因素：与停机损失相关的时间可用率（A），包括速度损失（慢速运行）在内的性能（P），以及废品或质量缺陷导致的良品率（Q），如图 5-13 所示。则 OEE 可以计算如下：

$$OEE = A \times P \times Q \tag{5-5}$$

其中

$$A = \frac{实际生产用时}{计划生产用时} \tag{5-6}$$

$$P = \frac{实际生产产出(辆)}{设计生产产出(辆)} \tag{5-7}$$

$$Q = \frac{产品总量 - 废料/返工(辆)}{产品总量(辆)} \tag{5-8}$$

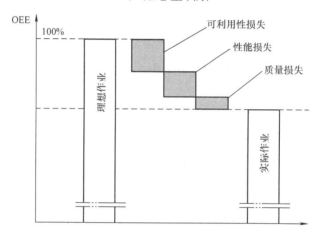

图 5-13　OEE 及其影响因素

利用已收集的给定时间范围的实际数据，可以容易地计算出 OEE。下面是一个例子：在总装车间，生产线的周期时间是 50 JPH。生产计划为每周 10 个 8.5h 的班次，计划中有每班 40min 休息和 30min 午餐时间。一周内，记录的停机时间为 500min，运营总产量为 3050 辆，但其中有 40 辆存在质量问题。

根据给定的信息，计划生产时间为 [（8.5 × 60 - 40 - 30）× 10（班次）] min = 4400min，实际生产时间为（4400 - 500）min = 3900min。设计生产总量为（50 × 3900/60）辆 = 3250 辆。然后，分别计算 A、P 和 Q。

$$A = 3900/4400 = 88.64\%$$

$$P = 3050/3250 = 93.85\%$$

$$Q = (3050 - 40)/3050 = 98.69\%$$

根据计算出的 A、P、Q，得出 OEE 为：

$$OEE = 88.64\% \times 93.85\% \times 98.69\% = 82.1\%$$

管理良好的生产应该使其 OEE 大于 85%，如 $A > 90\%$、$P > 95\%$、$Q > 99\%$。实践中，

根据反映工艺和设备特点的历史数据，确定 OEE 的目标及其三个因素。OEE 的改进意味着使用相同水平的资源（如设备、人员和材料），可以生产出更多优质产品。

此外，这三个因素可以单独作为一个简单指标用于持续改进。如果 P 不是 100%，则需要着重寻找造成操作缓慢的根本原因，如由于操作或自动化逻辑而引起的问题。在这三个因素中，系统可用性（或停机时间）通常是主要的问题，特别是对于缺乏适当维护的老化生产系统。另外，所有维护活动应尽可能安排在休息时间。

顾名思义，OEE 是用于评估整体运营绩效的，其评估结果并不适用于不同的模型、特定部件或各种缺陷。因此，它可能不适用于对运营绩效差的根本原因的分析。从质量角度来看，OEE 计算与零缺陷目标不一致，并且对质量问题不敏感。此外，OEE 不适用于即时监测的场合，而适用于对一个班次、一天、一周甚至更长时间的绩效评估。

5.3 制造成本

制造系统的成本在其使用寿命期间由三个基本因素组成，它们是开发成本、运营成本和系统寿命结束时的残值（salvage value，SV）。由于许多类型的成本与制造活动有关，汽车行业的总制造成本与产量之间的关系可能很复杂。一般来说，制造系统以设计满负荷产能状态运营为一种最佳状态。生产计划的执行高于和低于设计的满负荷产能都会对财务绩效产生不利影响，如第 2 章所述。此外，短期或长期处于非满负荷产能状态对生产的影响可能不同，如图 5-14 所示[5-9]。

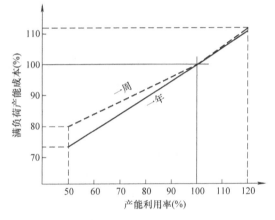

图 5-14　制造能力和成本的关系
（图片素材已经许可使用）

5.3.1 制造成本的类型

对于新系统的开发，投资的主要部分是"硬件"，如设备和机器。一个新的汽车装配厂的总投资可能超过 10 亿美元。开发任务，包括工程设计、工艺计划、项目管理、系统试用、产量提升以及对新产品推出的支持，也都是重要的支出。开发成本将在后面的章节中进一步讨论。

5.3.1.1 运营成本

汽车制造的运营成本包括劳动力、零件库存、设备维护、公共设施等。传统成本核算的主要项目包括人工、原材料、间接费用等。材料成本和人工成本分别为车辆总成本的 50% 和 15%。这些成本也可细分为不同的组别。例如，劳动力可以包括直接或间接成本，具体取决于劳动力是否与生产活动直接相关。制造业务的成本也可包括固定成本和可变成本。整体运营成本如图 5-15 所示，并在表 5-8 中进行了简要描述。

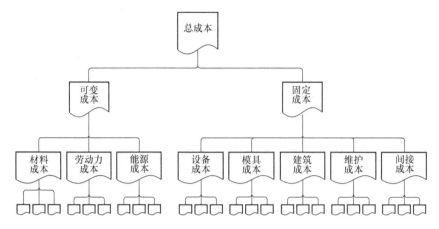

图 5-15　制造业务的整体成本结构

表 5-8　成本因素描述

因素	描述	备注
材料成本	根据原材料价格和单位产品价格估算	包括废料损失
直接人工成本	工人通过手工或机器执行生产操作以改变零件在有偿期内的物理特性的所有成本	
能源成本	计算理论能量需求和能量消耗的测量	考虑实际的低效率
设备成本	一般用途，如果一次性支出，在设备的若干生产寿命内按年计算	考虑折旧
工装成本	特定产品的特殊用途，如果一次性支出，则在设备的若干生产寿命内按年计算	经常在产品寿命结束时处置
建筑成本	每平方英尺（米）建筑面积的价格	
维护费用	使所有生产设备和工装保持良好的运行状态，包括人力、其他资源、备件等	
间接费用	包括所有不直接参与生产的资源	可能是按相对于其他固定成本的比率计算

　　固定成本项目包括机器、工装、设备安装，以及与生产数量无关的建筑物和其他固定资产等。当产量增加时，产品单元的成本份额会减小。固定成本通常分为两种类型，即一次性资本支付和周期性支付，如每周支付。一次性支付与周期性支付之间的等价性可以表示为：

$$P = A\left[\frac{(1+i)^n - 1}{i(1+i)^n}\right] \tag{5-9}$$

式中，P 为初始的一次性支付值；A 为从第一期开始的一系列连续等额支付；n 为利息期数；i 为每期的利率或回报率。

　　可以使用 MS Excel 中 PV（）或 PMT（）函数轻松计算这种等效计算。

　　相反，可变成本直接与生产结果相关联，并以生产数量为单位发生。它们包括组装车辆的直接人工成本和直接材料成本，以及间接可变成本。可变成本不一定随着产量的变化而线性变化。固定成本和可变成本如图 5-16 所示。

　　汽车制造环境中的成本类别可以进一步讨论。某些类型的成本会随着产量的变化而变

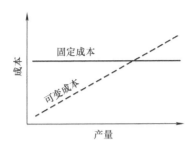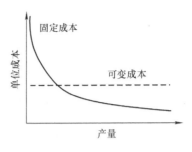

图 5-16　固定成本和可变成本与产量的关系曲线

化，但不会按比例变化。维护成本是这类成本的一个例子，有些维护类型由生产的产品数量决定，有些按时间进行。定期维护的成本可以在开始时固定，但可能随着设备老化和非定期维护活动而增加。因此，维护的总成本并不完全固定，但也不与生产成正比。大多数作业的电能消耗是这类成本的另一个例子，用于照明和温度控制等一般用途的成本可以固定，但用于运行设备的成本随生产活动而变化。

直接人工成本通常是按小时计算的劳动力成本。除了执行生产活动外，材料或零件的修理、返工和处理也是直接人工成本的一部分。由于工艺和设备故障以及停机造成的生产劳动力的时间损失也计入直接人工成本。

间接人工成本是与车辆制造不直接关联的另一种人工成本（计时和全职）。计时间接劳动力包括从事维护、质量检查和保管等的人员。从事辅助工作的全职劳动力包括从事生产控制、制造/工业工程、质量工程和人事部门等的人员。值得关注的是，由于高水平的自动化和机器人技术的应用，处于大批量生产模式下的装配厂的间接人工成本占总劳动力成本的主要部分（约60%）。

其他间接制造成本包括租金、热能、电力、水和消耗性工厂用品，以及建筑和设备折旧的年度费用等。

5.3.1.2　间接成本

综合管理成本（G&A）是一种间接成本，它发生在工厂甚至工厂间层面，与特定工厂或部门无关。例如，高管薪酬工资、员工加班费、计算机系统采购和运营成本、研发费用、办公用品和活动费用。通常情况下，新车预生产和发布活动也是 G&A 预算和成本的一部分。在制造和工程方面，合同雇员、外部培训和清洁服务等技术支持职能（有时称为采购服务）通常是 G&A 预算和成本的一部分。在当今充满活力和竞争的环境中，使用传统的会计技术可能难以估算所有间接费用。

间接成本可以根据功能或活动进行管理。功能成本法（FBC）强调分配和管理成本，以及部门整体职能的效率。然而，传统的 FBC 可能会误导人们根据部门范围内的费率将间接成本分配给产品成本核算。作业成本法（ABC）衡量活动、资源和成本对象的成本，其中资源被分配给活动，活动根据其用途分配给成本对象。当应用于汽车行业进行新车型开发时，ABC 专注于特定的车辆计划，并可以更准确地跟踪整个项目的成本。因此，对于车辆项目，有一个车辆项目团队，其任务之一是管理项目成本。

一种新的成本建模方法被称为技术成本建模（TCM）[5-10]。TCM 基于制造业务中的工程和制造工艺来分解不同的成本要素并分别估算。因此，TCM 可能更适合于制造开发和运营中的成本估算和跟踪。

5.3.2 设备的经济分析

5.3.2.1 设备折旧

从经济角度讲，任何一件设备都会随着时间而贬值。设备折旧是一种非现金支出，具有减税效果，因此会改变运营的现金流，从而影响车辆的制造成本。

计算设备折旧的方法有多种，最简单的是直线折旧，表示为：

$$D = \frac{P - SV}{n} \tag{5-10}$$

式中，D 为年折旧费用；P 为初始成本；SV 为残值；n 为预期折旧年限（以年计）。

在具体的使用年限内，可以计算出设备的账面价值：

$$BV = P - T \times D \tag{5-11}$$

式中，BV 为年末账面价值；T 为年份。

P 和 SV 之间的差异称为折旧成本。BV 是预定服务结束年份之前的一种 SV。

以一台机器人为例，初始成本为 2.5 万美元，5 年后残值为 5 千美元。根据直线折旧法，年折旧费用（图 5-17 中的直线）为：

$$D = \frac{P - SV}{n} = \left(\frac{25000 - 5000}{5}\right) 美元/年$$
$$= 4000 \ 美元/年$$

在第三年结束时的帐面价值是：

$$BV = P - T \times D = (25000 - 3 \times 4000) \ 美元$$
$$= 13000 \ 美元$$

另一种常用的方法称为年数总和法（SYD）折旧。基于这种方法，T 年的折旧率（r）是：

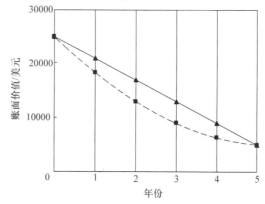

图 5-17　不同的设备折旧计算方法
▲—直线折旧法　■—非线性 SYD 折旧法

$$r = \frac{n - T + 1}{s} \tag{5-12}$$

式中，s 为年数之和。

对于上述例子，$n = 5$，$s = 1 + 2 + 3 + 4 + 5 = 15$。折旧计算基于可折旧成本或 $P - SV = 20000$ 美元。因此，折旧率（r）和 BV 列在表 5-9 中。非线性 SYD 折旧曲线也显示在图 5-17 中。与直线折旧相比，SYD 是一种更快的加速折旧，在折旧期间两者具有相同的 SV。

表 5-9　SYD 折旧计算示例

年份	折旧率（r）	折旧费	年末账面价值（BV）/美元
0		0	25000
1	5/15	$20000 \times 5/15$	18333
2	4/15	$20000 \times 4/15$	13000
3	3/15	$20000 \times 3/15$	9000
4	2/15	$20000 \times 2/15$	6333
5	1/15	$20000 \times 1/15$	5000

5.3.2.2 工装和设施的折旧

对于汽车制造业，所有类型的设备都分为两类，这通常是为了进行财务分析。一类称为工装，另一类称为设施，两者的主要区别在于它是否可以用于其他车型甚至其他车间。如果一件设备专用于特定型号的车辆，则由于车型的寿命短，如 3 ~ 4 年，那么设备的寿命是有限的。表 5-10 列出了两种设备的基本特性和示例。

表 5-10　汽车制造中的工装和设施

类型	特点	示例
工装	• 直接与特定车型相关联 • 可能难以用于其他车型 • 较高折旧率	末端执行器 机械手臂/铰接臂 量规 测量夹具 托盘工具 转盘工具 焊枪
设施	• 与特定的车型间接关联或无关联 • 重复用于其他车型的可能性较高 • 低折旧率	黏合剂设备 工作高台 输送机 撤离设备 送料器（螺母、螺柱、铆钉等） 升降机 照明系统 机器/系统控制 上/下机架送料器 机器人 仓租 旋转台

因此，由于使用寿命不同，重要的是要知道一件设备是否是制造工装或设施。应该承认，这两个群体之间的界限并不总是清晰的。在实践中，一个简单的经验法则是，如果设备"接触"产品，它就是一个工装单元。显然，这样的规则并不总是准确的。

5.3.2.3 设备的经济寿命

由于折旧，任何设备、机器或制造系统的价值都会随着时间的推移而变化。要评估设备价值，需要考虑三个因素。首先是初始成本，包括采购、交付和安装；其次是运营成本；第三是设备寿命结束时的 SV，即处置和/或更换前的预期使用寿命。预期寿命不一定与使用寿命相同。因此，使用寿命结束时的 SV 或结束年度之前的 BV 可视为以旧换新价值或可变现净值。

一台机器或一个制造系统的寿命可以预先确定。问题是什么时候是新机器取代现有机器的最佳时机。也就是说，一台机器的最佳经济寿命是多少？例如，一台新机器以 $P = 20000$ 美元购买，根据折扣率 $i = 20\%$，机器的年度运营成本（AOC）和 SV 随使用年限而变化，见表 5-11。SV 的负值表示实际市场价值低于移除和处置成本。如果机器可以在使用三年后

进行更新换代，从经济角度看何时是最佳的更换时间？

表 5-11 经济寿命分析示例

年份	初始价值（P）/美元	运营成本（AOC）/美元	残值（SV）/美元
0	20000		
1		500	10000
2		1000	5000
3		2000	2000
4		3000	500
5		4000	0
6		5000	（1000）
7		6000	（4000）

这个讨论仅显示了当对象的技术因素相同时最佳经济决策的概念。详细的经济研究需要对经济原理和多种影响因素有深入而广泛的了解。在实践中，由新生产要求和新技术驱动的技术原因通常是决定何时更换设备的决定性因素。

5.4 设备维护管理

5.4.1 设备维护策略

设备维护对维持车辆生产力起着关键作用，其目标在于使设备保持在最佳状态，而不会出现非计划停机故障。

5.4.1.1 维护管理的类型

维护方法有多种术语，维护管理策略和实践可以根据维护行为进行分类。表 5-12 列出了三种常见的维护类型，以供比较。

表 5-12 三种维护管理类型的综合比较

类型	反应性/纠正性维护 （从运行到故障）	预防性维护 （基于时间）	预测性维护 （基于状态）
描述/时效	响应式维护	预先计划的定期检查	实时状态监测与诊断
活动	对故障和衰退做出响应	检查和维护/更换	分析数据并跟踪，或通过设计免维护
特点	不可预知，无计划	已计划的，也许不是最优的	实时状态监测，良好计划下迅速采取行动
举例	更换焊枪断臂	清洁和润滑机器	监测设备温度

由于设备出现意外停机故障而进行的维护，被称为纠正性维护或者反应性维护。这种类型的维护是在设备无法使用或出现故障时才进行的，这种情况下，设备需要进行停机，并进行重大修理或更换损伤部件。纠正性维护可能导致昂贵的非计划停机、修理和其他负面后果，如质量缺陷。虽然无法提前安排进行纠正性维护，但可以使用可靠性分析确定故障频

率，以尽可能减少被动的维护工作。

预防性维护是一种利用前期可靠性数据与经验，基于设备使用年限的维护计划，它包含检查与维修两个基本要素。预防性维护的典型事例是按预定计划对设备的机械部件进行润滑和检查，其维护间隔通常由历史统计数据确定。在大多数情况下，维护间隔的估计是保守的。例如，如果设备的平均使用寿命预计为 10000h，则建议安排的维护间隔为设备使用5000h 后，每 1000h 进行 1 次预防性维护。在许多情况下，预防性维护仍不足以避免意外停机，因为该维护是基于预定义的平均时间。

原则上，预测性维护是基于机器性能和功能状态的维护计划。显而易见，大多数类型的机器故障需要经历一段运行时间后才会发生。机器的性能从初始运行开始，会逐渐衰退，并最终发生故障而失效。因此，需要对设备的状态及其变化进行监测。常用的监测技术包括目视检查、热成像、油液分析、机械和电气参数监测以及超声波检测。

一台设备的状态可以实时报告，也可以在短时间间隔内报告。然后，根据其状态安排维护工作。这种类型的维护方案更有意义，它不仅确保设备的寿命最大化，同时使非计划停机时间最小化。与此同时，由于最大限度减少设备故障或停机时间，生产系统的产量可以最大化。许多复杂的机器，如机器人，都具有诊断功能和相应的警告报警功能。与预测性维护相关的技术挑战包括监测能力和数据可靠性。

如图 5-18 所示，可以比较三种维护方案的停机风险和使用寿命。从图中可以看出预测性维护的优点。

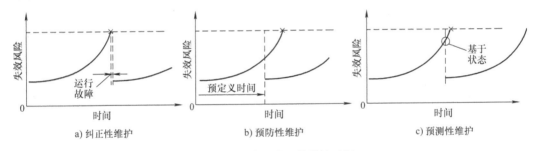

图 5-18　故障风险及其维护时间

5.4.1.2　维护成本和风险

预防性维护仍然是行业中普遍的做法。维护计划可按照基于使用年限和基于设备状态两种方案来分类，其区别在于连续维护活动之间的时间间隔（图 5-19）。

在基于使用年限的预防性维护中，当达到预先设定的使用时间时，部件或设备会被修理或更换，这种修理可能会导致维护计划的进一步修改。另一方面，在基于设备状态的预防性维护中，维护总是以固定的时间间隔（Δ）进行，而不考虑设备故障发生及相应的纠正性维护的时间。基于使用年限的维护计划可能会根据停机事件而变化，但基于设备状态的维护计划在维护管理上很简单。

尽管维护的首要任务是无停机操作，但是与维护相关的成本也应该考虑。通常，反应性维护对于车辆装配生产来说是最昂贵的。在生产环境中，一辆汽车的制造时间不到 1min，同时考虑到一辆汽车有几千美元的利润，由于设备故障导致的停机时间超过 30min，可能是一场金融灾难。预防性维护可以防止大部分停机时间，但由于过早更换部件和过于频繁地维

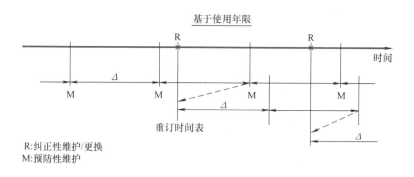

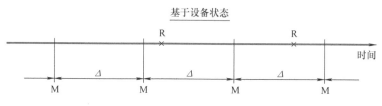

图 5-19 基于使用年限和基于设备状态的维护计划

护机器，其成本可能很高。因此，对于批量生产车辆和昂贵的设备，预测性维护更有商业价值。

需要强调的是，无论维护计划、执行和管理做得多么好，失效和故障仍然可能发生。换句话说，即使以预防性维护或预测性维护为主要维护策略，也应该采取反应性维护和纠正性维护作为备用的维护策略。

维护工作可以分为三个级别：最小维修、正常维修和更换。相应的成本通常按此顺序增加。图 5-20 所示为不同类型的维修与设备的反应性/纠正性维护后的相应故障风险之间的关系。

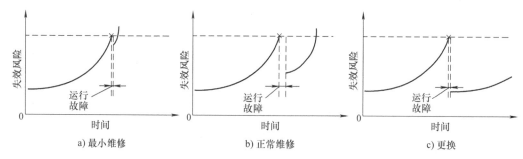

图 5-20 维修类型和反应性维护的故障风险

当故障发生时，有时需要由维护经理或更高级管理者做出采用什么等级的修护措施的决策，这种决策的制定受时间和部件的可用性影响，其中的关键因素是知道设备在下一次故障前能够运行多长时间。如果条件允许，通常最小维修被认为是保持生产运行的最佳选择，正常维修或更换可安排在非生产期间。

此外，一台设备可以设计为低维护和无需维护，或称为先发制人的维护。长远来看，先发制人的维护可能是最好的维护策略。但是，这种维护策略必须从设备的早期设计阶段开始，为了减少维护的次数和频率，必须采取适当的设计考虑和措施。在设备设计中，一种有效的方法是进行失效模式与影响分析（FMEA）。通过开展良好的 FMEA，可以解决和防止许多"what – if"问题，从而减少运营中所需的维护。

5.4.1.3　全员生产维护

除上述三种维护方法外，一种相对较新的维护方法称为全员生产维护（TPM）。有时，TPM 被认为是精益制造原则的一部分。与专注于技术问题的三种维护方法相比，TPM 更像是一种维护管理方法。TPM 不仅强调预防，还强调提高生产力。TPM 的一个主要目标是所有制造设备都应该可用并在需要时正常运行。因此，设备综合效率（OEE）通常被用于衡量 TPM 的结果。

TPM 将维护活动集成到制造系统的运营中，包括生产线操作人员在内的所有人员都应参与维护活动，以获得设备的最佳使用。生产线上的生产工人经过培训并被分配执行简单的日常维护任务，或称为自主维护（AM）（表 5-13）。

表 5-13　维护和操作人员的角色

维修技术人员	生产工人
分析性能和故障	监控设备状态
进行大修	维持"基本"机器状态
计划和进行预防性维护	检查和发现问题
实施改进	提出并实施简单的改进

在这样的环境下，生产工人能够防止与解决大多数轻微的维护问题，并提前发现潜在的主要问题。因此，系统停机时间可以显著减少。需要清楚的是 AM 无法解决复杂和具有挑战性的技术问题，这些问题应由工程师和维护技术人员来处理。

除 AM 之外，TPM 的其他关键要素还包括计划维护、质量维护、重点改进、早期设备管理、培训等。从这些要素中可以清楚地看出，为什么这样的维护策略被称为"全员"，因为它还集成了操作的关键要素。

5.4.2　维护有效性

5.4.2.1　按系统性能衡量

维护的有效性应通过系统性能来衡量，如 OEE、产量、总成本和运行安全。系统性能指标之一是设备可靠性，这里的设备可以是单件机器、工位等。

大多数维护方法都基于可靠性理论。设备可靠性可以定义为设备在预定义的状态或条件下，在指定的时间间隔内连续工作而无故障的可能性。设备可靠性可以用两个术语来量化：平均故障间隔时间（MTBF）和平均修复时间（MTTR），如图 5-21 所示。因此，设备可用性或平均工作"正常运行时间"可以用式（5-13）表示。很明显，可用性（A）与系统性能（OEE）成正比。

$$A = \frac{MTBF}{MTBF + MTTR} \tag{5-13}$$

5.4.2.2　按总成本衡量

总运营成本是与维护效果密切相关的另一重要指标。一般而言，良好的维护意味着非常有限的停机时间。通常，维护的改进会增加维护成本，但与故障造成的成本相比更低。图

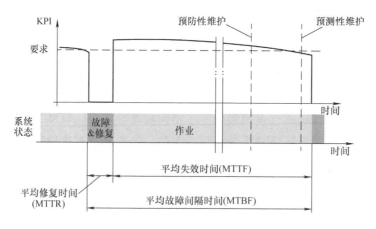

图 5-21　MTBF、MTTF 和 MTTR

5-22 粗略地描述了成本的特点，这意味着维护工作可以改善与制造业务相关的总成本。然而，在许多情况下，总成本最低点与可达到的最佳产量（数量和质量）水平点并不一致。

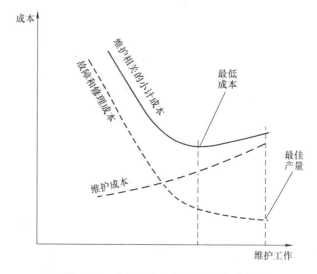

图 5-22　维护工作和制造生产量成本

　　从运营管理的角度来看，建议使用简单的性能监视图来监控维护成本和设备停机时间。图 5-23 所示为这样的一个实例，可以将停机时间转换成以美元表示的总维护支出。总维护成本的控制目标区域可以根据历史数据和可用的维护预算来定义。使用这种关系图的好处之一是促进理解维护对制造业务的定量影响。

　　考虑到设备故障具有一定的随机性和可变性，这种监测和分析每月进行比每周进行更可靠。通过监控，管理人员不仅可以了解问题所在和改进情况，还可以优化配置维护资源。

　　据估计，维护成本约为销售额的 4.6%[5-11]。这揭示了维护在汽车制造业中的重要性以及潜在的成本效益的提高。总维护成本包括对监测和诊断系统的前期投入、熟练技术工人和管理人员、备件、培训等。因此，维护预算应该由高层管理者负责，而不是车间作业管理人员负责。

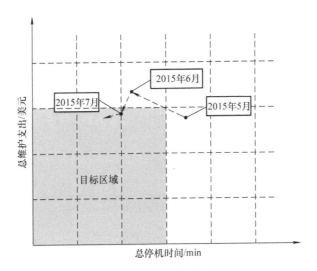

图 5-23　逐月的维护性能监测

还必须注意，产品质量与维护密切相关。质量可以通过废料和修理的成本来衡量。在这一点上，OEE 也可以是维护执行的一种适当性能指标。

5.5　练习

5.5.1　复习问题

1. 列出生产计划的方法。

2. 讨论制造业务中的 MPS 应用。

3. 区分 MRP 和 MRP Ⅱ之间的差异。

4. 回顾 ERP 的功能。

5. 解释推拉系统中的工艺流程和信息流程。

6. 从推式、拉式或组合模式的生产类型角度，分析诸如 Kinko's、自动售货机、医生诊疗室、杂货店或亚马逊网店的运营模式。

7. 讨论 JIT 的优势和风险。

8. 区分生产计划和执行的三种基本类型（ATS、ATO 和 ETO）。

9. 定义制造系统的运行性能。

10. 讨论运营绩效的衡量标准。

11. 列出制造业务可能的实时状态。

12. 解释 SA 和 VA 对生产产量的意义。

13. 讨论质量对生产运营产量的影响。

14. 回顾制造业 OEE 中的三个因素。

15. 解释制造业的固定成本和可变成本。

16. 解释制造业的直接劳动力成本和间接劳动力成本。

17. 回顾设备折旧的方法。

18. 定义全员生产维护（TPM）。

19. 讨论基本的维护策略。

20. 简述维护的有效性。

5.5.2 研究课题

1. MRP Ⅱ 或精益原则在汽车制造中的适用性。

2. ERP 的应用。

3. 车辆装配采用完全拉式生产类型的可行性。

4. ATO（订单装配）生产控制的应用。

5. ATO 生产控制中的汽车制造面临的主要挑战。

6. 生产运营绩效评估。

7. 高度自动化制造系统的 OEE 应用。

8. 制造业务中的成本考虑因素。

9. 汽车制造业固定成本或可变成本的成本削减实践。

10. 设备折旧方法。

11. 预防性维护的实践。

12. 反应性维护、预防性维护和预测性维护之间的比较。

13. 根据系统产量和维护工作优化总成本。

5.5.3 问题分析

1. 某汽车车身车间，每 8h 的常规班次中计划生产 495 辆车。某一班次中，8.5h 生产了 496 辆车。如何用 VA 和 SA 衡量车身车间生产效率？阐述 VA 和 SA 之间的差异（注意：除休息时间外，8h 班次的实际工作时间为 7.45h，8.5h 班次的实际工作时间为 7.9h）。

2. 某汽车涂装车间，每 8h 的常规班次中计划生产 450 辆车。某一次班次，9h 生产了 465 辆车。如何用 VA 和 SA 来衡量涂装车间的生产效率？阐述 VA 和 SA 之间的差异（注意：除休息时间外，8h 班次的实际工作时间为 7.45h，9h 班次的实际工作时间为 8.36h）。

3. 某装配厂每周工作六天，每天两个班次，每个班次持续 8.5h，其中包含 0.5h 的午餐时间和三个 15min 的休息时间。生产线的设计生产速度为 60 JPH。一周内，可以生产 4450 辆车，其中 90 辆需要返工。同时有几个计划外停机事件，共需耗时 12h。计算一周的 OEE 值。

4. 某车身装配车间，每周工作五天，每天两个班次。装配线的设计生产周期为 50JPH，生产时间每班 7.5h。此外，计划维护只在换班期间进行。然而，一周的计划外停机时间总共为 180min。每周的产量为 3300 台，其中有 30 台需要返工。每周车身车间的 OEE 值是多少？你对改善 OEE 有什么建议？

5. 一台新机器人售价为 4 万美元。使用六年后，残值（SV）将达到初始值的 15%。分别根据直线法和年数总和法计算第三年的年折旧率是多少？

6. 某台用于安装产品模块的工具单元为 10 万美元。使用十年后，残值（SV）将是其初始价值的 10%。分别根据直线法和年数总和法计算第一年年折旧率是多少？

5.6　参 考 文 献

5-1.　Sillekens, T., et al. "Aggregate production planning in the automotive industry with special consideration of workforce flexibility," International Journal of Production Research. 49(17): 5055–5078, 2011.

5-2.　Lee, B.H., et al. "Mutagenization of Toyota Production System: the Story of Hyundai Motor Company," Chung-Ang University. Available from: www.korealabor.ac.kr. Accessed January 12, 2010.

5-3.　Turkett, R.T. "Lean Manufacturing Implementation—Production Planning and Control," IOE 425 Manufacturing Strategies, University of Michigan, Winter Term, 2001.

5-4.　Kalson, J. "Introduction to Hyundai Motor Manufacturing Alabama," Automotive News Manufacturing Conference, May 16–18, 2007. Nashville, TN, USA, 2007.

5-5.　Kitamura, M. and Ohnsman, A. "Toyota May Modify Just in Time to Ease Supplier Shock." Bloomberg News. December 29, 2009. Available from: http://www.bloomberg.com. Accessed December 30, 2009.

5-6.　Helo, P.T., et al. "Integrated Vehicle Configuration System—Connecting the Domains of Mass Customization," Computers in Industry. 61:44–52, 2010.

5-7.　Sturgeon, T.J., et al. "Globalisation of the Automotive industry: Main Features and Trends," International Journal Technological Learning, Innovation and Development. 2 (1/2): 7–24, 2009.

5-8.　Holweg, M., and Pil, F.K. 2004. The Second Century: Reconnecting Customer and Value Chain through Build-To-Order, MIT Press: Cambridge, MA, USA.

5-9.　Mercer, G. and Zielke, A. E. "Dealing with the Cumulative Cost of the Past—How to Manage Capacity in Fragile Markets," In: Zielke, A. E.; Malorny, C.; Wüllenweber, J. (Hrsg.) Race 2015—Refueling Automotive Companies' Economics. McKinsey & Company, 57–71, 2006.

5-10.　Veloso, F. "Local Content Requirements and Industrial Development Economic Analysis and Cost Modeling of the Automotive Supply Chain," Ph.D. Dissertation, Engineering Systems Division, Massachusetts Institute of Technology. 2001.

5-11.　Angrisano, C. et al. "Maintenance Roadmap I: Improving Your Equipment Strategy," McKinsey & Company Automotive & Assembly Extranet," 2007. Available from: http://autoassembly.mckinsey.com. Accessed May 2, 2007.

第**6**章
CHAPTER

车辆装配的质量管理

6.1 汽车质量介绍

6.1.1 质量认识

质量是一个与感知有关的通用术语。有很多对质量的定义，其中两个分别来自美国质量学会（American Society of Quality，ASQ）和 ISO 9000：2015。前者认为质量是一种主观的术语，它根据不同个体或者组织而定义；后者认为质量是一种等级，是由产品的各种固有特征满足需求的程度来定义的。ISO 9000 系列是一种标准化的质量管理体系，这套体系已经被100 多个国家批准认可。它由三个文件组成：ISO 9000 基本原理和术语、ISO 9001 要求、ISO 9004 质量持续改进指南。

汽车质量可以分解为多方面可测量的指标，如终端客户视角、工程规范、使用适用性和一致性等。通常汽车质量由八个维度的指标组成：性能、安全性、特征、可靠度、耐久度、美观度、一致性和适用性（表6-1）。汽车质量主要是由汽车设计和制造工程决定的。

表 6-1 汽车质量的指标

指标	描述	举例
性能	主要的操控特征	8.2s 内完成从 0 到 60mile/h[①] 的加速
安全性	耐撞和避免碰撞（性能）	美国国家公路交通安全管理局（NHTSA）碰撞试验的 5 星级评级
特征	次要的性能特征	折叠座椅、DVD、电视、蓝牙功能
可靠度	无重大故障概率	行驶 3 年没有发生重大故障
耐久度	汽车寿命的测量（更换优先于修理）	3 年内发动机 95% 可靠（无重大故障）
美观度	基于外观、感观、声音等	火焰红色车身（主观特性）
一致性	满足既定标准和期望	没有漏水
适用性	与服务有关，包括服务成本、服务速度和服务的专业性等方面	经销商提供的日常服务

① 1mile/h = 1.609km/h。

一些质量特性可以客观衡量，另一些则是主观的。换句话说，对汽车质量的感知可以是不同的，感知质量可被视为质量信誉。客户可能基于他们对以往车型的经验、第三方评价和相关车型的历史数据来评判一个新车型的质量。即使测量数据显示两辆车的质量处于同一水平，他们对这两辆车的质量仍可能存在不同判断。一般而言，客户对质量改进的看法落后于实际进展数年。

因此，汽车制造工程师和制造专业人士以与客户一样的视角来审视和评价汽车质量至关重要。汽车质量的监测和改善应符合主要公共监督的视角和关注点，如在本书的开头讨论的消费者报告和 J. D. Power 报告。表6-2 列出了质量信息的来源。

表6-2　数据源和质量焦点

外部信息	内部任务和改进
政府，美国国家公路交通安全管理局	工程：结构体系、材料选择、连接设计等 车身工厂：结构质量等
消费者报告	工程：功能设计等 车身工厂：尺寸质量等 涂装和总装等
J. D. POWER 报告，如 IQS	涂装：涂装外观质量等 总装：测试和验证等
质保数据	总装：功能、外观、测试等

其中质保数据直接描述了质量水平并回答了客户关心的问题，如基于每100辆车的状况（C/100）分析质保数据。此外，数据还应包括价格的影响，如一个时期某车型的单位质保成本。这些财务数据可以帮助汽车制造商优先对高成本的质量问题实施改进。将该车型的质保成本与其他车型（包括竞争车型和不同时期的车型）的质保成本进行比较也是很有意义的，工程师和制造人员可以做出相应的改进来重新解决质量问题并降低质保成本。

6.1.2　面向质量的设计

汽车的安全性或耐撞性是汽车质量的一个重要方面，安全质量应在汽车设计中充分考虑。例如，汽车应该通过速度为 35 ~ 40mile/h（56 ~ 64km/h）的正面全宽度和偏置（40%全宽度）碰撞测试，以及速度为 31mile/h（50km/h）的侧面碰撞测试。北美市场上所有汽车的耐撞性能均由美国国家公路交通安全管理局（NHTSA）评定。

例如，汽车质量的耐撞性由工程设计和制造两个因素决定。工程师设计的汽车结构和选择的材料决定了汽车的完整性和耐撞性。图6-1所示为正面碰撞载荷路径的工程设计[6-1]。目前，工程技术的发展依赖于计算机仿真，但最终的评级和审批必须通过实车碰撞试验来验证。然后制造部门按照工程规范制造车辆。

当前有许多技术手段可以保证和提高质量。传统的工程实践并没有在早期设计阶段系统地解决潜在质量问题。因此，质量改进和提升经常被认为是制造业的常规任务，其本质是被动的或类似"救火队"。虽然这种方法在很多情况下是有效的，但是这种被动反应有时成本十分昂贵且效率不高，不能从本质上解决质量问题。

提高汽车质量的更好的方法是在产品设计和工艺规划过程中发现和解决可能出现的质量问题，这种主动方法有时被称为内建质量（build - in quality）。该方法认为质量应事前保证而非事后修补。一些工作可以被认定为是质量保证。例如，福特在产品开发中应用了六西格玛设计（Design For Six Sigma，DFSS）方法，如图6-2所示。质量保证在强调质量规划和缺陷预防的同时，又保持了事后验证、质量控制和改进。表6-3给出了不同质量方法的比较。

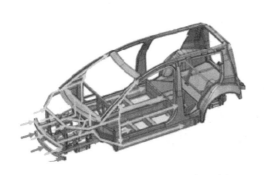

图 6-1　汽车结构工程中的载荷路径分析

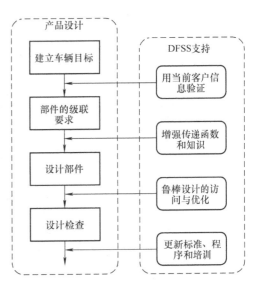

图 6-2　六西格玛设计支持的产品开发

表 6-3　不同质量方法的比较

方法	执行	有效性	失效成本
内建	产品设计与工艺设计中的质量与防错	很高	很低
在线/实时	监控和检查系统	高	低
每日	回顾和跟踪每日的汽车验证	一般	一般
每周	预览和分析每周的日程安排	低	高
每月或者更长	外部资源，如保修信息、J. D. Power 报告	很低	很高

　　质量设计中的一个关键要素是以客户为中心的产品特征。一般来说，产品特征分为三个级别，见表 6-4。不同公司产品特征的实际名称有所不同，产品特征的三个级别适用于整车以及所有部件和零件。因此，工程设计和传统功能设计一样重视产品特征。

表 6-4　产品特征

名称	描述	示例
安全产品特征	显著地影响产品的安全性和/或符合法律要求	结构完整性和防撞性
关键产品特征	显著地影响产品的功能，满足客户的组装或质量需求	漏水、NVH、前照灯瞄准、车轮定位、面漆
一般产品特征	所有其他产品规格	

　　通过下面的例子来讨论工程设计对车身尺寸质量的重要性。钣金件的连接可以设计成搭接、对接和搭接 – 对接的形式，如图 6-3 所示。

　　当两个零件为搭接时，X 方向（或滑动方向）的装配尺寸由夹具确定。如果连接部分在 X 方向上是对接连接，则装配尺寸受单个零件的尺寸约束（或称为锁定）。考虑到钣金件的柔性，需要使用夹具进行装配。零件太短则连接边缘处会弯曲，零件太长则会被局部压缩。在夹具松开后，装配尺寸将会因零件变形回弹而发生变化，从而使装配尺寸超出技术要求并且不可预测。

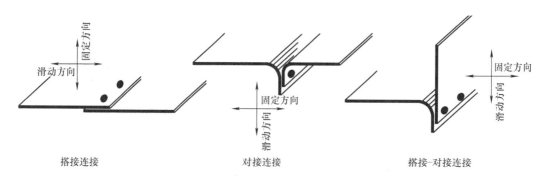

图6-3　连接形式的尺寸质量

该实例表明，如果在产品设计中适当地解决潜在的质量问题，就可以保证良好的车身生产质量。但如果设计不当，制造过程中的一些质量问题就难以解决。

6.1.3　制造质量保证

6.1.3.1　制造质量的总体考虑

质量管理是使用所有可用资源以保证和持续改进汽车质量的系统方法。制造质量管理有两方面，一方面是对客户关心的关键产品特征的监测和测量，另一方面是对制造过程中的持续改进特征的分析和评价。

在制造中，产品质量的关键特征问题急需得到解决。制造过程必须严格把关。换言之，控制或影响关键产品特征的工艺特征至关重要，需要相应的解决措施。其中，关键工艺参数包括焊接温度、操作速度、气压、刀具精度和重复性等。另外，还应该认真处理对制造过程有重要影响的一些产品特征。例如，用于安装悬架单元的托架必须位于指定位置，否则会影响悬架安装的后续过程。

产品和工艺特征可以采用变量数据或属性数据描述。一个属性数据的例子：漏水可以直接用于判断产品是否合格。大多数汽车产品的特征和质量都是变量数据。如图6-4所示，它们是期望值为μ、标准差为σ的正态分布。尺寸质量可以根据设计规范来测量，采用计算质量作为指标，如工艺过程能力指数C_p（无偏移情况）和C_{pk}（有偏移情况）。

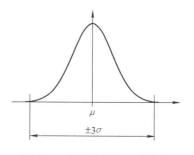

图6-4　质量数据的正态分布

制造过程中确保质量的成本因素可分为三种类型：评估成本，包括在破坏性测试下的劳动力、仪器、零件的成本；调查和校正的成本；不合格零件和产品生产的成本。在一定时间段内，如在一个月内，所产生的总成本可以基于这三种成本进行计算，进而得到单位质量成本，这是很好的运营管理的质量指标。

$$单位质量成本 = \frac{全部质量成本}{生产单位数} \tag{6-1}$$

汽车制造中质量保证和改进的难度在于多变量引起的复杂性（图6-5）。其中一些变量已得到很好的研究和控制，但还有很多缺乏深入了解。在众多的因素中，入场物料和装配工装通常是影响汽车质量的主要因素。

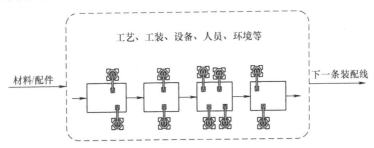

图 6-5　制造系统中的变量

6.1.3.2　质量检查和验证

为了监控和改进质量，在产品制造过程中应该进行必要的分析和检测以确保产品质量。这样，就可在制造过程中尽早发现质量问题并及时解决。常见的方法包括防错防呆、在线监测、反馈控制、作业标准化和面向人工作业的人机工程友好性，以及对生产线工人和维护人员的视觉辅助。

人工质检在质量保证中起重要作用。整个工厂的汽车装配区域有 50~70 名质检员。部分质量项目需要进行全部检查，而其他项目只需要进行随机抽样检查。如果随机检查的某零件不合格，那么上次抽检合格之后的批次都需要进行全部检查。

在制造过程中，实际生产的汽车必须满足所有的工程要求。例如，焊接必须满足或优于质量要求。对于每天约 1000 辆汽车的大规模生产，保证所有的焊接质量并不容易。因此，在车身车间内需要实施各种措施来保证、监测、验证和修复连接质量。

密封性是汽车质量的一个基本且非常重要的要求，可作为质量保证的另一个例子来讨论。汽车设计必须考虑密封，而且车辆的不同区域其工程设计也不同，如在车体间隙的密封胶条和车门上的橡胶密封条等，都是为了实现车身的密封。汽车的装配制造应遵循工程要求，并在最终组装完成后通过漏水测试，即每辆车都将在淋水测试室中承受 3~5min 的高压季风，并且不允许有水漏到汽车中。

如果有漏水现象（用手触摸或导电探头检测），质量小组应该调查并找出漏水原因。例如，车顶行李架附件中的针孔泄漏可能出现在前门前的地板上。一旦发现漏水的源头，质量小组将通过在漏水源处注入一滴荧光剂，并在潮湿的地方寻找是否有荧光剂，验证成功之后对漏水处进行密封处理，并确保汽车能通过漏水检测。同时，制造领域的质量专业人员必须立即进行工艺改进以防止问题再次发生。

由于汽车装配的每项作业及其对汽车质量的影响都不相同，质量保证和改进的重点可以有所不同。如图 6-6 所示，车身质量可以从尺寸、密封、焊接、粘接以及表面等多方面进行考察。

作为汽车防止漏水和 NVH（噪声、振动和声振粗糙度）的关键影响因素，汽车密封质量可以根据所用密封胶的位置和尺寸来实施监测。基于相同的监测方法，检测粘接质量可以确保车身结构的完整性。焊接和粘接质量可以采用物理检测方法，这将在下一节详细讨论。对于表面粗糙度和生产中可能的损坏等表面质量也应得到有效监测。

6.1.3.3　全面质量管理

全面质量管理（TQM）是企业经营的一项原则，它通过持续改进其产品和流程以及服

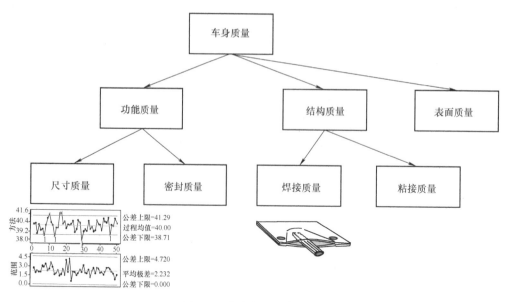

图 6-6　车身制造质量管理

务的质量来最大限度提升企业竞争力。提高质量的有效方法是让所有人都参与其中，而不只是"职责"人员和相关部门。每个团队的成员都要对自己的工作质量负责，决不能将质量问题传递到下一个阶段。在质量监控和持续改进的过程中，应要求生产工人对其工作区域的作业质量承担相应责任。例如，如果发现可疑质量问题可以停止生产，这通过为团队成员提供 Andon 系统来实施。

在发现问题时，生产工人拉动 Andon 拉绳，通过头顶 Andon 显示屏上相应的信号来呼叫主管提供帮助。如果质量问题可以在短时间内解决，那么不停止装配线生产。如果不能很快解决该质量问题，则停止装配线生产。

让每个员工都参与进来，更多的是企业文化的改变，而不是质量技术的改变。因此，需要足够的时间来调整业务流程并培训所有相关人员。一项研究发现，日本在质量管理领域的领导地位源自日本文化的特征，包括人们对工作场所个人角色的态度[6-2]。鼓励、授权和奖励每个成员进行持续改进是丰田生产系统（TPS）或精益生产的核心价值之一。

此外，汽车质量问题可能会引发产品责任问题和诉讼。不可否认的是由于资源有限，几乎无法生产完美的汽车。但是，有必要维护可变的制造实体。采用充分的预防措施和解决问题的方法，如质量设计及其持续的改进，可以大大减少质量问题和风险。

6.2　汽车制造质量

6.2.1　装配连接质量

6.2.1.1　连接质量的概念

结构质量是汽车装配质量的焦点之一。在良好的工程设计基础上，生产执行系统通过保证电阻点焊、电弧焊接和激光焊接以及黏合剂粘接的每个连接都满足要求，确保汽车结构质量。

如图 6-7 所示，可以用直径（d_n）、凹痕深度（h_i）、熔透深度（h_n）和热影响区（HAZ）来描述电阻点焊连接。热影响区是焊接过程中未熔化，但其力学性能和微观结构已受到焊接热量影响而发生改变的基体金属部分。一般来说，热影响区的强度比基体金属和焊接本身都要低。

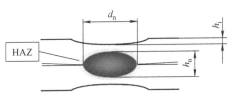

图 6-7　电阻点焊的尺寸

电阻点焊有几种常见的质量缺陷，即虚焊（焊接界面小或没有熔合）、尺寸较小（熔合区直径 d_n 小于所要求的尺寸）、凹痕过深（如 $h_i >$ 原始板材厚度的 30%）和焊点裂纹（通常存在于焊接熔合区或热影响区中）。失效模式与焊接强度之间的关系受诸如材料硬度和焊接参数等各种因素的影响[6-3]。

超高强度钢焊接有其独特的失效模式，如局部断裂和局部界面断裂（图 6-8）。在拆解破坏性评估中常常可以看到这些失效模式。

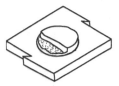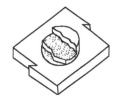

图 6-8　超高强度钢（UHSS）焊缝的特殊失效模式

6.2.1.2　电阻点焊质量评估

制造过程中可采用多种措施来保证连接质量，包括直接破坏性测试和间接检查。其主要特征见表 6-5。

表 6-5　电阻点焊质量测试方法比较

特征	拆解或破坏性测试	凿检和弯曲（或撬）测试	超声波检查
适用于成品车身	是	不适用于某些区域	大部分焊缝
测试结果的可靠性	非常可靠，部分超高强度钢除外	可靠，部分超高强度钢除外，提供的信息有限	可靠，但具有某种程度的主观性，可能与培训有关
产生废料	是	否	否
测试后处理	废弃	产品复原	清洁
发生事故的可能性	中等	小	很小
测试成本	高（废料、测试工装和人力）	小	中等（仪器）
培训需求	小	小	中等

焊接质量的直接测量可称为破坏性测试。对于电阻点焊焊接，破坏性测试检查的是焊缝的直径（常称为熔核）。研究表明，焊缝的直径与焊接强度有直接的关系，如图 6-9 所示。虽然直接测试非常可靠，但其设施要求高，劳动力和产生废品的成本高昂。

间接检测如凿检和弯曲测试、超声波检查等，都是很好的选择。如图 6-10 所示，凿检和弯曲测试都是无损检测方法，可有效检测"粘"焊[6-4]。但对于超高强度钢上的焊缝，凿检和弯曲试验可能会导致其局部界面断裂，观察时会将其视为"断裂"焊缝。楔凿测试的主要缺点是检测人员无法获得焊接尺寸，即测试结果不是定量的。

超声波检查是一种常用的无损检测（MDI）方法。它通过识别来自焊接界面的超声波反射以及电阻点焊熔核中粗糙晶粒造成的焊缝信号衰减来评估焊接质量。通常，测试信号在仪器屏幕中以超声波反射尖峰呈现（图6-11a）。新技术可以将焊缝尺寸显示在仪器屏幕上（图6-11b），并可以识别和测量焊缝直径。

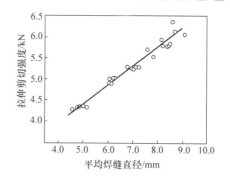

图6-9　焊缝尺寸和焊接强度之间的关系示例

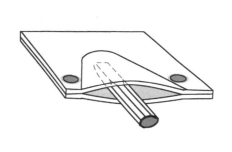

图6-10　凿检测试电阻点焊质量

无损检测在有效性和成本节约方面具有优势，但是不能完全取代法律规定的每年1~2次的直接破坏性传统测试。

6.2.1.3　其他连接质量检查

激光焊接（Laser Beam Welding，LBW）在汽车制造中的应用越来越广泛。但由于材料等级、厚度、焊接的形状以及激光源的多样性，激光焊接工艺相对较新且工艺复杂。激光焊接的典型缺陷包括孔隙率过高，以及出现表面孔洞、固化裂纹、焊缝凹凸不平、缺乏熔合和咬边等。

因此，需对激光焊接进行在线质量监测。在进行激光焊接的过程中，由金属内部结构、蒸气和激光反射变化引起的应力波会产生声发射。此外，激光焊接还会产生激光诱导等离子体，导致强烈的二次辐射。因此，除了检查焊接图像之外，还可以监测焊接期间的声信号和辐射信号。在连续焊接过程中，可以用电荷耦合器件或互补金属氧化物半导体相机进行在线检测[6-5]。然而，由于焊接的动态性和瞬态性[6-6]，这种技术不适合于脉冲激光点焊监测。激光焊接过程还可以通过测量激光功率和通过光谱学分析铝焊接焊缝的硅含量进行在线监测[6-7]。当然，焊缝也可以通过机器视觉和图像处理技术来监测和测量。

对于其他类型的连接，如密封剂和黏合剂、胶珠和电弧焊接，也可以使用光学视觉和图

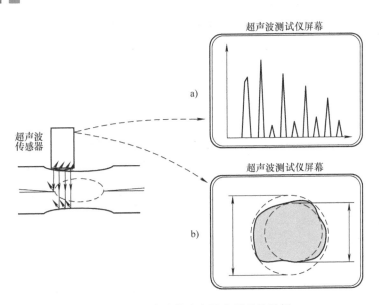

图 6-11　超声波检查电阻点焊质量示例

像处理技术。这种检查技术针对的是焊接的位置和尺寸而不是其实际结构强度。在制造环境中由受过训练的专业人员进行视觉检查仍普遍存在。

一些变量会影响密封剂和黏合剂的使用效果，如零部件间的配合度、胶珠位置的变化、配送温度、配送喷嘴与零件表面的距离、喷嘴是否堵塞和配送系统中是否有气泡等，这些因素会使光学视觉和人工视觉检查的可靠性降低。用于焊接连接处的监测和检测的超声波方法和工艺也可应用于密封剂和黏合剂连接的检查。与焊接检测相比，由于黏合层薄（0.1 ～ 1mm）、金属和黏合层之间的声阻抗差异大、金属和黏合层厚度的变化以及连接几何外形的可变性，密封剂和黏合剂连接的检测难度会增大。小型超声换能器可用于约 10mm × 10mm 的区域检测，据资料所述，对于钢材内的 1mm 胶珠宽度的检测精度可达到 96%[6-8]。对于铝材料应用，由于其独特的声阻抗和超声声束反射性质，可以用不同的解析算法实现相似的检测精度（94%）[6-9]。

6.2.2　车身涂装质量

汽车的涂装质量能给客户带来最直接的视觉印象，它对于客户对整车质量的感知和购买决策起着至关重要的作用。J. D. Power 的新车品质调查（The Initial Quality Study，IQS）直接对汽车外观和造型的涂装质量进行了统计，其关于汽车涂装质量的研究涉及油漆起皮/划痕、油漆走向、颜色不匹配和涂装缺陷等问题。

虽然大多涂装研究的专业人员认同涂装缺陷是最容易识别的，但却很难找到其产生的根本原因。产生涂装缺陷的原因有很多，包括化学、电子和机械等因素，以及它们之间的相互作用。另外，涂装缺陷也可能是前道工序或者前道涂装层的缺陷造成的，如底漆缺陷可能是因为磷化或电泳涂装的质量不佳造成的。表 6-6 列出了磷化的常见质量问题及其可能的原因。可以基于经验采取相应的补救措施，有时则只能采用试错方法来应对。表 6-7 给出了电泳涂装工艺的质量问题。

表 6-6　磷化质量问题和可能的原因

问题	可能的原因
光亮的涂层	工作温度太低
	游离酸浓度太高或太低
	钛化清洗时温度太低
	非钛酸盐清洗剂浓度过高
	泵失灵或故障
	冶金条件（金属表面的油痕、钢的质量等）
铁锈涂层	加速剂浓度低
	工作温度太低
	最终漂洗浓度太高
	干燥太慢
	在磷化之前金属表面上有锈
	生产线中断
不连续涂层	冶金条件（金属表面的油痕、拉深件缺陷等）
	磷化后磷酸盐凝结成滴
	表面被焊点酸清洁剂钝化
	表面上重新沉积的密封剂
粗糙或不均匀的涂层	清洁不佳
	清洁时干燥温度过高
	由于存放时间长或生产线中断导致表面氧化
松散的涂层	清洁不佳
	冲洗前磷酸盐涂层的干燥状况
	游离酸浓度太低或加速剂浓度太高，或两者兼而有之
涂层中的异物	清洁不佳
	车身密封剂被清洗并重新沉积
	磷化后浓缩成滴状物和油滴

表 6-7　电泳涂装质量问题和可能的原因

问题	可能的原因
污垢	工作温度太低
	游离酸浓度太高或太低
	钛化清洗时的温度太低
	非钛酸盐清洗剂浓度过高
	泵失灵或故障
	冶金条件（金属表面的油痕、钢的质量等）
凹坑	加速剂浓度低
	工作温度太低
	最终冲洗强度太强
	干燥太慢
	磷化前金属表面上有锈
	生产线中断

在涂装作业中，必须通过视觉检查汽车的涂漆表面情况。汽车涂装质量主要在于涂漆质量和涂层厚度，由于生产不间断进行，不仅需要维修迅速，还需要能快速排除故障以避免出现过多缺陷汽车。涂装检查可以自动进行，也可以由专业人员人工检查。自动涂装检查可用于测量车身涂装外观，如采用视觉传感器检查多个水平和垂直表面，然后由计算机计算出光泽度、锐度和波纹度等参数，并将这些参数组合成一个数值，以对车身涂装质量进行评估。

车身涂装存在缺陷的汽车必须进行修补，通常是对其进行打磨、重新抛光或再涂装等。根据质量问题的严重程度，将有涂装质量问题的汽车送到修补线进行简单修补，质量问题严重的则需经预处理后返工。有重大缺陷的车身需要重新处理以修补有缺陷的钣金。表6-8列出了常见的涂装质量问题和可能的原因及所需的维修。

表 6-8　典型的涂装质量问题

缺陷	可能的根本原因	维修
缩孔	清洁不当或不足	打磨凹坑并重漆
嵌入异物颗粒	空气调节器清洁过滤器不良，工作环境或设备脏	将有异物的区域打磨或者抛光
溶剂泡孔或痕迹	薄膜厚度不适当，固化炉的加热速率大，时间短	打磨面漆并修补
桔皮表面纹理	缺乏适当的油漆流，表面干燥过快	打磨和修补油漆
流挂	喷涂参数不合适，如距离、压力、湿度	打磨流挂并修补
失光（或发糊）	清洁不足，底层湿润	固化完成和抛光
划痕	操作员或工具接触（通常在总装时）	打磨和修补

如果在色漆或清漆涂层上发现涂装缺陷，则应在清除或修理缺陷后对车身进行重新涂装。经过两次重新涂装仍存在缺陷的车身将报废，这会增加成本。与其他质量改进工作一样，一旦发现缺陷产生的根本原因，应通过处理根本原因（如修改特定工艺参数）来解决问题。

由于灰尘或任何杂质都会破坏涂装质量，员工必须穿特制的制服以防止有害颗粒被带入涂装车间。除此之外，所有人在进入涂装车间之前，需要在洁净室中进行 15~20s 的吹灰和吸尘处理，以除去所有可能污染涂装工艺的松散灰尘或颗粒。这是涂装车间不对外开放的一个主要原因。

6.2.3　汽车最终质量验证

6.2.3.1　汽车终检

在装配完成后，将汽车运送到经销商之前需要对整车质量进行全面检查。在丰田乔治城（肯塔基州）的工厂，每天会随机选择 150~175 辆汽车在试验场或试车道上进行道路性能测试[6-10]。

汽车终检比原料、零件、主要子装配体的检查要复杂得多，通常有数百个项目和步骤。根据客户的要求，质量项目可以分为汽车的功能检查和外观检查。在验证中，汽车性能检查包括可靠性、安全性、人体工程学操作性和驾驶舒适性。

终检或验证主要集中在普通项目上。例如，内部和外部做工由良好的配合和校正来体现。汽车外表面质量应该无凹痕、划痕或涂装不足等缺陷。表6-9列出了最终质量验证中的典型检查项目，每个主要检查项目包含多个要素，需要注意的是，汽车外观检查一般以经验为主并且主观性强。

表 6-9　汽车终检中的典型项目

系统	功能	外观/表现
内饰	安全气囊警告灯指示问题	安全气囊盖：损坏或脏污
	车门存储箱	地毯或底板垫：损坏或脏污
	油量表	中央控制台：异响/晃动、损坏或脏污
	杂物箱/仪表板储物箱	杯架：异响
	车顶衬	车门存储箱：异响/损坏或脏污
	仪表板/仪表盘	门饰板：异响、损坏或脏污
	内部后视镜	车顶衬：异响
	顶置控制板	仪表板/盘：异响/损坏或脏污
	后舱	仪表板的储物格：异响/损坏或脏污
	行李舱盖	异响/损坏或脏污
	后置物架	内后视镜：异响/损坏或脏污
	车速表	顶置控制板：异响/损坏或脏污
	转向盘或转向柱饰	异响/损坏或脏污
	遮阳板/化妆镜	异响/损坏或脏污
	警告灯	异响/损坏或脏污
座椅和限制器	折叠扶手和头枕	
	折叠座椅	座椅脏污/损坏
	加热式座椅	座椅异响或晃动
	卸下/安装座椅	
	安全带扣环和卷收器	
	座椅腰托	
	人工和自动调整式座椅	
	座椅内饰	
	座椅靠背调节器	
音频装置	天线或安装基座	静音或爆音
	CD/DVD 播放器	
	仪表板音频控制器	
	收音机未能保持电台/无反应	
	扬声器	
	转向盘音频控制器	
电气和控制装置	电池	锁/闩锁/手柄存在问题
	点烟器/电源插座	
	时钟	
	巡航控制系统和喇叭	
	外部灯光和转向灯	
	点火开关/转向锁	

（续）

系统	功能	外观/表现
电气和 控制装置	车内灯和调光器控制	
	电动滑动门或后车门	
	电动天窗或敞篷车顶	
	风窗玻璃洗涤器，前后刮水器	
	安全/报警系统	
	行车计算机/指南针	
	车窗升降器	
暖通空调	空调系统	空调噪声
	自动温度控制装置	自动温度控制时温度未达到
	除霜系统	供暖系统温度未达到
	供暖系统	暖通空调风扇/鼓风机噪声
	暖通空调系统风扇/鼓风机	人工温度控制时温度未达到
	人工温度控制装置	窗口过度起雾
外饰	前部/后部保险杠	外部车灯冷凝：前端/后端/行李舱/行李舱盖
	敞篷车行李舱盖	凹痕：前端/后端/门/发动机盖/行李箱/行李/车顶
	敞篷车顶部材料撕裂	外部成型/修剪缺陷（与上述区域相同）
	车外后视镜	间隙过大/错位（与上述区域相同）
	油箱盖	玻璃破裂/碎裂/变形或瑕疵
	皮卡后箱垫	前照灯没有正确定位
	车头、车尾、门、发动机舱盖、行李舱/车顶漏水	涂装瑕疵或碎片/划痕（与上述区域相同）
	车门、发动机盖、行李舱、举升门等难以开关	备胎振颤
		轮子或轮盖的外观
		风噪（与上述区域相同）
发动机	起动拖动、未起动	不寻常的发动机噪声
	发动机检查灯亮	油耗量过多
	冷却液（防冻液）泄漏	耗油量过多；烧油或漏油
	发动机过热	排气系统问题
	起动困难或缓慢	油箱或燃油加注
		怠速不稳/太快
		缺乏动力
		起步响应慢/加速迟缓/熄火

（续）

系统	功能	外观/表现
传动系统	离合器踏板	自动变速器打滑
	人工变速器离合器颤动/颤振	变速杆难以操作
	变速器油液泄漏	换档时手动变速器齿轮磨损
	自动变速器档位显示器	换档不畅
		档位升降频繁
		不正常的传动系统噪声
悬架和制动器	可调踏板	制动踏板费力
	防锁制动系统	制动噪声/振动/颤抖
	驻车制动器难以接合/松开	持续跑偏
	动力转向系统	操纵稳定性差
	轮胎压力监测系统	动力转向系统：泄漏
	牵引力控制系统	动力转向系统：噪声
		转向盘在怠速、行驶期间振动
		轮胎
		不正常的悬架噪声
		制动时跑偏

6.2.3.2 基于最终验证的评估

汽车质量检查和验证的标准、规格和包含的程序因汽车制造商而异。验证标准基于工程规范和客户关注点，这与生产操作中的常规线上和线下检查不同。简单验证分值是质量问题的统计数或平均值，即 $C/100$。

验证结果有时被称为首次合规（FTC）是指通过验证的汽车来自原始生产线而未经任何修理。在良好的工艺控制下，汽车涂装质量的 FTC 可以大于 90%，这意味着不到 10% 的汽车需要一定程度的修理。

并非所有类型的缺陷都同等重要，对于客户而言，其中一些缺陷更加严重并显而易见。质量问题依据严重程度可分为四个级别。假设每一类质量问题都是独立的，且每个类别中质量问题的发生遵循泊松分布。那么被检测汽车的总加权质量缺陷（d）可以定义为：

$$d = 20 \times C_1 + 10 \times C_2 + 5 \times C_3 + C_4 \tag{6-2}$$

式中，C_1、C_2、C_3 和 C_4 为不同级别质量缺陷对应的数值；系数 20、10、5 和 1 为不同缺陷级别的权重因子。质量问题越严重分配的权重越大，在汽车行业中经常使用这种权重因子分配。

一般来说，功能问题的权重因子为 10 或 20，而外观的权重因子通常是 1 或 5，表 6-10 列出了影响权重因子分配的主要因素。没有影响功能和客户可视度低的轻微缺陷可以分配权重因子 1。通过权衡质量问题程度的大小可对质量改进活动划分优先级。

例如，漏水测试后的前照灯雾化比汽车后部的涂装失光影响更为显著。因此漏水分配权重因子为 20 而涂装失光分配权重因子为 5。表 6-11 中为权重值与客户满意度的例子，相应地将加权项目相加的总分可以反映客户的总体感受，汽车质量通常就是每天通过这种总加权分数来监测的。

表 6-10　最终质量检查中的权重因子分配

权重	法规相关	功能	客户可视程度	客户接受度	质保风险	备注
20	是	严重	高	不能	高	安全相关
						明显缺失或损坏零部件
10	否	中等	高	不大可能	中等	耐久性问题
						客户关注点
5	否	轻微	一般	可能	低	偏离工程和制造规范
						在经销商处可修复
1	否	无	几乎不可视	很可能	无	仅外观

表 6-11　质量问题评分示例

事件	发生	权重	权重值
门锁不起作用	1	20	20
线束没有固定	1	20	20
漏水测试后前照灯雾化	1	10	10
车速表针振动	1	10	10
涂装失光	2	5	10
挡泥板配合或齐平度	1	5	5
轮胎气门帽错误	4	1	4
后座之间有间隙	1	1	1

如果质量验证部门每班（或每天）检查 n 个单位，那么质量缺陷总数为 $D = \Sigma d$，每班的缺陷平均数为 $u = \dfrac{D}{n}$。由于 u 是独立泊松随机变量的线性组合，因此可以使用控制图来监控最终验证的汽车质量。控制图具有以下参数：

$$上控制限 = \overline{u} + 3 \times \hat{\sigma} \tag{6-3}$$

$$控制中心线 = \overline{u} \tag{6-4}$$

$$下控制限 = \overline{u} - 3 \times \hat{\sigma} \tag{6-5}$$

其中

$$\overline{u} = 20 \times \overline{u}_1 + 10 \times \overline{u}_2 + 5 \times \overline{u}_3 + \overline{u}_4 \tag{6-6}$$

$$\hat{\sigma} = \sqrt{\dfrac{20^2 \times \overline{u}_1 + 10^2 \times \overline{u}_2 + 5^2 \times \overline{u}_3 + \overline{u}_4}{n}} \tag{6-7}$$

验证结果可以指导汽车质量的重点改进方向。在缺陷问题严重的情况下，需针对相关流程进行临时的 100% 全面检查，以及立即对制造工艺进行修订和/或维修工作。

这种汽车最终检查提供了一个基于工程设计目的和规范的制造性能的一个总体情况。一些工程和设计问题，如后座区域太紧或难以进入货车区域等，在汽车最后验证中不能得到处理。

6.3　尺寸质量管理

尺寸质量对汽车的质量和功能起着至关重要的作用。例如，尺寸质量是影响发动机、变速器、轴系统性能和可靠性的关键参数。此外，车身的尺寸质量还会影响汽车的 NVH 性能、防水性能、关门力度和美观性（间隙和齐平度）。在装配过程中尺寸问题通常是下游制造系统停机的主要原因，因此在汽车制造中应确保关键项目的尺寸质量。对汽车装配的尺寸检测应事先规划并将其集成到制造系统中。

6.3.1　计量评审

6.3.1.1　基本概念

尺寸测量是汽车尺寸质量的基础。测量数据由两部分组成，一部分是测量尺寸的真实值，另一部分是与测量系统和过程相关的误差值。因此，理论值包括三个组成部分，即真实值、准确度及精确度。

测量准确度定义为测量结果与真实值的接近程度，应通过校准测量系统来确定，而测量精确度则是测量的离散性或方差（σ^2）。准确度和精确度如图 6-12 所示，情况 A 是一般性测量，情况 B 中显示的测量结果精确但不准确，情况 C 准确但不精确，情况 D 既精确又准确。

图 6-12　测量的准确性和精确性

6.3.1.2　重复性和再现性

数据的精度或变化有两个影响因素：测量设备和操作员。相应地，存在两个关键特征：重复性和再现性。重复性是操作员使用同一测量设备多次测量同一零件的相同特征。因此，这种类型的变化主要来源于测量装置或仪器。

再现性是不同操作员在相同设备上测量同一特性的测量能力。如果量具重复性很好，这种测量差异则源自不同操作员或步骤。图 6-13 所示为三个操作员 A、B 和 C 的重复性和再现性之间的差异。在讨论重复性和再现性时，假定测量精度非常高，因此准确性的影响可以忽略。

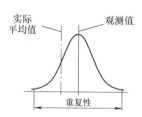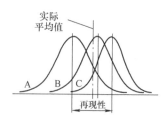

图 6-13　重复性和再现性

基于以上讨论，测量数据的变化来自产品本身以及测量误差或方差。总方差（σ^2）可以表示为

$$\sigma^2 = \sigma^2_{产品} + \sigma^2_{M} = \sigma^2_{产品} + \sigma^2_{重复性} + \sigma^2_{再现性} \tag{6-8}$$

$$\sigma^2_{重复性} = \frac{\bar{\bar{R}}}{d_2} \tag{6-8a}$$

$$\sigma^2_{再现性} = \frac{R_{\bar{\bar{x}}}}{d_2} \tag{6-8b}$$

式中，$\sigma^2_{产品}$ 为产品的实际方差；σ^2_M 为测量方差；d_2 为系数因子，具体数值可以在大多数统计过程控制（SPC）书籍中找到。

当操作员多次测量同一个零件时，每个零件的测量数据都位于一个最大数值和最小数值范围（R_i，$i = 1$，2，$\cdots$，n）内。

如果操作员多次测量 n 个零件，则每个零件的测量数据具有一定的范围（R_i，$i = 1$，2，$\cdots$，n），即每个零件的最大和最小测量值存在差异，或称为极差。极差的平均值 $\bar{R}_j$ 可以通过式（6-9）计算。如果由 m 个操作员进行测量系统分析，极差平均值的平均值（$\bar{\bar{R}}$）可以通过式（6-10）计算。

$$\bar{R}_j = \frac{\sum\limits_i^n R_i}{n} \tag{6-9}$$

$$\bar{\bar{R}} = \frac{\sum\limits_j^m \bar{R}_j}{m} \tag{6-10}$$

式中，$\bar{R}_j$ 为 R_i 的平均值；$\bar{\bar{R}}$ 为 $\bar{R}_j$ 的平均值。

测量系统测试的能力，又称为量具的重复性和再现性（GR&R）测试，其目的是判断量具的方差相比于待测零件的公差宽度是否足够低。GR&R测试的通过标准是在 6σ 范围内，量具的方差小于产品性能测量公差的 10%。也就是说，当 σ_M 足够小时，测得的 $\sigma^2 \approx \sigma^2_{产品}$，测量误差约为 1%。如果量具方差等于产品公差的 30%，则测量误差约为 18%。在工程实践中，考虑到应用和改进成本，10% ~30% 的变化范围是可以接受的。GR&R测试结果的样本如图 6-14 所示。

上述方法基于统计数据的均值和极差（$\bar{X}$ 和 R），简单易懂，在制造业中被广泛使用。有时为了进一步分析操作员、操作步骤、零部件的再现性，应该进行方差分析。许多统计软件包都具有 GR&R 研究功能，使用 Minitab 和上述数据分析方法得出的结果如图 6-15 所示。

部件	操作员#1		操作员#2	
	检测#1	检测#2	检测#1	检测#2
1	902.45	902.42	902.49	902.50
2	902.46	902.31	902.38	902.36
3	902.49	902.44	902.44	902.44
4	902.47	902.47	902.30	902.42
5	902.58	902.58	902.57	902.58
R-bar:	0.046		0.032	
X-bar:	902.467		902.448	
			R-bar-bar:	0.039
			X-bar-diff:	0.019
			公差范围=	1.00
			重复性	17.8%
再现性=	0.002	4.1%	4.1%	
			Gage%R&R=	18.2%
				O.K.

图 6-14　GR&R 测试示例

6.3.2　尺寸质量检查

6.3.2.1　制造中的质量检查

尺寸质量检查可分为在线检查和线下检查。图 6-16 所示为坐标测量机（Coordinate

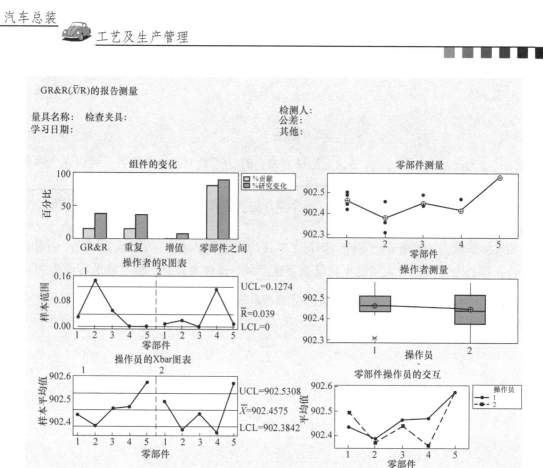

图6-15　使用 Minitab 得到的 GR&R 结果示例

measurement machines，CMM），其通常用于线下测量汽车和主要装配件的尺寸[6-11]。使用 CMM 进行检查虽然精准但耗时，通常每天都要使用坐标测量机对车身及其主要装配件进行测量。图 6-17 所示为使用坐标测量机对汽车车身进行检查[6-12]。

图6-16　使用坐标测量机对白车身进行测量
（经 Fabricating & Metalworking 杂志许可）

线下测量也可以在现场进行。便携式坐标测量机就是一种现场测量设备，它是带有手动导向臂但不需要固定平台的简化版坐标探测设备，可以安装在装配线附近用于例行检查、故障排除和质量改进。通常像车门这样的中小型子装配体一般采用在线检测，它们在设计时就已经考虑了检测夹具的固定问题。图 6-18 所示为车门上的测量点[6-13]。

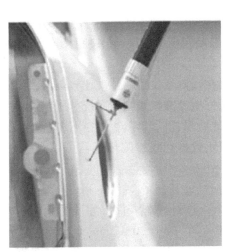

图 6-17　坐标测量机测量白车身表面

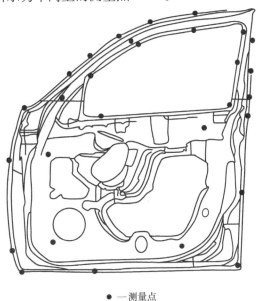

●—测量点

图 6-18　车门上的测量点

对于带有覆盖件的车身，如门和发动机舱盖、面板、车身结构之间的间隙和齐平度，也是在现场进行初步检查。其中间隙和齐平度的测量基于视觉、特定的测量装置和自动检查方法。根据汽车型号以及间隙和齐平度的位置，规定间隙为 $4^{+1.5}_{-1.0}$ mm，齐平度为 (1 ± 1.0) mm。

6.3.2.2　线上和线下检查

从保证质量的角度来看，在线检查由于可以实现产品 100% 的实时检查而作为首选。这样做的好处是可及时反馈以避免事后纠正所产生的时间延误和昂贵的维修费用。考虑到各种因素，可以将实时和在线检查系统都设计在装配系统中。

图 6-19 所示的实例采用了固定激光传感器和数据处理技术对车身尺寸进行监测[6-14]。

图 6-19　使用激光传感器进行在线尺寸测量（经 Perceptron, Inc. 许可）

该系统配置了特定分析功能并且用户界面友好。任何可疑的质量问题都将在现场以音频/视频警报提示，同时显示在远程显示器上。

正如前一节所讨论的，在线自动检查系统应对其自身能力进行评估。自动测量不适用于再现性测试，应该考虑静态和动态地测试系统的可重复性。静态测试是通过多次测量（如50次）固定装配部件来检查测量偏差，以确保数据统计的可靠性，其中选取的测量部件是随机的，而不是只选取用于校准的部件。

动态重复性测试过程类似于静态重复性测试，但不同的是前者装配部件至少经过25次夹具加载、测试、卸载的操作过程，且在6σ内测量偏差应小于测量点公差的20%。如测量点的公差为± 0.5mm时，系统测量偏差应小于0.1mm。

由于和装配单元一起固定在工装夹具上，造成对在线测量仪器的校准比较困难，因此在线测量通常仅用于检查偏差，对相关性的研究可以更好地校准在线测量系统。研究过程一般测量至少5个在线系统中的装配零件，同时使用CMM测量相同的零件。在生产现场和CMM室之间转移时必须小心运输这些零件。然后基于CMM数据在线检测传感器可以得到补偿。研究过程一般需要两到三次重复，直到在线测量结果处于CMM测量结果的0.5mm范围内。

图6-20所示为一种用于零件和装配体3D测量扫描的新技术[6-16]。除了测量点之外，扫描系统还可以进行特征分析并提供全面的表面测量，这对汽车零件尺寸质量检查非常有用。但据一项研究表明，使用扫描系统的平均GR&R（在$\pm 3\sigma \pm 0.12$mm）会比使用CMM时略差（$\pm 3\sigma \pm 0.08$mm）[6-15]。除了便携性的优势之外，扫描系统还可以在计算机屏幕上显示获取的特征、表面以及测量数据，同时还可以创建测量图像，并使用预定义颜色显示其与CAD标称条件下的测量偏差。

图6-20　测量白车身的3D扫描仪

（经 Hexagon Manufacturing Intelligence 许可）

6.3.3　基于实际的试制（Functional Build，FB）

汽车是一个复杂的产品，其质量受许多变量和因素影响。在推出新车型时，其中一项主要任务就是找出这些影响因素。然后，通过修改相应的设计和工艺以确保新车生产的质量。对于新车的推出，必须满足三个关键目标，即数量、质量和试车时间。

新车投产的传统方法是关注部件和基于设计规范的，有时被称为基本构建或按图施工。其基本原理是：先对各个零件按规格进行制造并经过验证，然后对子装配体进行测试，在子装配体符合规格后，再组装到更高级别的子装配体中。用这样的方式一直重复直到整个汽车组装完毕。

基本构建是一个简单的过程，但当一个部件不符合工艺规格时就会出现问题，因为对于刚体零件，一个装配体的偏差是所有组成零部件偏差之和的函数。这种传统的方法对于传动系统的装配是有效的。

对于车身子装配体，其零件和部件在尺寸上是柔性的，一般用于刚体的公差分析此时不再准确。由于各个零件和子装配体的尺寸质量对于车身装配的质量的影响可能关键也可能不关键，这就意味着对单个零件质量要求不一定要非常高。

基于实际的试制是在 20 世纪 90 年代初引入的。在投产中研究单个零件质量和工艺可行性时，它重点关注的是产品的最终质量。对零件尺寸质量的评估是基于最终装配结果而不是基于单个零件。也就是说，只有影响更高层子装配或最终装配的尺寸质量问题才会被修复。在不牺牲装配质量的情况下对部件设计规格的某些偏差是可接受的，这将最大限度地降低总成本和装配试用的准备时间。对一组车身零件的 500 个尺寸进行案例研究，测量数据显示 225 个尺寸未能满足 c_{pk} 要求。根据传统的方法，所有不合格的特征都需要被修复以保证在组装前满足 c_{pk} 要求。但令人惊讶的是，仅 22 个尺寸（少于 10%）导致装配出现问题[6-17]。

在理解和应用"FB"原则时，设计规格被视为目标，而不是多数零件的绝对尺寸要求。此外，须将更多的关注点放在更高层次上，即面向零件匹配来评估相应部件以及随后的装配工艺。FB 的原则与客户的观点是一致的，客户不太关注车身零部件是否符合特定的设计要求，而更可能会检查覆盖件面板周围的间隙和齐平度。因此，总体最终装配的尺寸质量比单个部件的尺寸质量更关键。

再举一个 B 柱加强件和车身侧围的例子进一步阐述，B 柱加强件是结构部件，因此它不应被视为 FB 部件，而车身侧围是薄金属板，如果在车身外横向标称减少 1.0mm，应该采取什么措施来避免潜在的质量问题？以传统的方式，车身侧围模具需要重新制作，以使面板尺寸达标。但由于 B 柱加强件比车身侧围刚度更大，并且两者都要被组装，两部分组件的尺寸将由车身横向上的 B 柱加强件确定。因此可以初步确定不需要重新加工车身侧围冲模，而是在对整个车身尺寸进行评估后再做最终决策。

应用 FB 原理的主要原因是钣金部件相对装配夹具的柔性，一些零件会比另一些零件具有更大的柔性。FB 的重要考虑因素是装配工艺和夹具的适应性。钣金件的某些尺寸问题可能会在工艺过程中得到改善，由于这种改善很难量化，因此必须逐案审查和评估。

FB 在工程和商业方面都很有意义，它正逐渐成为冲压作业中处理车身零件问题的常见做法。FB 被视为是系统工程方面的应用，它涉及产品设计、质量、工装和装配过程的多学科领域。据报道，FB 的应用为新车的开发节省了大量时间和资金。但 FB 实践可能会引起争议，因为它不符合生产件批准程序（PPAP）的规定。

FB 的成功应用在很大程度上取决于汽车制造试制的经验以及对多学科工程领域的理解。FB 的挑战也在于公司的结构、文化和流程，分析、评估和决策必须跨职能部门进行，不是由制造专业人员单独进行的。如果有产品工程部门没有完全参与或者不同意 FB 的做法，那么产品开发将恢复为传统"基本构建"模式。

6.4 零部件质量管理

作为积极主动的方法，汽车质量应该在产品设计初期阶段得到保证。在可行且经济适用的条件下，汽车的主要特征应该设计得不易犯制造错误或出现质量问题，在某些情况下甚至不可能出现瑕疵。

为确保制造质量，在装配前应检测零件的特征。一般来说，关于质量保证有三套衡量标准：过程能力评估、零件质量验收和改进措施。图 6-21 所示为它们之间的关系。

零件质量关键尺寸特征可被选择用来表征制造能力和性能，这种特征的检测与过程密切相关。所有这些汽车的关键特征和测量点通常都是实时变化的，并需要在制造过程中在线监控。对于上面讨论的车身骨架的例子，需要考虑两个质量方面：功能和结构。例如，车身侧门框架必须符合设计尺寸规范。

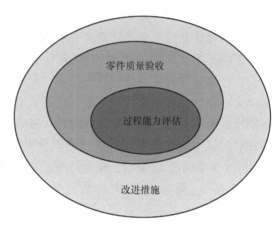

图 6-21　质量检查测量的目标和数量

第二组测量重点是为了零件质量验收，零件质量验收的主要目的是确保零件的质量合规，这是汽车装配质量的基础。因此，该类别中的特征和点的数量会多于描述装配能力和性能的点的数量，以下关于生产件批准程序（PPAP）的讨论就是一个很好的例子。此外，对原料和零件进行抽样检查也是一种常见做法。

在制造过程中采用了持续改进的方法，这要求进行更多的测量、额外的测试以及对根本原因的分析调查。在这些情况中，除了质量验收的测量点外还需要额外的测量点。

6.4.1 零部件质量保证

6.4.1.1 PPAP 的原理

为长期保证供应商所供应零件的质量，PPAP 被广泛应用。它旨在监控/规范部件/零件供应商（称为 PPAP 中的组织）的生产过程，证明其生产的零件满足设计要求。其检查重点包括报价生产能力、质量、工艺、模具和操作员。

PPAP 过程由汽车工业行动小组（Auto Industry Action Group，AIAG）于 1993 年制定，之后由美国汽车制造商及其供应商所使用。最新 PPAP 的原则和流程与 ISO/TS 16949 的流程方法一致，PPAP 方法现已扩展到汽车以外的各个行业。

德国汽车工业也使用一种类似的批准程序，称为初始样品检查报告（Initial Sample Inspection Report，ISIR），由汽车行业协会进行标准化。与 ISIR 相比，PPAP 包含更多流程和文档，如过程 FMEA、控制计划、图样、测量系统分析（Measurement Systems Analysis，MSA）和能力数据。一些汽车制造商如现代已经同时采用 ISIR 和 PPAP 方法。丰田公司制定了一份技术信息系统文件，该文件规定了产品的所有检查要求（功能/尺寸/视觉），丰田应用的是一种基于控制计划的推广形式，即制造质量控制（Manufacturing Quality Control，

MQC），它使用丰田形式的符号来说明人员（操作员、组长、团队负责人和经理）、内容和典型质量计划的详细情况。MQC、TPS 和 TPM 被称为三大支柱理念。

当将新零件及其制造过程引入汽车生产时，通常需要从客户（汽车制造商）那里获得 PPAP 审批。在以下情况下，还需要额外的 PPAP 审核和审批：

- 重要零件的设计更改
- 重要的制造工艺变化
- 主要工装的变化，如更换、翻新和附加夹具
- 子供应商或物料来源变更
- 零件将在新的地点生产
- 工装超过一年不使用

图 6-22 所示为零件或子装配体的整个 PPAP 流程[6-18]，与 PPAP 要求类似，其流程同样依赖于汽车制造商。尽管 PPAP 任务主要由供应商执行，但实际上是汽车制造商与其供应商之间合作完成的。

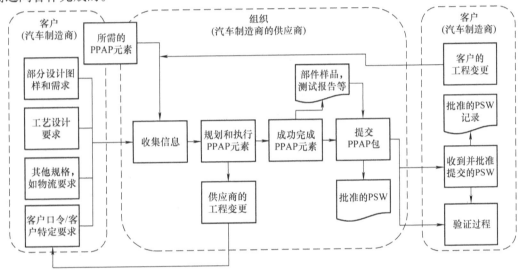

图 6-22 PPAP 工作流程

（经许可转载自 2006 年 PPAP 使用手册第 4 版）

6.4.1.2 PPAP 的要求

整个 PPAP 流程由一系列测试、分析、评审和审批程序组成，包括多达 18 个项目（也称元素），见表 6-12[6-18]。

表 6-12 PPAP 包的元素

零件	报告名称	描述	备注
1	设计记录	发布设计图样和规格信息	无论是汽车制造商还是供应商，都需对设计负责
2	工程变更通知	变更和修订级别的详细说明	经适当授权
3	工程审批	批准的偏差	通常对客户工厂使用的生产部件进行工程试验

（续）

零件	报告名称	描述	备注
4	设计 FMEA	完成基于 SAE J1739 的 FMEA 设计	如果是供应商设计的，则由供应商和汽车制造商审核并签署
5	工艺流程图	制作从接收到发货的整个过程的可视化图表	包括过程的所有阶段和步骤，包括来自场外的生产部件
6	工艺 FMEA	基于 SAE J1739 完成工艺 FMEA，以识别潜在的工艺问题并优先考虑其缓解计划	单一工艺的 FMEA 可能会针对一系列类似的零部件开发，经供应商和汽车制造商审查并签署
7	控制方案	解决基于工艺 FMEA 的问题，描述如何控制关键投入以防止出现问题	经供应商和汽车制造商审核并签署
8	测量系统分析（MSA）	显示测量系统精确测量的能力	包括 GR&R、量具检查和试用报告
9	尺寸结果	显示产品特性、规格、测量结果和评估	对于所有带公差的绘图特征
10	材料和性能测试记录	所有零部件测试和材料认证的总结	在供应商现场执行，可能需要原材料审批
11	初始工艺研究	了解并演示工艺	符合样本量、C_p 和 C_{pk} 的要求。所有反映关键特征的 SPC 图表
12	合格的实验室报告	项目 10 中的所有实验室认证和测试	供应商保留，并根据要求提供 ISO/IEC17025 认证
13	外观审批报告	包含外观和颜色标准的报告	如果部件反映外观特征，则适用
14	样品生产零件	来自生产过程的同一批次的实际样品	交付 PPAP 提交
15	主样本	由客户和供应商签署的样品	用于培训操作员的主观检测
16	检测辅助设备	绘制工具和校准记录的插图	包括工具的尺寸报告
17	汽车制造商的具体要求	包含在 PPAP 包中的具体要求	如包装和标签审批
18	零件提交保证书（PSW）	整个 PPAP 包的总结	取决于要求的提交级别

18 个 PPAP 元素并非都是零部件所必须执行的。依据汽车制造商制定的 PPAP "提交级别"，再根据零件制造的关键特性、零件的复杂性和潜在的质量风险，最终提交的 PPAP 包可能只包含上述 18 个文件中的某些。表 6-13 列出了 PPAP 包的提交级别。

表 6-13 PPAP 包的提交级别

零件	报告名称	等级 1	等级 2	等级 3	等级 4a	等级 4b	等级 5
1	设计记录		√	√	√	√	√
2	工程变更通知		√	√	√	√	√
3	工程审批			√		√	√
4	设计 FMEA			√			√
5	工艺流程图			√		√	√
6	工艺 FMEA			√			√

(续)

零件	报告名称	等级 1	等级 2	等级 3	等级 4a	等级 4b	等级 5
7	控制方案			√		√	√
8	测量系统分析（MSA）			√			√
9	尺寸结果		√	√	√	√	√
10	材料和性能测试记录		√	√	√	√	√
11	初始工艺研究			√			√
12	合格的实验室报告		√	√	√	√	√
13	外观审批报告	√	√	√	√	√	√
14	样品生产零件		√	√	√	√	√
15	主样本				√	√	√
16	检测辅助设备				√	√	√
17	汽车制造商的具体要求				√	√	√
18	零件提交保证书（PSW）	√	√	√	√	√	√

不管层次如何，所有 PPAP 元素都应由供应商填写。未提交的文件应由供应商保存，可根据要求对其进行审查。

PPAP 的测试时间、文件准备、评审、提交和审批也很重要。每个汽车制造商对产品线、产品族都有自己的定义。例如，宝马要求工艺开发应在批量生产前 9 个月内完成。同时可以评估该工艺的启动能力（与 PPAP 的元素 11 初始工艺研究相比较），该能力是临时审批的，涵盖从首次交付到 PPAP 初始样品检查之间的时间段，能力的评估大概在批量生产前五个月进行。

6.4.2 质量监测和抽样

6.4.2.1 抽样原理

如上所述，材料和零件是保证汽车质量的重要因素。因此，为了保证质量，应对材料和零部件进行监控。如果发现不符合规格，则不应将其用于汽车装配。另外，监测数据对于质量故障排除和持续改进也是很好的参考。

质量验收抽样是在进入装配之前对一批或多批进场原料和零件进行检查的一种形式。检测的目的是判断原料和零件是否符合预定的规范。验收抽样是一道防线，也是对汽车质量的首次检查。采样过程在 ANSI/ASQ Z1.4–2008 中已进行了标准化。

样本量是抽样计划的关键要素之一，样本量应该足够大以增加检测缺陷的概率，但所需的成本和时间与样本量成正比。因此，就增加客户价值而言，样本量应该尽可能小。也就是说，样本量应该符合检查目的，同时具有成本效益。

在多种验收抽样方法中，最简单的一种称为单一验收抽样，即从大量的原料或零件（或装运）中抽取单个样品，接受或拒绝取决于样本的质量。也就是说，如果采样质量很差，该批次将被全部拒绝。如果样本零件的三个特征超出了特定范围，则它被认为是差的样本，如图 6-23a 所示，包含不良零件的整批货物将被拒收。

验收监测的理论基础是样品质量与批次的实际质量之间的概率关系。采样数据遵循二项

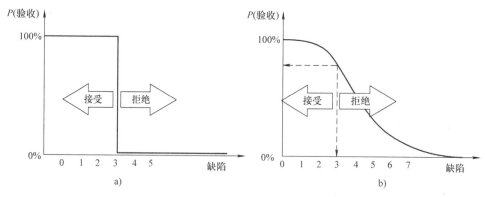

图 6-23　验收抽样的概念

分布原理，单个验收抽样方案的接受概率（P）可以用下式计算：

$$P = P\{d \leqslant c\} = \sum_{d=0}^{c} \frac{n!}{d!(n-d)!} p^d (1-p)^{n-d} \qquad (6\text{-}11)$$

式中，d 为观察到的缺陷数量；c 为验收数量；n 为随机样本的大小；p 为可接受的缺陷率。

根据公式绘制接受概率，如图 6-23b 所示。概率图形称为操作特性曲线（Operating Characteristics Curve，OCC），它通常用于说明好的和差的批次货物之间的抽样差异以及接受批次的概率与其实际质量之间的关系。

其他抽样方法包括双重采样和顺序采样，它们是单一采样的延续。在双重采样方法中，设有两个预定的接受值 c_1 和 c_2，如果初始采样较差（即 $d_1 > c_1$），则拒绝此批次原料或零件；但如果所采集的初始样本是边界情况（即 $c_1 < d_1 < c_2$），则应采取第二个样本，最后判断第一和第二个样本的组合结果（$d_1 + d_2$ 对比 c_2）。

6.4.2.2　采样应用的讨论

为方便讨论，举例如下。选择收到货物的随机样本（$n=60$）并发现缺陷（$c=1$），如果可接受的缺陷率为 $p=2\%$，那么货物的接受概率（P）是多少？

将 n、c 和 p 代入式（6-11），其中 $d=0$ 和 1，则接受概率计算为 $P=66\%$。这表明在 100 个这样的批次中大约有 34 个会被拒绝。抽样接受概率非 100% 是正常的，该案例的 OCC 如图 6-24 所示。

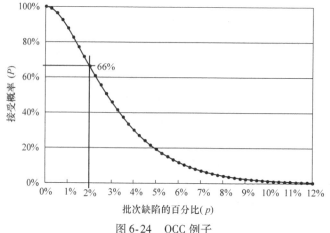

图 6-24　OCC 例子

在工程实践中，上面讨论的数学计算和抽样原则被集成到质量检测和检测工作指令的计算机系统中。例如，在检测工作指令中，从一个批次的首尾各抽取一零件。此外，还会选择批次中间的几个零件。总样本大小由批次大小和预定义的样本大小决定，如果批量为 100，样本量为 5%，那么总样本为 5 个或从中间任选 3 个零件。然后对这 5 个零件进行检查，根据检查结果决定接受产品、取更多样本检查或拒绝产品。

批次的接受概率被称为质量合格标准（AQL），它表示平均可接受的最低质量水平。接受 AQL 批次的概率应该很高，可能有 0.95 的接受概率，同时有 0.05 不接受的风险。虽然供应商不希望比 AQL 缺陷更小的批次被拒绝，但仍然有拒绝（供应商的风险，或 α）好的批次的概率风险。

另一个术语为批允许不良率（Lot Tolerance Percent Defective，LTPD），它指个别批次的质量不满意水平。因为汽车制造商或买家不想接受缺陷多于 LTPD 的批次，所以接受不合格原料或零件的风险（客户的风险，或 β）也很低。图 6-25 所示为 AQL 和 LTPD 曲线。

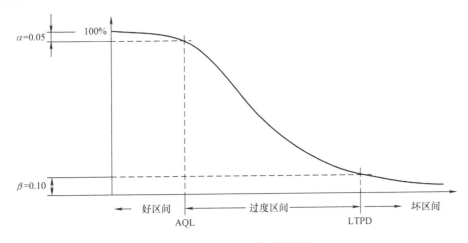

图 6-25　基于 OCC 的抽样风险

对正在执行的工作进行内部质量监控和控制，如一个重要的子装配体甚至是一台完整的汽车，通常会用更加严格的标准进行验收抽样。一个重大的质量缺陷可能会导致整个产品报废。因此，对每个重要子装配作业前后都要设置修复区。

由于验收抽样避免了 100% 的检测，在高效率和低成本监测方面具有很大的优势。验收抽样可以为进场零件质量提供合理保证并降低风险概率。但在没有检测所有零件的情况下，无法保证零件 100% 合格。

抽样方案中，一个被测批次会被接受或拒绝，但这只针对该批产品的性能，并没有涉及对制造过程质量的评估。因此，验收抽样不利于根本原因分析和质量持续改进，这可能是验收抽样方法在工业中不太常用的原因。但是，汽车制造商和供应商一起基于供应商制造工艺开展合作则可以更好地确保零件质量。

此外，工程实践需考虑进场物料的重要性和客户（或买家）对供应商质量的信心。特别是对在一次性设置中生产的部件，只要第一批零件/材料符合要求，就可以免除后续检测。对于已经验证的供应商制造工艺，零件验收抽样通常是不必要的。

6.5 练习

6.5.1 复习问题

1. 汽车质量的定义。

2. 列出汽车质量的七个尺寸。

3. 讨论汽车质量的数据来源。

4. 质量设计的定义。

5. 讨论质量保证与质量控制。

6. 解释全面质量管理的原则。

7. 回顾车身车间的质量管理。

8. 列出汽车涂装常见的质量故障模式。

9. 解释在对汽车质量进行全面检查时的权重。

10. 区分测量准确度和精确度。

11. 区分测量仪的重复性和再现性。

12. 回顾对白车身尺寸质量的不同检查。

13. 回顾 FB 的原则。

14. 回顾零件质量测量点的选择。

15. 讨论 PPAP 的总体过程。

16. 解释单一抽样计划。

17. 回顾 OCC 的含义。

18. 列出物料监控（验收抽样）的优缺点。

6.5.2 研究课题

1. 比较汽车质量的各种定义。

2. 对 BIW 结构完整性进行非破坏性检查。

3. 工程设计中内置质量的应用。

4. 汽车制造商检查汽车质量的做法。

5. 量具质量对产品质量的影响。

6. PPAP 的成功应用。

7. 质量改进的成本效益分析。

8. 来料验收抽样的有效性。

9. 物料/零部件的检查。

10. FB 方法的优点和缺点。

6.6　参考文献

6-1. Davila, A., et al. "The ELVA Project's EV Design Support Tool," Figure 5 from SAE Technical Paper 2014-01-1967, 2014, International, Warrendale, PA, USA.

6-2. Baskett, J.H. "From Tokugawa to Taguchi: Japanese Culture and the Evolution of Quality Management and Management Accounting," Journal of Accounting and Finance Research. 10(2): 23–38, 2002.

6-3. Peterson, W. "Methods to Minimize the Occurrence of Inter-facial Fractures in HSS Spot Welds," Sheet Metal Welding Conference X, Paper No. 3-1, Sterling Heights, MI, USA, 2002.

6-4. USAMP Nondestructive Evaluation Steering Committee "Strategic Plan for Nondestructive Evaluation Development in the North American Automotive Industry," Lawrence Berkeley National Laboratory, 2006. Available from: www.lbl. gov. Accessed September 15, 2007.

6-5. Maier, C., et al. "Laser Hybrid Welding of Aluminum Tailored Blanks including Process Monitoring." Sheet Metal Welding Conference X, Paper 2-5, Sterling Heights, MI, USA, 2002.

6-6. Shao, J. et al. "Review of Techniques for Online Monitoring and Inspection of Laser Welding," Journal of Physics: Conference Series. 15: 101–107, 2005.

6-7. Vollertsen, F., et al. "Innovative Welding Strategies for the Manufacture of Large Aircraft," 2004 International Conference of Welding in the World, Special Issue, July, Osaka, Japan. 48: 231–248, 2004.

6-8. Ghaffari, B., et al. "A Matrix Array Technique for Evaluation of Adhesively Bonded Joints." SAE Technical Paper 2012-01-0475, SAE International, Warrendale, PA, USA, 2012.

6-9. Ghaffari, B., et al. "Nondestructive Evaluation of Adhesively-Joined Aluminum Alloy Sheets Using an Ultrasonic Array." SAE Technical Paper 2015-01-0702, SAE International, Warrendale, PA, USA, 2015.

6-10. Toyota Motor Manufacturing Kentucky. "Toyota Quality," Available from: http://www.toyotageorgetown.com. Accessed March 2011.

6-11. Available from: http://www.fabricatingandmetalworking.com. Accessed June 2015.

6-12. "Culture Club Delivers," Automotive Manufacturing Solutions, 2007, p.28. Available from: http://www.automotivemanufacturingsolutions.com/focus/culture-club-delivers. Accessed June 2007.

6-13. Guzman, L.G., et al. "Analysis and Design of Slow Build Studies during Sheet Metal Assembly Validations." SAE Paper No. 2001-01-3052, SAE International, Warrendale, PA, USA, 2001.

6-14. Perceptron Inc. "In-Process Quality Inspection," Available from: www.perceptron.com. Accessed July 28, 2010.

6-15. Hammett, P.C. et al. "Changing Automotive Body Measurement System Paradigms with 3D Non-Contact Measurement Systems." UMTRI Technical Report: UMTRI-2003-43, 2003.

6-16. Available from: http://www.automotivemanufacturingsolutions.com/technology/staying-out-of-touch. (360 SIMS by Hexagon Manufacturing Intelligence.) Accessed June 2013.

6-17. Gerth, R.J. "Virtual Functional Build: A Case Study," SAE Paper No. 2006-01-1651, SAE International, Warrendale, PA, USA, 2006.

6-18. FCA US LLC, Ford and GM Supplier Quality Requirements Task Force. "Production Part Approval Process (PPAP)," 4th ed., Automotive Industry Action Group, Southfield, MI, USA 2006.

第 **7** 章
CHAPTER

运营性能改进

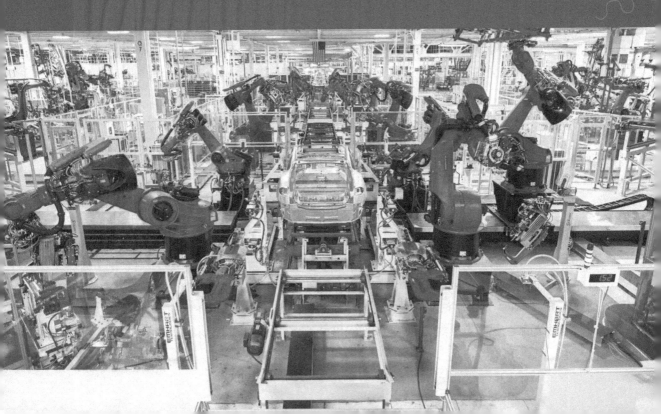

7.1　性能改进

生产运营管理的基本目标是为了产品的产出，即提高生产能力和产品质量。车辆制造系统复杂性高、变量多，运行这样的系统充满挑战。所以在汽车制造过程中，每天都会发生各种各样的产能和质量问题。这些问题有新有旧，生产管理人员一再强调避免相同或类似的问题再次发生，"我不想看到这种情况再次发生，告诉我怎样才能防止它再出现"。显然，防止问题再次发生是可能的，这是实现运营性能改进的关键之一。然而问题是如何找到有效的预防措施。

系统视角对性能改进至关重要。在解决问题或改进性能时，通常容易关注症状本身。有时，这种专注的做法是有效的。但是，制造系统非常复杂，各部分相互关联、相互影响。在改进某一工艺时，若不考虑受其影响的其他工艺或变量，则可能造成新的问题。从系统视角解决问题，有助于摆脱四处灭火的模式，防患于未然。

7.1.1　性能持续改进

7.1.1.1　持续改进的思维模式

持续改进是精益生产原则的一个关键要素。在生产活动或文档中常被称为 "kaizen"（日语，有持续改善的意思）。事实上，持续改进的目的不单是改进产品质量，还包括提高产量、降低成本等车辆工程及制造活动的方方面面。

转变思维模式是改进的一个关键所在。制造业中的传统思维是："如果不出故障，就不去改进。"或被动地应对出现的问题，这实际上阻碍了任何形式的改进。而持续改进提出了一种新的思维模式："如果不出现故障，就让它更好"或"精益求精"，这是各行各业保持竞争力的根本。

标杆式管理是保持开放思维的一种方法，即批判地吸收他人的实践经验，并从中获得更好的管理生产作业的方法。例如，福特公司的管理者经常把他们的内部合作伙伴作为福特的学习标杆，并使他们的经验成为"福特最优实践"，简称 BIF（Best in Ford）。所有功能都可以进行标杆式管理，如安全、质量、交付、成本、士气和环境。福特公司有一个数据库，该数据库包含了公司内部如何应用 BIF 的流程。

此外，改进永无止境，总有更好的设计和制造的方法。正如 Shigeo Shingo 先生所说："如果仅有一种方式到达终点，就不存在改进。"因此，开放的思维是持续改进的另一个关键因素。

改进时首先必须找出产生问题的根本原因，如工艺设计不良、原材料缺陷、手工操作缓慢等。然后，根据根本原因对症下药，解决方法包括转移"瓶颈工位"的部分工作来减小其负荷，提高自动化水平，重新设计工位或增加设备提高产能等。

由于生产系统中存在许多变量，因而造成生产问题的根本原因和约束动态变化。因此，每天或每周应该进行一次系统瓶颈的识别和分析，临时瓶颈对整体产能影响不大。在日常瓶颈分析时，专业人员应将精力专注于持续瓶颈识别，从而使改进工作更加有效。

当系统的某个约束被改进后，系统的输出便可能由另一个约束来控制。例如，子系统 8

的产能是系统的瓶颈之一（图 7-1），在子系统 5 被改进之后，子系统 8 成为整个系统的新约束。该实例解释了为什么要持续改进。

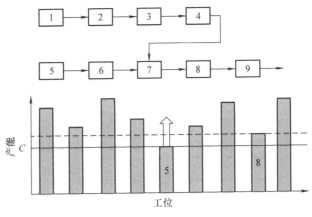

图 7-1　制造系统产能约束

7.1.1.2　员工参与

持续改进的要点是提升员工的主观能动性，并培养他们的创造力。应鼓励每位员工参与到持续改进中，赋予他们权力并给予奖励。员工参与不仅使改进更有效、决策更准确，而且可以促进员工在执行任务和做决策时的主人翁意识。这种主人翁意识反过来激励员工做得更好。

"员工建议计划"是员工参与的一种常用方法，其基本做法是每个人都可以根据现有情况提出改进建议。该方法的实施从填充表格开始，表格如图 7-2 所示。如果建议可行，应对

Employee Suggestion Form　　　　　　　　　　　　　　　Tracking Number:

1. Submission Information			3. Review and Follow-up	
Submitter:	Phone:	Date:	Department Review:	
Manager:	Phone:	Department:		
2. Suggestion/Proposal			Improvement Plan if Feasible:	
☐ Quality Improvement　☐ Empowering People				
☐ Work Efficiency　☐ Other _____				
☐ Cost Reduction			Actions Taken:	
Operation Area:				
Current Status/Problem:			Effect Evaluation:	
Improvement Recommendation:			**4. Closure and Recognition**	
			Department Management Comment:	
			Submitter Concurrence:	
Predicted Benefits:			Recognition/Award:	
			Closure Comment and Date:	
Estimated Effort and Cost:				

图 7-2　改进建议表格示例

其进行审查、分析并实施。图 7-3 所示为员工建议计划的典型操作流程。

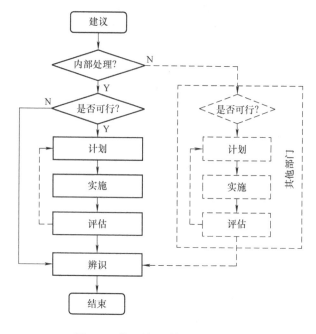

图 7-3　处理员工建议的典型流程

在日本，"员工建议计划"得到了广泛实施。例如，丰田有一个被称为"质量圈"的著名的"员工建议计划"。据报道，在丰田工厂平均每个月每个员工提交 3.5 条建议。

美国汽车行业也在实施员工建议计划。许多公司都有良好的员工参与政策和实践，这促进了员工自愿参与到持续改进中。以下列出了员工参与的一些好的实践经验：

1）工厂工作的每一个人都要接受一个职前培训，学习如何进行改进并写一个简单的建议。

2）鼓励和帮助员工参与改进是其主管或经理的责任，并进行相应的奖励。

3）兼职或全职员工均可帮助短时工提出建议并跟进。

4）无论是否有资源实施此类建议，均需快速反馈。

5）高级管理层要为所有员工提供经常性的指导、知识更新并总结。

在汽车制造企业中，员工参与特别是"员工建议计划"，取得了不同程度的成功。但施行过程中也存在一些与管理实践、企业文化等因素相关的问题。其中一个问题就是有时改进工作的优先级较低，当与繁忙的工作进度表或议程冲突时，改进工作就要搁置。

7.1.2　持续改进的方法

7.1.2.1　解决问题流程

为有效地处理这些根本问题，遵循一定的程序并依靠数据驱动很重要。常见的五步问题解决和持续改进过程如图 7-4a 所示。这五个步骤为定义、测量、分析、改进和控制（简称 DMAIC）。DMAIC 法被认为是六西格玛绿带培训（6－Sigma－Green－Belt）的核心，该方法为系统化解决问题提供了一条清晰的路径。实践证明，DMAIC 法在实际生产中是有效的。

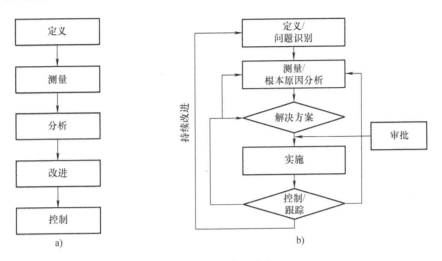

图 7-4　典型的持续改进步骤

　　DMAIC 的每一个阶段都需要确定工作目标、工作内容和参与者角色。表 7-1 总结了 DMAIC 每个阶段的任务、可用工具和可交付成果。借助数据分析和/或一些其他考虑，这些步骤有时被细分为更多具有相似流程的步骤。例如，文献[7-1]提出一个用于 OEE 和瓶颈研究的 12 步法，Crosby[7-2]提出一种用于质量改进的 14 步法。

表 7-1　DMAIC 法总结

阶段	主要任务	工具	预期结果
定义	项目定义、过程定义、团队形成	项目图、工作分解结构、头脑风暴、举例子、5 - whys 分析法和 Pareto 图表	预测收益、项目进度表和所需资源
测量	度量定义、基线估计和测量设备	SPC 图、误差分析、R&R 分析和回归分析	基线、现状及测量计划和结果
分析	价值流分析、变化源分析和根本原因分析	价值流程图（VSM）、失效模式与影响分析、供应商、输入、过程、输出和客户、计算机仿真、DOE 等	问题的根本原因
改进	根本原因解决方案、实施，以及测量与验证	优化方法、系统平衡、预防性维护、防错防呆/防错防误等	改进情况（过程与成果）
控制	新工艺标准化、经验总结和可行性验证	早期阶段使用的所有数据分析工具（用以验证新状态）	新的流程、标准以及项目结题文件

　　运用 DMAIC 法解决问题时，能否成功往往依赖于分析阶段。有时问题的根本原因并不明显，无法用简单方法，如统计过程控制图（SPC）分析解决。此时，项目团队需要专业工程人员的帮助，应用更先进的分析工具，如试验设计（DOE）来进行问题分析。其他分析工具包括：方差分析（ANOVA），基于二项分布、泊松分布或韦布尔分布的分析，指数加权移动平均和假设检验。

　　Pareto 分析是问题分析的有力工具之一，其有时被称为 "80/20 法则"，即大约 80% 的缺陷是由20%的原因造成。当一个问题或改进被确认下来，这可看作输出 Y 受许多因素或输入 X 的影响。即 $Y = f(X_i)$。

重点在于输出 Y 不是由输入集合中每个 X 贡献一点而产生的。大多数情况下，通过定量分析可以找出一个对输出 Y 有决定作用的 X。识别出对 Y 响应最大的控制因素（主控 X）至关重要。在 Pareto 图中，第一个条柱或最高的条柱会被标记为特殊的颜色（如红色），如图 7-5 所示。在之后的示例中，针对不同问题或目标类型，相应地使用多个类型的 Pareto 图进行分析。

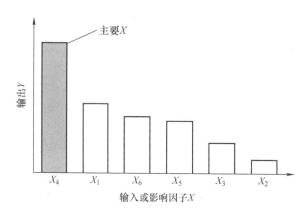

图 7-5　输入 X 与输出 Y 的 Pareto 图

此外，与使用传统的 DMAIC 法相比，持续改进要求在问题解决流程图的末端增加反馈环节，从而形成闭环。如前所述，这是持续改进的关键。

类似于 DMAIC 法，克莱斯勒（Chrysler）及其供应商使用"七步纠错法"进行问题解决。该法分为七个步骤：问题描述、问题定义、原因分析、短期举措、因果分析、长期对策、跟进和检查。

另一个解决问题的系统化流程称为"计划－执行－检查－处理"（Plan－Do－Check－Act，PDCA）。它由连续的四个步骤组成，用于任务改进。Plan 界定问题的范围，并明确解决方案，Do 为计划的实施，Check 是跟踪计划实施的进度及对结果进行验证，最后，Act 是标准化新的改进流程。

图 7-6 所示为一个 PDCA 的实例。该例中，某装配线工位 10 的循环操作时间缓慢。该问题是由工位中机器人 R05 造成的。因此，通过重新编程机器人的工作路径来减少所需时间。

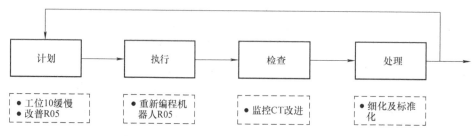

图 7-6　PDCA 流程与实例

遵循 PDCA 的逻辑，福特提出一种新的问题解决方法，称为 8D 问题求解法（又称为 8D 报告）。它实际上由九个法则组成，分别如下：D0 做出计划，D1 建立团队，D2 定义及描述问题，D3 制定临时遏制计划、实施和验证临时措施进行止损，D4 通过头脑风暴和数据来确定、识别和验证根本原因和漏失点（出现故障的位置），D5 针对数据驱动的问题或不合格项，选择并验证相应的永久性纠正措施，D6 实施和验证永久纠正措施，D7 采取预防措施，防止复发，D8 团队庆祝并结束项目。

所有结构化问题的解决方法都是依流程而定的。它不指定统计工具或数据分析方法，允许团队酌情选择适当解决方法。

对于重要的且难解决的质量问题，可以使用计算机仿真进行多变量分析。借助计算机仿真，不仅可以考虑工艺参数的影响，而且可以综合考虑零件、夹具等因素的影响。例如，考虑夹具重复性变化的仿真研究[7-3]。在进行计算机仿真时，首先应根据现有的条件和结果对仿真模型进行验证；然后将提出的改进方案（如调整或再设计）应用到仿真模型中，预测可能的结果。

7.1.2.2　结构化头脑风暴法

车辆装配厂的运作过程十分复杂，即使是有经验的员工也不易辨识造成问题的根本原因。许多情况下，在解决问题或改进项目的初期阶段，需要使用头脑风暴法进行探讨。团队针对潜在的根本原因进行充分讨论，并交换想法，就问题的根本原因达成共识。但需要注意的是，头脑风暴法通常是解决问题的起点，它并没有提出解决问题的具体方法。以下是工业中常用的一些解决问题的方法。

7.1.2.2.1　名义群体法

名义群体法是一种结构化团队协作方法，它鼓励团队对问题及相应解决办法进行头脑风暴，提升团队成员对问题识别和方案制定的参与度。该方法强调每个人的意见，因而有助于从团队中产生大量的综合性建议。这对于跨职能团队来说尤其重要，因为不同成员之间有着不同的关注点，而且一些成员也是管理者。然后团队对得到的建议按优先级进行排序，并从共性建议中得出一组优先级较高的综合性问题解决方案，据此采取行动以改进问题。

这个过程通常由经过训练的主持人带领其他人来完成。主持人鼓励所有的团队成员在黏性便笺或卡片上写下他们的想法，然后收集全部的便笺和卡片粘在白板上，并要求团队成员作简要说明。为了鼓励大家参与，想法共享阶段不允许其他成员评论。在想法收集完成后，由主持人引导大家讨论，并依共识度进行排序。

7.1.2.2.2　亲和图法

在团队头脑风暴后，许多想法浮出水面。亲和图能帮助我们整理所有的想法，并根据相似性和/或自然关系进行分组。这种方法可以挖掘团队的创造力和直觉力，使小组成员对问题或项目改进的基本组成或关键输入更加了解。最后，基于影响成功的重要性对分组想法进行综合评估。

图 7-7 所示为亲和图法应用的例子[7-4]。在图例情形中，某产品经历了一个令人不快的退货率。起初并不清楚是什么质量问题造成的。于是，跨职能团队通过头脑风暴对问题进行识别，并对识别出的问题进行组织，进而建立一个清晰的调查图谱，调查消费者在相应问题方面的产品体验。在解决此类问题上，亲和图法行之有效，让团队对解决问题有一个清晰的思路。

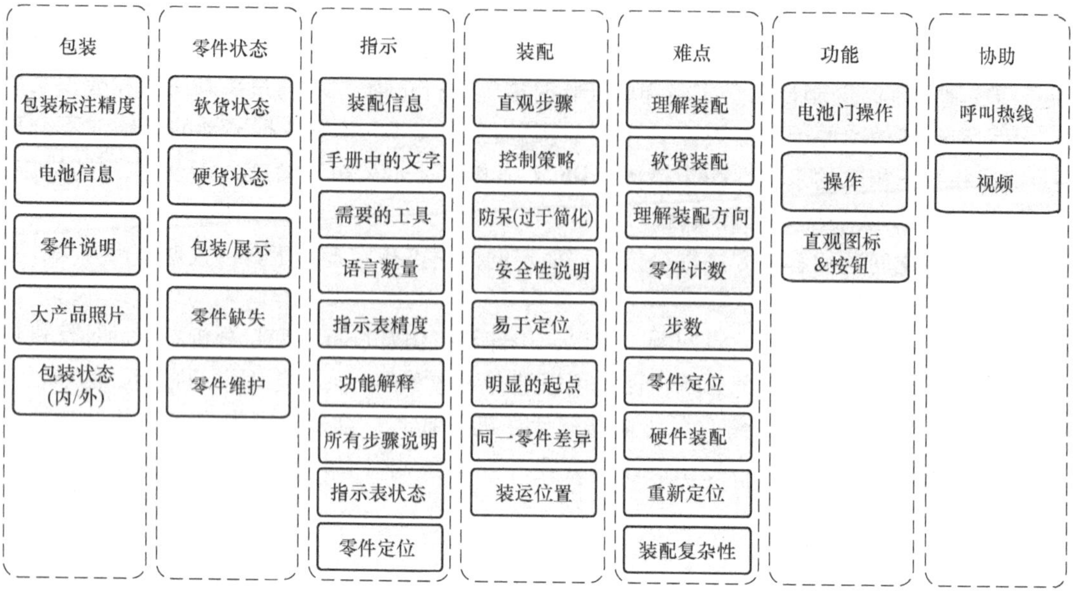

包装	零件状态	指示	装配	难点	功能	协助
包装标注精度	软货状态	装配信息	直观步骤	理解装配	电池门操作	呼叫热线
电池信息	硬货状态	手册中的文字	控制策略	软货装配	操作	视频
零件说明	包装/展示	需要的工具	防呆(过于简化)	理解装配方向	直观图标&按钮	
大产品照片	零件缺失	语言数量	安全性说明	零件计数		
包装状态(内/外)	零件维护	指示表精度	易于定位	步数		
		功能解释	明显的起点	零件定位		
		所有步骤说明	同一零件差异	硬件装配		
		指示表状态	装运位置	重新定位		
		零件定位		装配复杂性		

图7-7　亲和图法应用示例（授权使用）

亲和图法的工作原理类似于因果图。因果图有时也称鱼骨图，在预定义组中更加具体，将在后面的小节中讨论。

7.1.2.2.3　力场分析法

一旦问题被识别，分析流程进入问题影响因素确认环节。一个问题通常会受多个因素影响，有些对问题或目标起制约作用，有些起促进作用。驱动事物朝着目标发展的称为促进力，而阻止事物向目标发展的称为阻碍力。相应地，力场分析法综合评估促进力和阻碍力的作用效果。这个过程就像是决策过程中列出优缺点。

可视化的力场分析不仅可以帮助团队激发促进力，而且可以引导团队去克服阻碍力。因此，需要评估这些作用力的影响能力，进而为优先级制定提供基础。行动计划的制定加强了促进力，并削弱了阻碍力。表7-2给出了一个质量改进的简单示例。

表7-2　力场分析示例

促进力	→	←	阻碍力
专业的团队	→	←	新材料
有经验的工程师	→	←	试用零件
新测量工具	→	←	有限历史数据
新开发的分析软件	→	←	紧迫工期

7.1.2.2.4　5-whys法

5-whys法是一个用于探究特定问题因果关系的迭代问答工具。程序先定义一个问题，然后寻求造成该问题的原因，通过反复对一系列"why"现象提问，最终答案将导向问题的根本原因。上一个问题构成下一个问题的"因"，下一个问题为上一个问题的"果"。方法名称中的"5"只是表示多次重复，但非指重复或要停止的次数。历史经验表明，大多数情况下通过5次以上循环便可以找到问题的根本原因，但有时也需要更多次循环。

　　问答循环的结果在很大程度上依赖于知识储备。在询问问题的过程中，讨论过程可能会产生多个方向，这些方向或好或坏，图 7-8 所示为一个示例。有时一个问题由几个原因造成，这就要把注意力集中到问题本身上。

　　另一方面，5 – whys 法虽是一个简单易用的工具，但应用时最好限制在团队能够控制的工作范围内。如果发现最终的结果超出控制范围，那么就返回到上一个"why"的答案。

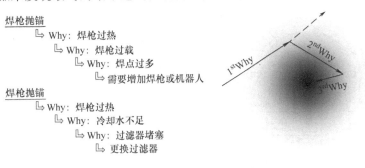

图 7-8　5 – whys 法应用示例

7.1.3　价值流分析

　　价值流是指为客户设计、生产、交付产品或服务所需的活动总和。研究价值流需要系统地看待整个流水生产线。从原材料到交付成品车，整个生产线都在为顾客创造价值。价值流程图（VSM）是丰田提出的一种被称为"物料 & 信息流图"的可视化工具，用于可视化价值创造过程及其改进。借助该工具，可以较好地掌握当前的生产状态，并对如何减少系统中非增值活动提出改进措施。

　　VSM 包括以下五个步骤：

　　1）选择一个产品或产品族。

　　2）跟踪产品制造过程，并绘图表示每一个主要工艺步骤的材料和信息流；通常情况下，最好从制造系统的末端开始绘图，并溯流而上。

　　3）弄清增值活动耗时及全部活动耗时。

　　4）描绘"未来状态"蓝图，说明如何控制价值流的流动来改善或减少非增值活动。

　　5）制定并实施改进计划。

　　图 7-9 所示为 VSM 应用的典型示例[7-5]。通过映射，确定每项作业的生产前置时间（PLT）和增值时间（VAT），其中 PLT = 23.5 天，VAT = 184s。显然，可以通过减少主操作之间的库存时间来改善 PLT。该研究还可以从时间角度发现系统的瓶颈。在示例中，装配#1 的增值时间是最高的，这意味着装配#1 是其所在系统的瓶颈。

　　为了解决瓶颈问题，需要重新设计作业过程，对一些生产活动进行再分配。图 7-10 所示为一种可供选择的再分配方案。示例中，装配#1 的一个 4 – s 焊接作业被分配给焊接#2，一个 6 – s 焊接作业被分配到装配#2 中，从而使每项作业的增值时间更接近，系统具有更好的平衡性。在实践中，可供选择的方案很多，应根据技术可行性、经济合理性和资源准备状态对它们进行审查和比较。

　　在 VSM 分析的第三步中，可以借助几个问题来识别非增值作业，从而提出一个"未来状态"作为改进目标。问题可以是以下任意一个。

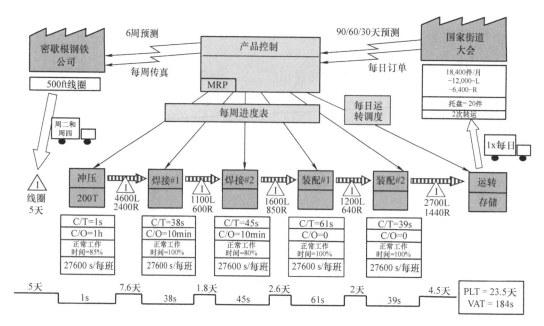

图 7-9　VSM 示例（由 Lean Enterprise Institute，Inc 提供）

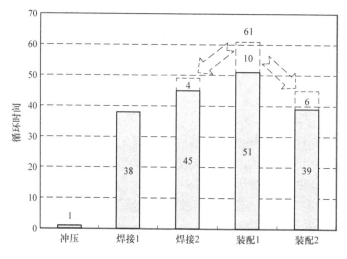

图 7-10　价值流程图中增值时间（周期时间）示例

1）哪些操作/步骤不能给最终客户增加价值？

2）可以考虑哪些操作/步骤控制整个生产过程？

3）设备正常运行时间是多少？

4）需要什么样的工艺改进以实现未来状态？

　　一旦有了一手资料，就不难遵循 VSM 流程来回答这些问题，并引导自己更好地了解系统状态进而形成改进思路。显然，这些问题依赖于不同应用场景，也一定程度体现了其他原则和方法，如精益生产和 DMIAC 法。

　　VSM 常常使用某种"时间"作为分析指标。此时，"时间"可以是日历时间、工作时间或周期时间中与增值相关的特征。VSM 可以用于工程过程或服务工作。因此，应该集中精力于如何改变以减少非增值时间。例如，文献[7-6]利用 VSM 分析机器人涂装工程项目，工程周期从 806h 降低到 386h，改进了 52%。

VSM 也可以用于其他商业目的，如提高人力资源利用率、降低人力成本。在绘图时，若考虑所有流程，则最终流程图将会非常庞大。考虑到大型系统的复杂性，在分析前建议先为大型系统绘制一个总体的宏图，然后针对装配过程再制作详细的微图。

7.2 产能提升

7.2.1 产能分析

7.2.1.1 产能影响因素

制造系统的产能可以通过产出数量或产出速率来衡量。车辆装配产能可以看作是在给定时间内生产合格车辆的总量。因此，产能是一个综合结果。第 5 章中讨论的设备综合效率（Overall Equipment Effectiveness，OEE）便是一个很好的产能评估指标。OEE 考虑了三个因素：停机损失、速度损失和质量损失。事实上，产能受许多已知或未知因素影响，如图 7-11 的鱼骨图所示。

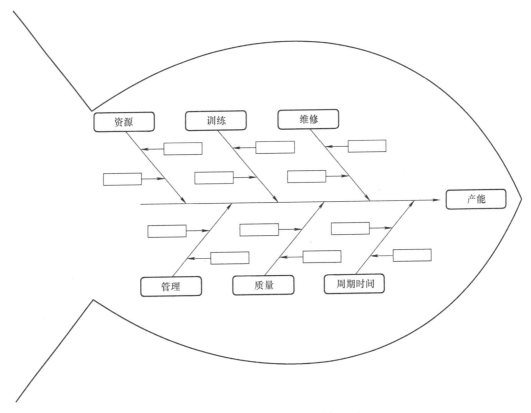

图 7-11 影响产能的因素

首先需要关注的是周期时间，因为生产线的周期时间与生产线的产能成反比，即

$$JPH = \frac{3600}{周期工时} \tag{7-1}$$

例如，装配线的周期时间是 45s。如果实际周期时间慢 1s，则产能减少 1.74 JPH $\left(\frac{3600}{45} - \frac{3600}{46} = 80 - 78.26 = 1.74\right)$。

当慢速工位成为装配线的"瓶颈"时，改进工位周期时间是提高产能的一种有效方法。仔细观察工位的作业细节，多数都可找出 10% ~ 20% 的改进空间。这些改进空间可以通过提高目前移动或动作速度、优化移动路径和/或使某些移动或动作并行来实现。

因为大多数设备停机时间与维护水平相关，第 5 章讨论的设备维护策略与实践至关重要。若一台设备故障半小时，产量将损失 0.5 个 JPH。

产品质量是制约产能的主要因素之一。修复或再加工缺陷产品耗费生产资源。如果缺陷产品不可修复，则必须从总生产数量中扣除缺陷产品数量。

生产绩效与生产人员、技术人员、工程师以及生产管理专业人员的培训水平相关，这是一个交叉范畴。例如，平均修复时间（MTTR）与技术人员培训程度高度相关，手工操作缓慢的原因往往是缺乏培训。

生产管理，包括工序、政策、员工、领导等，对生产效益起着关键性的作用。好的管理可以最小化乃至消除与资源和物流相关的生产线等待时间。虽然企业现在的生产管理是由企业资源计划（Enterprise Resource Planning，ERP）等实施，但通过改变一定的规则或逻辑来提升生产管理水平的案例也是常见的。

解决制造系统产能问题最有效的时期在系统开发阶段，而不是依靠后期持续改进。系统一旦就位，其产能自然就确定了。因此，系统产能应该是系统开发阶段的主要关注目标。例如，系统缓冲区对于产能非常重要。如果大量工位以背对背方式组织，且未设置缓冲区，那么任何微小的生产中断都会对系统造成影响。

7.2.1.2 产能提高案例分析

通用汽车公司（General Motors，GM）以"通用汽车公司的产能提高"为题发布了其在产能提升上取得的成就，并因此获得了 2005 年爱德曼奖[7-7]。在该项目中，GM 采用运筹学方法，实现了生产效率的提高。据报道，通过提高生产效率，GM 在 10 个国家共计 30 个装配厂里节省了超过 20 亿美元。

例如，GM 对车身装配系统进行了产能研究。该装配系统有八个作业，每两个之间设有缓冲区，如图 7-12 所示。速度、平均故障间隔时间（MTBF）、平均修复时间（MTTR）以及质量（或报废率）被用来说明生产线性能（图 7-13）。为了识别影响某项性能的主要原因，图 7-13 中的数据按频次降序（或按重要程度降序）排列，而不是按操作流程排列。如前所述，这种类型的流程图是根据 Pareto 法则绘制的。通过这些图表，针对特定问题首先应该处理哪个作业便一目了然。

图 7-12 装配线示例

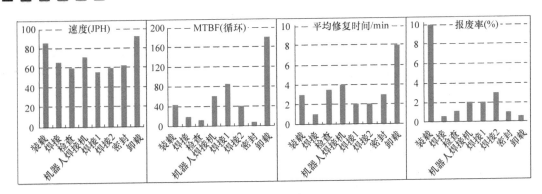

图 7-13　典型装配线的 Pareto 性能图

对上述案例，周期时间上的瓶颈是焊接 1，因为它的速度最慢。就停机时间而言，密封是最麻烦的作业，因为它的 MTBF 较其他操作更短。相对而言，卸载阶段的 MTTR 最长。装载导致的报废率最高，所以为了提高质量，应优先处理装载阶段的问题。

如 GM 案例所示，造成产量问题的根本原因多种多样。停机的主要原因之一是设备问题。在生产线改进上，特别是在减少停机时间方面，常用的方法是加强设备维护（如全员生产维护，TPM）和快速修复（或缩短 MTTR）。其他小节中，将对影响产能的主要因素进行分析。

汽车制造系统复杂，其子系统和变量较多，当多个问题同时发生时，系统的瓶颈并不总是显而易见的。这种情况下，数据分析和现场调查是识别瓶颈的关键举措，如以下 GM 的另一案例研究。该案例发现车辆装配的最大瓶颈是在车内"顶篷"上安装笨重的车顶衬套。操作员每工作五个循环后，不得不暂停生产线去取另五个车顶衬套，然后重启生产线继续工作，因为停机时间只有 1min 左右且不是设备性能所致，导致生产管理部门并未发现该问题，当根本原因被识别出来后，通过部门协调使车顶衬套的备件库更加靠近装配位置，从而解决瓶颈。最终整个工厂的产能得到了提升[7-7]。

7.2.2　生产停机分析

7.2.2.1　停机追踪

停机损失是造成产能降低的主要原因。造成系统（生产线、工位或设备）停机的根本原因不尽相同。在生产作业过程中，应及时记录停机事件。表 7-3 是记录停机事件的典型格式。

表 7-3　停机记录矩阵应用示例

示例	属性
59	编号
2014. 02. 14	日期
M. Smith	记录人员
2nd	班次
URS S11	区域
R5	设备

（续）

示例	属性
焊枪下臂	部件
断裂	问题描述
40	持续时间（min）
替换	临时解决措施
疲劳、设计	根本原因
重新设计下臂	长期解决措施
工装工程	责任部门
2014.02.27	目标解决日期
2014.03.03	验证日期
新下臂已安装，工作正常	证据
2014.03.03	结束日期

　　好的记录文档是问题分析、解决和预防的基础。对于大型装配车间，这种停机信息应由所有区域监督员提供，并以轮班形式依次输入到一个主文件中。如果记录格式中的大多数项目已预先定义类别，会使进程更加顺利。例如，将设备分为夹具、机器人、末端执行器、输送机等。为了确保集中精力在主要问题的改进上，停机时间少于2min且不再发生的停机事件可以不予重视。

7.2.2.2　停机时间分析

　　找出问题的根本原因是防止其再次发生的关键所在。进行故障排除和根本原因分析的方法有很多。一个摘要文档，如"停机问题解决表"，它是追踪问题修复、根本原因描述和预防措施的有效策略，如图7-14所示。

　　车辆装配操作规模大、复杂性高，在根本原因分析、规划、举措和验证等不同阶段产生的问题总量很容易超过一百。为了有效地管理未解决的问题，可以使用基于电子表格（如MS Excel）的跟踪矩阵。除了列出信息，还可以对未解决的问题进行颜色编码以便于识别。表7-4为依据问题状态进行颜色编码的示例。

7.2.2.3　评估和优先级

　　对问题进行评估可以确定故障排除及预防的优先顺序，问题自身特性分析是风险评估的基础。首先，需要量化问题的后果严重性及再次发生的可能性。表7-5和表7-6列出了生产停机及质量问题量化标准的一些示例。其他类型的问题可以用相同的方式进行评估。评估准则及排名顺序根据经营特点和管理偏好确定。

　　然后，依据问题的严重性及再次发生的可能性，确定问题的重要程度以及修复和预防的优先顺序，见表7-7。表7-7显示了一个机器人控制器（硬件）故障，该故障属于不太可能事件，但诊断并更换故障电路板可能需要25min。然后，根据可能性及重要性水平，在矩阵相应的单元格中进行标记。

Downtime Problem Solving Form

Tracking #:

Priority Level:

Problem Description									
Shift	Line/Station	Equipment	Fault Started	Fault Fixed	Downtime	Area			
1 2 3			0:00	0:00	0:00	Electrical	Mechanical	Building	other
Description of Failure			Actions during Downtime						

Preliminary Root Cause Analysis			
5W1H Identification		Possible Root Cause	
What		1	
When		2	
Where		3	
Who		4	
Which			
How			

Root Cause and Solution			
Verified Root Cause with Analysis		Permanent Solution and Prevention	
1		1	
2		2	

Solution Implementation and Verification				
Action	Time	Completed by	Verified By	Remarks
Recommended follow-up/monitoring				

Attachments:

图 7-14 停机问题解决表示意图

使用该矩阵，不同层次后果严重程度和再发生可能性的问题可以被分离和识别出来。

表 7-4 不同问题状态的颜色编码

状态及颜色	描述
未解决（红色）	根本原因未知，未被包含的问题
采取的临时措施（黄色）	根本原因未知，已采取临时措施，问题还未重现
等待审批（蓝色）	根本原因已知，纠正措施相关建议已有，等待管理者审批
永久性举措实施（浅绿色）	采取永久性纠正措施，需要进一步验证
永久性举措验证（绿色）	用实际数据验证永久性纠正措施

表 7-5　问题严重性量化标准

水平	标准（停机时间、故障率）	排序
灾难性的	>1h、>10%	5
重要的	20~60min、3%~10%	4
中等的	5~20min、1%~3%	3
微小的	2~5min、0.2%~1%	2
不重要的	<2min、<0.2%	1

表 7-6　问题再发生可能性量化标准

水平	时间间隔	排名
非常可能	周	5
较可能的	月	4
可能的	年	3
不太可能的	2~3年	2
非常不可能	全生命周期	1

表 7-7　问题重要性及优先级矩阵

重要性＼可能性	灾难性的（5）	重要的（4）	中等的（3）	微弱的（2）	不重要的（1）
非常可能（5）					
很可能（4）					
可能（3）					
不太可能（2）	×				
非常不可能（1）					

7.2.3　生产复杂性降低

7.2.3.1　减少车辆配置

一个车型常有很多配置，大批量生产的车型也不例外。汽车常见的配置选项包括不同的颜色涂装、车轮、传动系统、座椅以及内饰，各种组合可轻松过千。德国福特 Fusion 工厂就是一个很好的实例。Fusion 提供了一种车身造型，但配置了 7 种动力系统、179 种涂装和装饰、53 种厂装选项[7-8]。在 2007 年秋季，沃尔沃推出 C30，其宣称该车型有 500 万种定制化方案，能提供客户喜欢的任何款式[7-9]。

从整车装配的角度来看，一项研究表明，产品多样性对产品质量没有统计学上的显著影响[7-10]。但是，多配置增加了制造的复杂性及成本。例如，IP 模块的变化不仅影响特定的安装操作，还影响工厂的物流及用来提供正确部件组合的支持结构。换言之，产品多样性使得制造计划和调度更加复杂，需要更大的场地，且在装配操作中需要额外的防错措施。

值得注意的是，在车辆装配厂的三个主要车间中，总装车间关注的重点是产品种类对制造的影响。车身车间和涂装车间，因为自动化和柔性化程度的提高，总体上更适应产品多样化带来的要求。

对于大批量生产的车型，应当限制配置数量至一定水平以使车辆销售和制造成本达到最佳平衡。例如，丰田减少了其热门车型 CAMRY 的可选配置。2011 款 CAMRY 可实现 1246 种配置组合，而在不考虑内外饰颜色变化的情况下，2012 款车型只有 36 种[7-11]。

降低复杂性可以从市场反馈分析开始。其中一种方法是收集消费者对不同配置的意见，从而合理地选出最佳配置集。销售数据便是一项很好的指标，例如，根据它们在经销商门店的待售天数和/或它们在总销售量中的百分比来评估车辆配置，如图 7-15 所示。换言之，销售缓慢的配置是非必需的，因为它们待销时间过长。

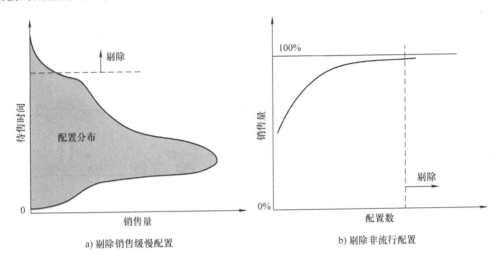

图 7-15　降低车辆配置的评估方法

同理，为降低制造的复杂性和成本，在总销售量中占比很小的配置应该置于候选单内。有些配置对大多数客户的影响很小。综合考虑多种因素后，才能选出需要淘汰的配置。简而言之，通过保留客户愿意支付的配置和多样性，削减利润较低的配置，以降低成本。

7.2.3.2　批量化处理

在许多情况下，车辆装配的生产过程是可以根据任意产品配置组合来组织的。但是，以批量化模式进行生产规划和运营更加高效。例如，一款车型有多种颜色。显然，连续喷涂相同颜色的车辆可以降低涂漆更换的频率，从而降低清洗溶剂使用量及废漆产生量（每次更换约 0.2~0.5gal，即 0.757~1.893L）。如果没有良好的分类机制，涂装车间中每喷涂两辆（或更少）汽车就需要更换涂漆。更换调色板的平均花费大约为 60 美元，装配厂每年有 25 万~30 万辆次的涂装量，这会对财务产生显著的影响。此外，批量涂装还可以提升产能，改善环境的可持续性及可靠性。

为了使相同颜色的车辆分到一组，可以在车身车间和涂装车间之间设计一个系统缓冲区作为分拣库。基于涂装颜色，并以特定的逻辑顺序对车身进行重新排列。在色漆涂装室前也可以设置类似的分拣库，通过互换车辆位置得到更大的批量（图 7-16）。

批量处理可使每辆车节省几美元。批量化生产管理意味着车辆需根据配置进行重新分组，如天窗和发动机配置。然而，批量化对生产控制提出了挑战，使其更加复杂。此外，下游装配过程可能需要（或不需要）进行类似的批量化生产。因此，在涂装车间与总装车间

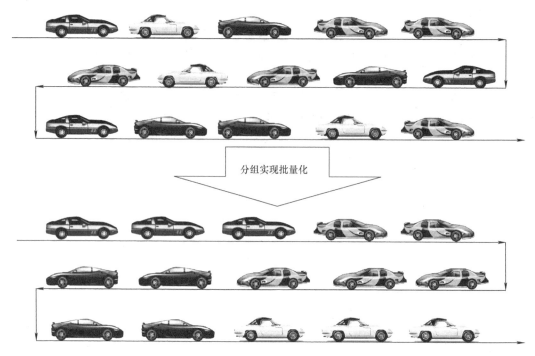

图 7-16　高效涂装批量化处理

之间可能也需要设置分拣库。

7.3　瓶 颈 分 析

瓶颈,字面意义是指瓶顶部狭窄部分。在车辆装配中,几乎所有的工位和装配线都是串行设置的。在制品依次通过装配系统的各个环节。车辆制造系统瓶颈是指限制整个系统性能或产能的单个或多个操作。在大多数情况下,整个车辆装配厂的瓶颈即为最慢的工位或子装配线。此外,设备故障或产品质量问题也会造成瓶颈。

7.3.1　约束理论

汽车制造系统可以看作是一个具有多个环节的大链条。整个系统(链)的强度和性能由链的最薄弱环节的最大承载能力决定,如图 7-17 所示。换句话说,每个系统

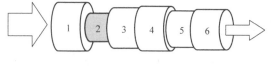

图 7-17　系统约束示意

都存在限制系统产能的约束(或杠杆点),就像链条的最薄弱环节限制了整个链条的强度一样。

虽然系统任何部分的改变都可能会影响系统的性能,但提高系统的关键杠杆点的承载能力可以显著地提高系统的整体性能。因此,改进工作应从识别最薄弱的环节开始。该基本概念有时被称为 Galdratt 法则或约束理论(TOC)。

一般来说,任何阻碍系统实现目标的事物都有可能是约束或瓶颈,如资源、材料、资金

以及知识/能力。对于运行中的制造系统，约束可以是产品质量、产量、生产效率等。通过数据分析和比较，不难识别系统约束。识别出瓶颈之后，便要思考如何改进。改进要解决的基本问题是要改变成什么样，需要采取什么具体措施。

显然，约束识别逻辑适用于工艺串联的生产线。例如，图 7-18 所示为一生产线（子系统）上九个工位的产能情况，绘制该图首先需要计算每个工位的产能。比较各工位的产能，从图中可以看出工位 5 的产能最低，于是工位 5 即为整个生产线的产能瓶颈或约束。

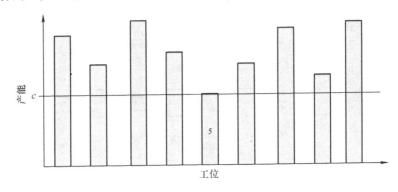

图 7-18　制造系统约束

约束及其识别依赖于生产作业的主要关注点，如关注点是产品质量，而非生产率。关注点不同，约束也可能不同。约束识别和改进的原理都相同，且适用于所有类型系统，无论大小。在运营管理中，瓶颈和约束分析是提高产能的常规任务。

7.3.2　独立可用性

7.3.2.1　独立可用性的特点

设备综合效率（OEE）中的系统可用性（Availability，A）体现了系统的整体状态。就可用性而言，导致系统不工作的原因有三：首先是系统本身的故障；其次是系统准备就绪，但没有从其直接上游系统或供给线获得新的部件，处于等待状态；第三种可能的情况是，系统准备就绪，但因为某种原因无法接收任务，不能将完成的工作输送到下一个系统。

后两种情况，系统不工作的根本原因来自外部，分别称为断料和堵塞。因此，系统在任何时候可看作处于以下四种操作状态中的一种，即工作、停机、断料和堵塞。同样，该系统可以是装配线、工位或单个设备。

因此，在问题识别和根本原因分析时，要从混合了断料及堵塞的整体状况中提取停机状态。因此，引入独立可用性（Stand Alone Availability，SAA）来表示制造系统的真实可用性。下面是设备综合效率中的可用性（A）和 SAA 计算公式比较：

$$A = \frac{实际生产时间}{计划生产时间} \tag{7-2}$$

$$SAA = \frac{实际生产时间}{计划生产时间 - 断料时间 - 堵塞时间} \tag{7-3}$$

例如，系统在预定的 8h 作业中运行大约 7.3h。在运行过程中，实际工作时间是 6.7h，其中故障时间为 0.2h，断料时间为 0.1h，堵塞时间为 0.3h。由式（7-2）和式（7-3）可得：

$$A = \frac{6.7}{7.3} = 91.78\%$$

$$SAA = \frac{6.7}{7.3 - 0.1 - 0.3} = 97.10\%$$

结果表明，系统有 91.78% 的可用时间。而在不考虑外部约束的情况下，系统实际有 97.10% 的可用时间。

用另一实例进一步说明 SAA 和 A 之间的差异。如图 7-19 所示，该系统由六个子系统及子系统之间的缓冲区组成。子系统的 A 和 SAA 以 Pareto 分布表的形式绘制在图 7-20 中。从图中数据可以看出，A 值最低的为子系统 2，而 SAA 值最低是子系统 5。因此基于 SAA，子系统 5 才是改进工作的首要关注点。

图 7-19　六个子系统组成的系统

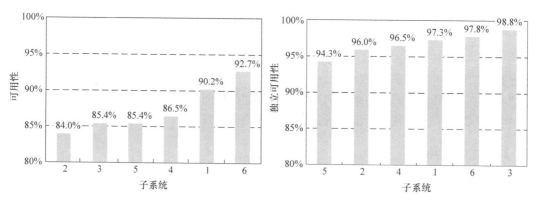

图 7-20　A 与 SAA 的差异对比示例

总之，尽管 A 反映了系统可用性的整体观测水平，与 A 相比，SAA 能够更加清晰地体现系统真实、准确的状态。因此，SAA 能够更有效地识别系统真正的瓶颈。

7.3.2.2　独立生产率

将 SAA 的概念延伸到实际生产率上，就有了独立生产率（Stand Alone JPH，SAJPH）的概念。SAJPH 以与 SAA 相同的方式表示系统性能，见式（7-4）。

$$SAJPH = \frac{产量}{计划生产时间 - 断料时间 - 堵塞时间} \tag{7-4}$$

例如，制造系统以预先设计的生产率（或总的生产率）JPH = 80 运行，预定的生产时间是每班次 7.25h。单班次生产车辆 500 辆。其中系统堵塞时间为 0.25h，断料时间为 0.20h。则：

$$SAJPH = \frac{500}{7.25 - 0.2 - 0.25} = 73.53$$

$$JPH = \frac{500}{7.25} = 68.97$$

在这个例子中，每个班次的目标产量是 7.25 × 80 辆 = 580 辆。而实际生产 500 辆，等

效工作时间为 $(500/80)h = 6.25h$。除去已知的断料时间和堵塞时间，停机时间为$(7.25 - 6.25 - 0.2 - 0.25)h = 0.55h$。

因此，系统故障导致的生产损失为 0.55×80 辆 $= 44$ 辆（$44/580 = 7.59\%$）。堵塞和断料造成的损失分别为 0.25×80 辆 $= 20$ 辆（$20/580 = 3.45\%$）和 0.20×80 辆 $= 16$ 辆（$16/580 = 2.76\%$），如图7-21所示。显然，应该针对故障时间进行改进工作。

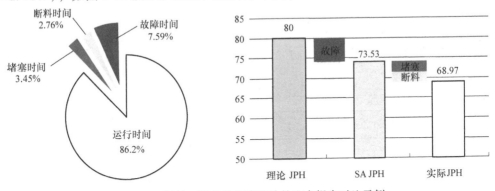

图 7-21 断料、堵塞及故障导致的生产损失对比示例

因为 SAJPH 能够体现系统无外部约束情况下的真实性能，所以相对于 JPH 或生产计数，SAJPH 更具合理性。使用 SAJPH，高层管理人员不仅可以知道每个部门的业绩，而且能识别出整个工厂的瓶颈。

图 7-22 所示为另一个例子。此例中，三个车间的总 JPH 分别被设计为 80，78 和 76。

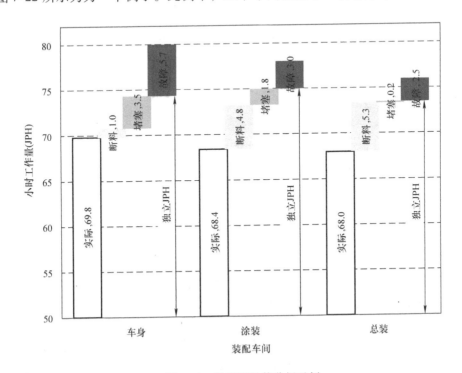

图 7-22 装配厂性能分析示例

另外，为了确保生产的连续性，各车间的实际生产时间应该是不同的。图 7-22 中提供的数据表明，总装车间的 SAJPH 最低，这说明总装车间是装配厂的瓶颈。其直接原因是设备故障（损失相当于 2.5 个 JPH）。第二影响因素是断料（损失相当于 5.3 个 JPH），这是由涂装车间的故障和断料所致。因为涂装车间和总装车间之间存在缓冲系统，涂装车间出现的事故对总装车间的影响较小。有了 SAJPH 的数据支撑，车间管理者可以通过减少故障来提高系统的性能。

丰田采用了一种基于设备平均活动期的简单有效的瓶颈识别方法。该方法中系统状态被标记为活动期和非活动期[7-12]，如图 7-23 所示。

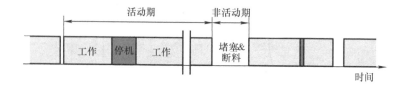

图 7-23　瓶颈分析中生产作业的活动及非活动时间标记

系统的活动时间包括工作、停机、修理，以及例行维护或工装更换时间。也就是说，系统在任何时间都处于某种工作状态。非活动时间是系统处于等待状态，如堵塞状态或断料状态。活动周期最长的子系统被看作是系统的瓶颈或约束。换句话说，系统中最繁忙的单元（如某个工位或设备）即为系统的瓶颈。因此，需要为最繁忙的单元制定改进措施并实施。

7.3.3　缓冲区状态分析

串行连接的制造系统，可以通过检查两个子系统之间的输送累积来有效识别临时瓶颈。该状态下，输送机充当子系统之间的缓冲区角色。可以用一个简单的例子来说明该方法。如图 7-24 所示，两个子系统 A 和 B 由缓冲区或输送机连接在一起，相对于缓冲区，子系统 A 是上游系统，子系统 B 是下游系统。

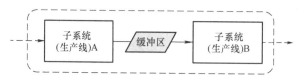

图 7-24　制造系统中的缓冲区

当输送机（缓冲区）上在制品（WIP）的数量发生明显变化时，便可快速识别出系统的瓶颈。输送机上的 WIP 数量状态有三种情况（图 7-25）。图 7-25a 所示的情况表明子系统 A 和 B 可以实现平稳连续生产。然而，当输送机上的 WIP 不断增加或排成长队时，如图 7-25b 所示，说明子系统 B 工作变慢或停止。同样，缓冲区 WIP 的数量下降说明子系统 A 向输送机的供给能力不足。

因此，缓冲区/传送带上 WIP 数量的状态体现了缓冲区上下游系统的运行状态。监视车间所有缓冲区的实时状态是找出临时瓶颈的一种实用方法。也就是说，缓冲区中 WIP 的数量为识别生产作业瓶颈提供了有用的信息。

此外，借助直方图对一段时间内的缓冲区状态进行分析，能够确定系统的总体性能。如

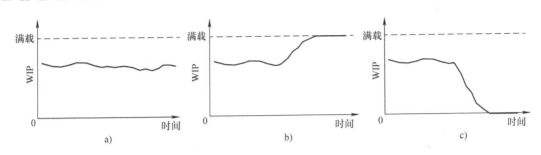

图 7-25 不同系统瓶颈下缓冲区状态

图 7-26 所示，将长时间（如四周）运行的两个子系统间的缓冲区状态绘制成趋势图。如图 7-27 所示，基于直方图数据可以看出该时间段内的 WIP 状态。

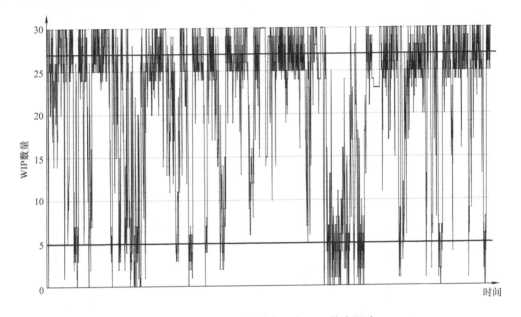

图 7-26 四周时间内缓冲区中 WIP 状态跟踪

在这种情况下，缓冲区上 WIP 数量的最小值为 4，这意味着如果 WIP 数量小于 4，下游系统就会断料。计算结果表明，在此时间段内，有 7.4% 的时间出现 WIP 数量小于最小值的情况。或者说，在该段研究时间内，有 7.4% 的时间下游系统处于断料状态。另一方面，缓冲区满载或接近满载状态的时间几乎占总研究时长的 27.3%。"接近满载"状态是指缓冲区末尾的单元被释放时，缓冲区开始处的单元由于传输延迟没能立即向前传送。此时，缓冲区不是 100% 的满载，但仍然会导致堵塞。相比之下，此例中由于上游子系统堵塞率较高，导致下游子系统的性能比上游子系统更差。

对于复杂的制造系统，其所有的缓冲区均可进行上述分析。找出每个缓冲区的堵塞和断料状态，并与其他缓冲区进行比较，便可识别出所选时间段内性能最差的工位或瓶颈。缓冲区分析，特别适用于时间周期较长的研究，是确定制造系统瓶颈并进行改进的有用工具之一。

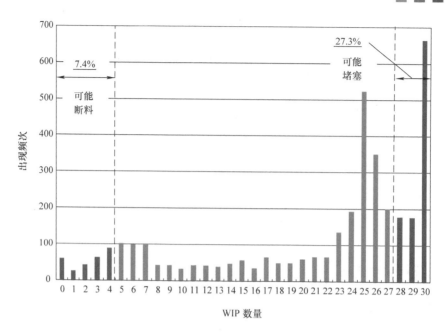

图 7-27 示例缓冲区的 WIP 状态直方图

7.4 变异缩减

7.4.1 变异缩减概念

生产作业的持续改进可以从对变异的理解开始。一般来说，变异可以看作是原始设计参数、条件和状态的改变，如原材料的改变。

变异可以定义为任何物理活动的状态或数量发生变化的行为、过程或结果。正如 De-ming 博士所说："变化即生命，生命在于变化"[7-13]。变化永不停止、无时无地。它必然也存在于制造中，如原材料/零件、工艺参数、工装、设备功能/性能、测量数据以及环境因素一直在变化。

原材料和制造过程的变异以及车辆功能和性能的变异会显著影响车辆的质量。尽管这些变异不可避免，但减少变异是可能且有益的。因此，变异缩减（Variation reduction，VR）是车辆制造中持续改进的核心，保证了产品质量的一致性和可控性。

统计理论经常用于状态监测、根本原因分析及预测。统计学可以帮助建立变量之间的定量关系，如制造系统输入变量与其输出之间的定量关系。由于制造系统中有很多变量，其中一些还是未知的，故对制造系统建模提出挑战。统计分析及建模中，经常假定系统的变异服从由均值（μ）和标准差（σ）描述的正态分布。事实上，这种变异可以用方差 σ^2 定量描述。单从 VR 角度来看，它意味着在功能和性能方面降低生产质量的方差 σ^2，如图 7-28 所示。

引起质量变异的根本原因有两种：一种是普通原因，另一种是特殊原因。普通原因是系统和工艺所固有的，有时称为"自然原因"，它会造成工艺随机性变化。普通原因引起的质

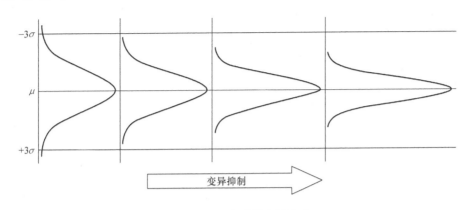

图 7-28　生产质量变异缩减

量变异只能通过对产品、工艺和/或设备进行较大改变来改善。换言之，普通原因引起的质量变异需要在产品设计和/或工艺规划阶段解决而不是在生产作业中解决。对于现有的生产工艺，改进要以寻找最佳的工艺参数或条件为基础，如采用试验设计（DOE）技术。如果一个制造工艺已被优化，针对普通原因的改进很可能是无效的。

另一方面，特殊原因可能导致工艺失去控制，即超过 ±3σ 控制范围。特殊原因也称为"可归属原因"或"可纠正问题"。为了找出特殊原因，经常需要进行深入的数据分析。因此，特殊原因的分析和解决是工厂持续改进的主要活动。

事实上，制造过程中所收集的数据分布的均值（$\bar{x}$）可能远离目标值，且波动范围很大。换句话说，即 $\bar{x} \neq \mu$ 且 σ^2 较大。VR 实践证明，有效方法首先要降低变异（或方差 σ^2）。当把方差 σ^2 降低到可接受的水平时，再调整均值（$\bar{x}$）。该流程如图 7-29 所示。若把调整均值作为 VR 的第一步，不仅可能不会成功，而且会误导下一步操作。

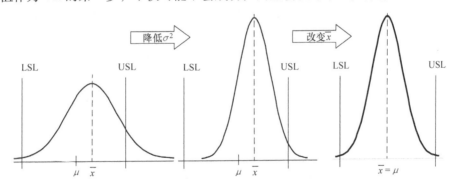

图 7-29　变异缩减流程

7.4.2　变异缩减的特点

对于尺寸质量改进，或尺寸偏差减小，第一步是获得有效的测量数据。其次是分析数据，以找出造成大变异的可归属根本原因。这个过程需要多种分析方法和技巧，如统计过程控制（SPC）图和修正分析。例如，GM 公司利用基于知识的系统开发了一款专用软件，称为"偏差缩减专家系统"[7-14]。

钣金件的柔性特征使其根本原因分析不同于传统 SPC 中对其他类型零件的分析。在装配过程中，受夹具和相邻部件的影响，钣金件的变形会被放大或缩小。因此，除数据分析之外，全面了解生产过程对于根本原因分析也很重要。

持续改进或 VR 的状态及进展应该是可测的。例如，在车身上布置 60～80 个测量点来测量车身尺寸的变异大小，然后应用 Pareto 图对测量数据的变化量进行排序。为了能用不太复杂的数据来表示波动状态及改进结果，选择一个数据点作为指示点（图 7-30），如所有测量点的 6σ 数据中第 95 百分位值的那个点。该点被认为是在所有测量中相对稳定且具有代表性的点。

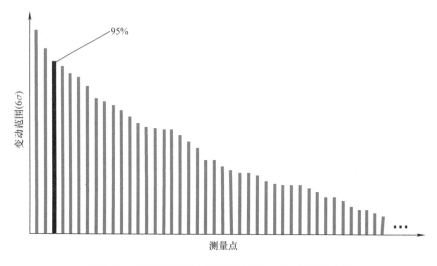

图 7-30　所有测量值中第 95 百分位点的变异指示图

因此，对第 95 百分位点的 6σ 尺寸质量做每日记录，然后绘制 VR 进展趋势图（又称为连续改进指标图）。图 7-31 所示为一个真实的示例。

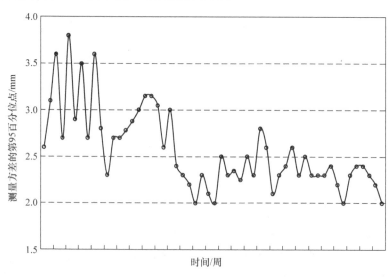

图 7-31　变异缩减趋势示例

事实上，变异指示图使用的是 Pareto 准则，该准则表明 20% 的缺陷原因导致了全部缺陷总数的 80%。排在前 10% 的大变异点是 VR 的重点。降低前 10% 的变异点，能够有效实现 VR。

在汽车制造方面，一个成功的应用案例是车身尺寸的 VR。它是美国国内汽车制造商和大学联合努力的成果，该项目被称为"车身制造中尺寸变异控制先进技术及系统开发"（或简称为"2mm 计划"），由美国商务部（USDOC）下的国家标准与技术研究院（NIST）资助[7-15]。

7.4.3 多变量相关性分析

对于两个变量，它们是否共同变化是可以识别出来的。例如，进行相关分析即可分析出两个变量之间是否线性相关。相关性分析会得到一个相关系数（r），它体现了两个变量（x_1 和 x_2）之间线性关系的强度和方向，即：

$$r = \frac{\sum (x_1 - \overline{x_1})(x_2 - \overline{x_2})}{\sqrt{\sum (x_1 - \overline{x_1})^2 \sum (x_2 - \overline{x_2})^2}} \qquad (7-5)$$

相关系数可以是 [-1, 1] 之间的任意值。其中，-1 表示完全的负线性关系，+1 表示完全的直接（递增）线性关系，0 表示不相关。在相关性分析中，相关系数绝对值大于 0.8 的被认为是强线性相关。值得注意的是，相关系数体现了变量之间在数学上的线性相关的程度。然而，它们之间的因果关系仍要基于专业知识进行理解和判断。

两个相邻零件之间、夹具与零件之间、车辆尺寸与性能之间等的尺寸变异关系均可以进行相关性分析。例如，相关性分析（表 7-8）显示车门的间隙、齐平度与车辆性能密切相关，如风噪[7-16]。

表 7-8 车门尺寸与配合缝隙相关性分析示例

级	测量属性	风噪	渗水量	间隙与配合	关门力度
车身装配	间隙偏差	0.36	0.12	0.27	0.00
	间隙 6σ	0.86	0.63	0.75	0.24
	齐平度	0.61	0.64	0.57	0.06
	齐平度 6σ	0.39	0.35	0.64	-0.30
总装	间隙偏差	-0.20	-0.05	0.02	-0.15
	间隙 6σ	0.60	0.49	0.31	0.20
	齐平度	0.80	0.55	0.51	-0.13
	齐平度 6σ	0.50	0.66	0.82	-0.53

此外，可以使用自相关分析来检查变量与其过去版本的相似性。如果存在重复模式，自相关分析能有效发现。其他统计模型或工具，如 ANOVA（方差分析）和 DOE（试验设计），要根据具体的研究和分析合理运用。这些模型和工具常用于制造过程的参数挖掘。

复杂制造系统的建模充满挑战。首先，综合、全面的知识是必不可少的。理解装配车身的尺寸变化需要综合的知识和经验，包括产品、工艺流程、几何尺寸与公差、生产工装以及零件质量变异在某个制造系统中传播等方面的知识。

掌握单个零件和子装配过程对 VR 的贡献是问题的关键。例如，下车身（UB）装配由 12 个子装配体组成，需要五条装配线中的十个精密工位来完成。当在下车身的前底板测量到大的变动时，首先要弄清其产生的主要根本原因是什么。根本原因可能来自零件本身、夹具或工位的工艺参数。如图 7-32 所示，偏差与下车身装配工位 1 和 8 的工艺进程高度相关。

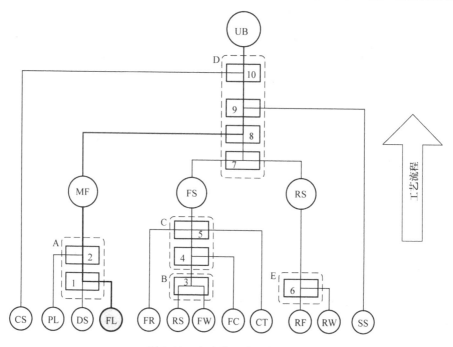

图 7-32　车身装配中的变异源

在这样的装配操作中，零件本身、工装和工艺参数等很多变量都牵涉到变化的传播中。此外，这些影响因素对最终装配结果的影响也不尽相同。因此，VR 方法及实践一直受到许多学者和工程实践者的关注。

7.4.4　并行生产线的质量问题

7.4.4.1　并行生产线的数据分布

在某些领域，制造系统更适合被设计成并行。但并行设置给质量控制带来了挑战，因为并行子系统中的变量及变量值无法完全相等。因此，其产出的质量，如尺寸质量也将不同。

假定单个生产线的数据服从正态分布，但具有不同的均值和标准差。换句话说，通常情况下，一个拥有两个并行子系统的系统往往 $\mu_1 \neq \mu_2$ 且 $\sigma_1 \neq \sigma_2$，如图 7-33 所示。

两条并行生产线生产的产品质量特性，可以用均值 μ 来表示，即：

$$\mu = \frac{\mu_1 \times q_1 + \mu_2 \times q_2}{q_1 + q_2} \tag{7-6}$$

式中，q_1、q_2 分别为并行生产线 1、2 生产的产品数量。

7.4.4.2　具有不同方差的生产线质量变异

两条并行生产线的组合方差对分析和理解系统变异并不直观。产品的总变异（σ^2）受 μ_1、μ_2、σ_1、σ_2 的影响。其中一种简单的情形是 $\mu_1 = \mu_2$。图 7-34 所示为两条具有不同方差

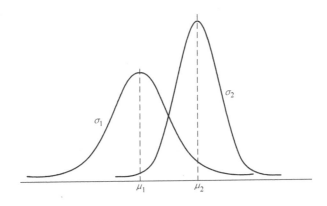

图 7-33 并行配置生产线的典型数据分布形态

的生产线合成变异的仿真结果。当两条生产线具有相同的均值（$\mu_1 = \mu_2$），且每条生产线的变异均为 0.09（σ^2）时，则两条生产线的组合变异仍是 0.09（σ^2）。然而，若生产线 2 具有较大变异 0.28，则两条生产线的组合变异为 0.19，其他情况类似。说明当两条生产线的变异具有相同的均值时，两条生产线的组合变异介于两条生产线的自身变异之间。在这种情况下，为抑制并行生产线的变异，应将精力集中在具有较高变异的生产线的改进上，以使组合变异下降。

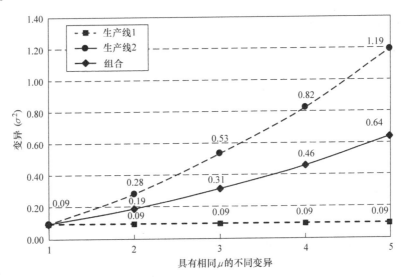

图 7-34 具有相同 μ 不同 σ 的并行生产线的变异

7.4.4.3 两条均值不同的生产线的质量变异

一种更实际的情况是，两个子系统的均值与标准差均不同，即 $\mu_1 \neq \mu_2$ 且 $\sigma_1 \neq \sigma_2$。图 7-35 所示为基于仿真的两个数据集的 $\Delta\mu$（$=\mu_2 - \mu_1$）对变异量的重要影响。该分析中，两个数据集的均值为 10mm，数据样本大小为 100，服从正态分布。两个数据集的变异同为 1.06（σ^2）。

值得注意的是，随着两个数据集均值的差值 $\Delta\mu$ 的增加，组合变异也在增加。当 $\Delta\mu$ 仅为 0.5mm 时，组合变异达到 0.168，该变异比 $\Delta\mu = 0$ 时的组合变异高约 60%。在这种情况

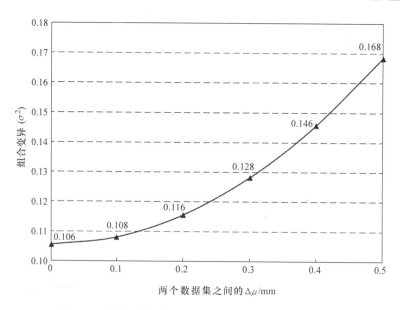

图 7-35　具有不同 μ 相同 σ 的并行生产线的组合变异量

下，当 $\Delta\mu$ 为 1.0mm（例如，一个数据集的均值为 10mm，另一个为 11mm）时，组合变异可增加约 238%。

7.4.4.4　并行生产线变异讨论

上述讨论可以在制造环境中观察到。实际中，常见的情况是并行生产线数据的均值和方差均不同。由于均值和方差的差异，所得到的组合变异变化复杂。图 7-36 所示为车身骨架系统（包括北生产线和南生产线）测量的变异结果。总样本量为 200，其中 88 个来自北生

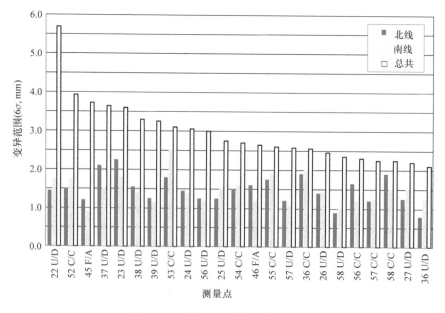

图 7-36　并行生产线数据变异示例

产线。在这种情况下，由于总 σ 大于 σ_1 与 σ_2，$\mu_N \neq \mu_S$。改进的第一步需要确定首要影响因素，以便决定降低变异是从改变 $\Delta\mu$ 入手还是从改变 σ_1 或 σ_2 入手。对于上述真实案例，首要措施是减少 $\Delta\mu$。例如，在测量点 22U/D 上，最大的总变异为 5.7mm，而北生产线和南生产线的变异分别为 1.45mm 和 1.75mm。基于上述讨论，μ_N 与 μ_S 一定差异很大。因此，第一步应该把 μ_N 与 μ_S 的差减小。一旦 $\mu_N \approx \mu_S$，总变异可明显减小，如降低到约 2mm。然后，下一步应该转到点 52C/C，因为它的总变异排名第二。

如之前讨论那样，当 $\sigma_1 < \sigma < \sigma_2$ 时，可能有 $\mu_N \approx \mu_S$。对于这种情形，改进举措需应用于单独变化量 σ_1、σ_2 中的较大者。58C/C 点接近于这种情形，因为它所有的个体变异比较接近。例如，对于这一点的改进举措可以先从确认均值和减少 σ_N 开始。

有时，需要通过分析来判断 μ_1 与 μ_2 的数值是相同还是差值较大。该分析称为假设性检验，通常假设它们在统计学上是相同的，即：

H0：$\mu_1 = \mu_2$（原假设）

H1：$\mu_1 \neq \mu_2$（备择假设）

于是，质量指标 $Z_0 = \dfrac{|\mu_1 - \mu_2|}{\sqrt{\dfrac{\sigma_1^2}{n_1} + \dfrac{\sigma_2^2}{n_2}}}$ 遵循标准正态分布 $N(0，1)$，其中 μ、σ、n 分别为生产线 1 与生产线 2 的观测均值、标准差与样本大小。比较计算得到的 Z_0 与 Z_α（$1 - \alpha$ 为给定的置信区间，通常取 95%，$Z_{0.05} = 1.645$）。当且仅当 $Z_0 \leq Z_\alpha$ 时，状态 H0：$\mu_1 = \mu_2$ 才成立。

同理，关于观测标准差

H0：$\sigma_1 = \sigma_2$（原假设）

H1：$\sigma_1 \neq \sigma_2$（备择假设）

于是，质量指标 $F_0 = \dfrac{\sigma_1^2}{\sigma_2^2}$ 遵循 F 分布。当且仅当 $F_0 \leq F_{\alpha/2, n_1 - 1, n_2 - 1}$ 且 $F_0 \geq F_{1 - \alpha/2, n_1 - 1, n_2 - 1}$ 时，状态 H0：$\sigma_1 = \sigma_2$ 成立。F 的值与样本大小 n_1、n_2 有关。例如，若 $n_1 = n_2 = 25$，则 $F_{0.025} = 2.27$。F 值在大多数统计学课本中都可以查到，也可由软件自动提供。

7.5　练习

7.5.1　复习问题

1. 解释 "Kaizen"（改善）的含义。
2. 浅谈员工（建议）参与的原则和过程。
3. 解释 DMAIC 的过程。
4. 列举持续改进的方法。
5. 生产作业中增值活动的定义。
6. 讨论停机事件追踪所需的信息。
7. 回顾如何评估停机事件的严重性及发生的可能性。
8. 解释通过减少车辆配置降低生产复杂性的过程。

9. 解释通过批量化处理降低生产复杂性的过程。

10. 解释约束理论（TOC）的概念和原则。

11. 解释生产过程中的故障、堵塞和断料。

12. 区分独立可用性（SAA）与可用性（A）。

13. 讨论制造过程中的瓶颈问题。

14. 解释如何使用缓冲区状态来识别制造过程中的临时瓶颈。

15. 讨论如何使用缓冲区分析法确定制造过程中的恒定瓶颈。

16. 探讨降低变异的有效途径。

17. 解释两个相关变量的可能含义。

18. 解释并行作业中可能出现的质量问题。

7.5.2 研究课题

1. 当前的质量圈和员工参与在质量改进上实践。

2. DMAIC 方法的成功应用。

3. 价值流程图（VSM）的应用。

4. 汽车制造中的生产复杂性降低。

5. 约束理论（TOC）的应用

6. 瓶颈识别方法。

7. 生产运作性能持续改进的应用。

8. 制造过程中的变异抑制。

9. 采用相关性分析进行根本原因分析。

10. 并行系统的组合变异研究。

7.5.3 问题分析

1. 对于一个五工作站装配线，图 7-37 所示为每个工作站的周期时间（图中各方框中的第一个数）和 SAA（百分比）信息。计算每个工作站的 SAJPH。哪个工作站是装配线瓶颈？

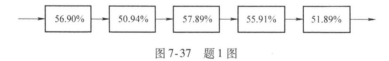

图 7-37 题 1 图

2. 图 7-38 所示为某装配线每个工作站的周期工时（图中各方框中的第一个数）和 SAA（百分比）信息。计算每个工作站的 SAJPH。哪个工作站是装配线的瓶颈？

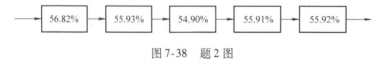

图 7-38 题 2 图

3. 一个车辆装配系统有九个子系统。计划生产作业时间为 75h，表 7-9 列出了上周各子系统的运行状态。计算每个子系统的 SAA 并识别系统的瓶颈。

表 7-9　题 3 表

系统	1	2	3	4	5	6	7	8	9
停机（故障）时间/h	0.8	0.5	3.5	2.5	3.0	2.8	3.2	1.9	2.5
断料时间/h	0.0	0.0	0.1	0.8	0.3	0.0	1.0	0.8	0.5
堵塞时间/h	3.2	3.1	0.2	2.0	0.0	0.4	0.6	0.5	0.9

7.6　参考文献

7-1. Dismukes, J.P. "Factory Level Metrics: Basis for Productivity Improvement," International Conference on Modeling and Analysis of Semiconductor Manufacturing, Tempe, AZ, USA, 2002.

7-2. Crosby, P.D. *Quality Is Free: The Art of Making Quality Certain: How to Manage Quality—So That It Becomes a Source of Profit for Your Business*, 1st edition, McGraw-Hill Companies: New York, USA, 1979.

7-3. Wärmefjord, K., et al. "Including Assembly Fixture Repeatability in Rigid and Non-Rigid Variation Simulation," Proceedings of the ASME 2010 International Mechanical Engineering Congress & Exposition, November 12–18, Vancouver, British Columbia, Canada, 2010.

7-4. Hughes, C., Eastern Michigan University Qual 548 Course Project, November 2015.

7-5. Rother, M., et al. 1999. *Learn to See*, Version 1.2. Lean Enterprise Institute: Massachusetts, USA, pp. 78–79. (Copyright 2009, Lean Enterprise Institute, Inc., Cambridge, MA, lean.org. Lean Enterprise Institute, the leaper image, and stick figure image are registered trademarks of Lean Enterprise Institute, Inc., All rights reserved. Used with permission.)

7-6. Dougherty, J., "Process Comparison between Germany and North America," Baker College Course ISE 435 Project. March 2009.

7-7. Alden, J.M. et al. "General Motors Increases Its Production Throughput," Interfaces. 36(1): 6–25, 2006.

7-8. Schleich, H., et al. "Managing Complexity in Automotive Production," 19th International Conference on Production Research, Valparaiso, Chile, 2007.

7-9. Volvo Cars. "The Volvo C30 Is Finally Here. They'll Never Ask You Which Car Is Yours Again." Available from: http://new.volvocars.com/enewsletter/07/fall/p01. html. Accessed September 20, 2009.

7-10. MacDuffie et al. "Product Variety and Manufacturing Performance: Evidence from the International Automotive Assembly Plant Study," Management Science. 42(3): 350–369, 1996.

7-11. Broge, J.L. "Launch of 2012 Camry," Automotive Engineering International. 119(7): 32–34, 2011.

7-12. Roser, C., et al. "A Practical Bottleneck Detection Method," Proceedings of the 2001

33rd Winter Simulation Conference, Phoenix, Arlington, VA, USA, pp. 949–953, 2001.

7-13. Deming, W.E., *The New Economics: for industry, Government, and Education, 2nd Edition*. The MIT Press: Cambridge, MA, USA. 1994.

7-14. Morgan, A.P., et al. "The General Motors Variation-Reduction Adviser-Deployment Issues for an AI Application," AI Magazine. 26(3): 19–28, 2005.

7-15. "The Development of Advanced Technologies and Systems for Controlling Dimensional Variation in Automobile Body Manufacturing," CONSAD Research Corporation. 1997. Available from: http://www.atp.nist.gov/eao/gcr-709.htm. Accessed July 2007.

7-16. Gerth, R.J., et al. "Comparative Dimensional Quality of Doors: A Benchmarking Study," SAE Paper No.2002-01-2006. SAE International, Warrendale, PA, USA, 2002.